Helmuth Bischoff
unter Mitarbeit von
Gisela Atteln und Simone Spohr

RHEIN-NECKAR

Inhalt

LAND & LEUTE

Zwei Flüsse – eine Region

Kultur und Leben

Inhalt

Inhalt

REISEINFOS VON A BIS Z

REISEATLAS

Die Autoren

Helmuth Bischoff lebt in Heidelberg und arbeitet seit 1991 als freier Journalist und Autor. Er veröffentlicht regelmäßig Beiträge in der regionalen Tagespresse. Zu seinen auf die Region Rhein-Neckar bezogenen Buchpublikationen im DuMont Reiseverlag gehören die Bände DuMont Direkt Karlsruhe und DuMont Direkt Mannheim.

Gisela Atteln lebt als freie Journalistin und Autorin in Schifferstadt/Pfalz. Neben der Publikation von Beiträgen für die Tagespresse und diverse Anthologien ist sie aktiv in der Kunstförderung tätig. Im DuMont Reiseverlag ist von ihr zuletzt das Reise-Taschenbuch Mosel erschienen.

Simone Spohr legt als Reisejournalistin pro Jahr etliche tausend Kilometer zurück. Für den Wochenendausflug zählen die Bergstraße und der Odenwald zu den liebsten Naherholungsgebieten der Frankfurterin.

Jürgen Schwab lebt in Heidelberg. Er führt seit vielen Jahren Gäste und Einheimische im Rahmen von Themenführungen durch die Städte Mannheim, Ludwigshafen und Frankenthal.

Karl-Friedrich Geißler lebt als freier Autor in Edenkoben. Der ehemalige Verlagslektor hat zahlreiche Texte über die Pfalz für Bildbände und Reiseführer veröffentlicht. Er ist Jurysprecher beim Pfälzischen Mundartdichterwettstreit in Bockenheim a. d. Weinstraße.

LAND & LEUTE

»Bald gras ich am Neckar, bald gras ich am Rhein,
bald hab ich ein Schätzel, bald bin ich allein.

Was hilft mir mein Grasen, wenn d'Sichel nit schneidt;
was hilft mir ein Schätzel, wenn's bei mir nicht bleibt!

Und soll ich denn Grasen am Neckar am Rhein,
so werf ich mein schönes Goldringlein hinein.

Es fließet im Neckar, es fließet im Rhein,
soll schwimmen hinunter in's tiefe Meer hinein.

Und schwimmt es, das Ringlein, so frisst es ein Fisch,
das Fischlein soll kommen auf'n König sein Tisch.

Der König tät sagen, wem's Ringlein soll sein.
Da tät mein Schatz sagen: ›Das Ringlein g'hört mein.‹«

unbekannter Dichter, vor 1830

Das Weinjahr beginnt im Odenwald am 1. Mai – mit Weinwanderung und Vesper

Zwei Flüsse – eine Region

Die Auenlandschaft der Reißinsel – ein Naturschutzgebiet südlich von Mannheim

ZWEI FLÜSSE – EINE REGION

Ob der Zug in Speyer, Neustadt an der Weinstraße oder Mannheim hält, macht in zweierlei Hinsicht keinen Unterschied: Erstens empfängt einen hier im Rheingraben ein besonders mildes und sonnenreiches Klima und zweitens sprechen die Menschen auf den Bahnhofsvorplätzen die gleiche Sprache. Auch wenn drei Bundesländer ihre Finger in der Region an Rhein und Neckar im Spiel haben, zeigt sich die gesamte Gegend doch als eine einheitliche Sprachlandschaft mit gleicher Dialektfärbung und Sprachmelodie. Ob Altbundeskanzler Kohl aus dem linksrheinischen Oggersheim oder Boris Becker aus dem rechtsrheinischen Leimen – wenn Pfälzer oder Kurpfälzer Hochdeutsch reden, bleibt immer eine liebenswerte heimatliche Kennung, die ähnlich klingt. Mancher Ausdruck dieses Dialekts erschließt sich dem Ortsfremden nicht sofort. So versteht man hier unter einem ›Krutze‹ manchmal das Gehäuse des Apfels, meist aber einen kleinen Jungen. ›Nunnerzuus‹ heißt ›abwärts‹, und ›bressiere‹ tut es jemandem, der es eilig hat, was so oft nicht vorkommt. Dass die Franzosen außer brennenden Schlössern und Burgen auch ein bisschen von ihrer Sprache und ihrer Lebenskunst zurückgelassen haben, gehört ebenfalls zum kollektiven Erbe der Region.

Feschtle – hiwwe wie driwwe

Überall heißt es ›alla‹, ›alla gut‹, ›alla hopp‹, ›alla dann‹. Das französische ›allez!‹ versteckt sich dabei nur wenig. Weinanbaugebiete an den Hängen, die den Rheingraben im Osten und Westen begrenzen, milde Abende von Mai bis in den Oktober und eine große Freude an der Geselligkeit: Das sind heute die Grundlagen für eine Vielzahl von Straßenfesten, die links und rechts des Rheins gefeiert werden. Allein die Weinfeste an der Weinstraße, der Bergstraße und im Kraichgau erreichen übers Jahr ohne Mühe die Tausendermarke. Einen Blick auf die Wurzeln dieser feuchtfröhlichen Zusammenkünfte wirft der Philosoph Ernst Bloch als Sohn Ludwigshafens: »Volksfeste stehen im Kontrast zur Not, Herrenfeste zur Langeweile«. Bloch wusste von den Hungersnöten, die besonders im frühen 18. Jh. in der Pfalz zu Massenauswanderungen geführt hatten. Lange war die Region stark agrarisch geprägt. Ernteausfälle durch die Unbilden des Wetters, Schädlingsbefall oder kriegerische Verwüstungen wirkten sich für die Bevölkerung verheerend aus. Es war deshalb auch kein Zufall, dass die BASF in Ludwigshafen mit der Herstellung von Dünger und anderen Agrarchemikalien zu Beginn des 20. Jh. ihr Firmenwachstum ebenso zu fördern wusste wie das Wachstum der Nutzpflanzen. Heutzutage gibt es in den ländlichen Gebieten der Region, sei es in der Pfalz, im Kraichgau, im Neckartal oder im Odenwald, solche Plagen nicht mehr. Als infrastrukturell gut versorgte und dennoch idyllisch gebliebene Landschaften und Flecken bilden sie den reizvollen Kontrast zu Großstädten wie Mannheim und Ludwigshafen. Vielleicht macht dies gerade den besonderen Reiz aus: Man findet in einem harmonisch und fast wie gemalt daliegenden Landschaftsraum mit Flüssen, Seen, Tälern, sanften Hängen und tiefen Wäldern die Moderne und das Traditionelle als sympathisches Nebeneinander. Stadt und Land als Dicht-an-dicht von Wirtschafts-, Kultur- oder Wissenschaftszentren und ländlichen Orten, in denen nicht nur die Wirtshausstühle aus dem guten Holz geschnitzt sind, das man bisweilen braucht, um der Haltlosigkeit modernen Lebens etwas entgegenzusetzen.

Land der Dome, Burgen und Schlösser

Die großen historischen Bauwerke gehören natürlich zum besonderen Stolz der Region. Zur Heimatkunde gehört in den Schulen zwischen Worms, Bad Bergzabern, Heppenheim und Buchen immer auch eine Klassenfahrt zu den Domen in Speyer und Worms, zum Kloster Lorsch, den Residenzschlössern in Heidelberg, Mannheim und Schwetzingen sowie ins Neckartal zu einer der vielen Burgen. Repräsentieren die Kaiserdome von Speyer und Worms als Bauwerke des 11. Jh. die große Zeit der Salier, so setzten sich die hoch- und spätmittelalterlichen Adelsgeschlechter mit den Burgen im Neckartal ihre viel besungenen und mit Legenden verwobenen Denkmäler. Schließlich imponieren die Residenzschlösser in Heidelberg und Mannheim sowie die Sommerresidenz Schwetzingen als Repräsentationsbauten absolutistischer Fürsten noch heute. Oft verbinden sich mit diesen Bauwerken über ihren geschichtlichen und baugeschichtlichen Reiz hinaus auch attraktive Musik-Festspiele (s. S. 36, 37) und Einzelkonzerte, deren Besuch zu den Highlights einer Reise durch die Metropolregion gehört.

Hoch über dem Neckar – Dilsberg feiert im Jahr 2008 das 800-jährige Burgjubiläum

STECKBRIEF RHEIN-NECKAR

Lage und Größe: Das Gebiet im Schnittpunkt der Bundesländer Baden-Württemberg, Hessen und Rheinland-Pfalz hat sich 2005 als ›Metropolregion Rhein-Neckar‹ formiert und fußt in seinem geografischen Kern auf der historischen Kurpfalz. Ihre Fläche erstreckt sich über 5637 km^2, reicht im linksrheinischen Süden bis an die französische Grenze und im Norden bis zu den Städten Worms, Bürstadt und Bensheim. Im Westen bezieht die Region Teile des Pfälzerwaldes ein, im Osten den Odenwald.
Bevölkerung: Die Metropolregion Rhein-Neckar gehört zu den größten deutschen Ballungsräumen. Ein Großteil der Bevölkerung (2,35 Mio.) lebt im Städtedreieck Ludwigshafen, Mannheim, Heidelberg. Hochschulen, Forschungsstätten und Großunternehmen tragen im urbanen Kerngebiet zu einem hohen Ausländeranteil (knapp 20%) und großer Integrationskraft bei. Der ›Verkehrsverbund Rhein-Neckar‹ sorgt mit einem gut ausgebauten Netz an Bahnen und Bussen für vorbildliche Mobilität.
Politik: Ein im Juli 2005 zwischen Baden-Württemberg, Hessen und Rheinland-Pfalz abgeschlossener Staatsvertrag regelt die regionale Zusammenarbeit über die Grenzen dieser drei Bundesländer hinweg. Die Landesregierungen werden in Baden-Württemberg von einer CDU/FDP-Koalition, in Hessen seit Februar 2003 von der CDU und in Rheinland-Pfalz seit März 2006 von der SPD gebildet.
Wirtschaft, Wissenschaft: Mehr als 100 000 Unternehmen in der Region beschäftigen rund 800 000 Mitarbeiter. Traditionsreiche Branchen wie Bau und Baustoffe, die Chemie- und Pharmaindustrie sowie der Maschinenbau werden in jüngerer Zeit durch bedeutende Informatik- und Hightech-Unternehmen ergänzt. Die Region gehört zu den wichtigsten deutschen Biotech-Standorten. Ihre wirtschaftliche Stärke verbindet sich eng mit Bildung und Wissenschaft. Die Medizinische Fakultät der Uni Heidelberg genießt Weltruf, die an der Uni Mannheim angesiedelten Wirtschaftswissenschaften führen seit Jahren nationale und internationale Rankings an.
Kultur: Eine dicht gewachsene Kulturlandschaft gehört zu den großen Bereicherungen der Region. Es ragen hervor: das Weltkulturerbe Kloster Lorsch, die Dome zu Worms und Speyer, geschichtsträchtige Burgen und Schlösser, hochkarätige Museen, Theater und Kunstsammlungen sowie ein attraktives Veranstaltungsprogramm mit Festivals wie den Schwetzinger Festspielen oder dem Internationalen Filmfestival Mannheim-Heidelberg. Dass man sich primär in der Region und nicht unbedingt an bestimmten Orten zu Hause fühlt, verdankt sich nicht zuletzt der Kulturarbeit von Institutionen wie der ›Langen Nacht der Museen‹, bei deren Organisation die Zeitschrift ›meier‹ seit Jahren federführend ist. In ähnlicher Weise trägt zur Herausbildung einer regionalen Identität auch der Verkehrsverbund Rhein-Neckar GmbH (VRN) bei, der seit 1989 erfolgreich den regionalen Nahverkehr organisiert.
Medien: Die großen regionalen Tageszeitungen heißen ›Die Rheinpfalz‹, ›Mannheimer Morgen‹, ›Rhein-Neckar-Zeitung‹ und ›Wormser Zeitung‹. Zu den meistgehörten Radiosendern zählen der Südwestrundfunk (SWR), Radio Regenbogen und RPR.

WASSER, WALD UND WEIN

Der Rhein und der Neckar, die der Region ihren Namen geben, haben Natur und Landschaft nachhaltig geprägt. Die Rheinebene als ca. 45 km breiter Oberrheingrabenbruch bildet zusammen mit den westlich und östlich angrenzenden Mittelgebirgslandschaften Odenwald und Kraichgau sowie dem Pfälzerwald die charakteristischen Großlandschaften der Region. Und diese Landschaften bieten ein eindrucksvolles Spektrum unterschiedlicher Naturräume. Klimatisch zeigt sich die Region zwischen der Südpfalz und der Bergstraße in der Ebene als besonders mild, was inzwischen auch den Anbau von traditionell südländischen Gemüsesorten und Früchten wie Feigen und Kiwis ermöglicht. So ist der ›Bibelgarten‹ in St. Martin an der Weinstraße (s. S. 163), in dem Granatäpfel, Oliven und Akanthus gedeihen, zwar eine Besonderheit, aber bezüglich der regionalen Pflanzenvielfalt keine Einzigartigkeit.

Die Rheinebene

Die Rheinebene selbst ist geprägt durch die Rheinniederung, den natürlichen Überschwemmungsbereich des Rheins mit seinen charakteristischen Hochufern. Bis ins 19. Jh. waren die wassernahen Gebiete durch Sümpfe charakterisiert und für die Landwirtschaft ebenso schwer zu nutzen wie für Baumaßnahmen. Die Begradigung des Rheins zwischen 1817 und 1876 durch Johann Gottfried Tulla und seine Nachfolger erhöhte die Fließgeschwindigkeit des Flusses, was Baumaßnahmen (z.B. den Städtebau von Ludwigshafen) ebenso möglich machte wie den großflächigen Anbau von landwirtschaftlichen Produkten. In den sandreichen Böden links und rechts des Rheins gedeiht der Spargel als ›weißes Gold‹ der Region prächtig. Manche der ursprünglichen Rheinwindungen blieben aber als Altrhein-Arme erhalten und sind heute teilweise renaturiert. Zusammen mit den Baggerseen bilden sie größere und kleinere Naturschutz- und beliebte Naherholungsgebiete. Bei Spaziergängen durch solche Rheinauen (s. S. 83, 84) erlebt man einen urwüchsigen Naturraum. Schwarzpappeln, Grauerlen und ins Wasser hängende Trauerweiden gehören ebenso dazu wie ein buntes Uferbuschwerk mit Schilfrohr, Binsen und goldgelben Wasserschwertlilien. Neben den schwimmenden Nestern der Haubentaucher lassen sich Teichrosen bewundern. Graureiher warten in dieser Szenerie ebenso geduldig auf ihren Fang wie die Angler in den verwitterten Kähnen.

Weinregionen

Nicht von ungefähr findet in Bad Dürkheim mit dem Wurstmarkt jährlich das weltgrößte Weinfest statt. Wenn dabei vom vorletzten bis zum letzten Septemberwochenende 400 000 Liter Wein durch die Kehlen der Besucher fließen, kann dieses Getränk so schlecht nicht sein. Der Dürkheimer Wurstmarkt ist älter als 500 Jahre, der Weinbau in der

Pfalz hat sich als Kulturleistung der Römer auf gallischem Gebiet mit unserer Zeitrechnung entwickelt. Die natürlichen Grundlagen: viel Sonne, nährstoffreiche Böden, gegen Kälte und Regen geschützte Lagen. So konnte sich auf 85 km Länge und 5–10 km Breite die größte in sich geschlossene Rebfläche Deutschlands entwickeln. In dieses Rebenmeer einzutauchen, gelingt in ganz verschiedener Manier: Man kann mit dem Auto oder mit dem Fahrrad die Weinstraße entlangfahren und dabei hübsche Weinorte und Städte wie kleinere und größere Perlen an einer Schnur erleben. Man kann aber auch näher hinschauen und sich von fachkundigen und erzählfreudigen Führern auf einem der Weinlehrpfade erklären lassen, was einen guten Riesling ausmacht, warum hier eine so beachtliche Rotweinqualität zustande kommt oder dass der Pfälzer Winzer seinen Weingarten meint, wenn er von ›Wingert‹ spricht.

Auch die ton- und kalkhaltigen Böden im Kraichgau und die leichten Lössbö-

Ländliche Idylle: Mandelblüte an der Bergstraße nahe Schriesheim

den an der Bergstraße und in Rheinhessen bilden eine gute Grundlage für den Weinbau, der auch in diesen Gebieten schon lange kultiviert wird.

Tiefe und lichte Wälder

Während der Pfälzerwald als größte zusammenhängende Waldfläche Europas gilt, ist der Odenwald durch den Wechsel von Wäldern und offenen Feldfluren geprägt. Die beiden Waldgebiete sind als Naturparks ausgewiesen, der Naturpark Bergstraße-Odenwald und Teile des Naturparks Neckartal-Odenwald zudem als UNESCO-Geopark.

Der Naturpark Pfälzerwald war bei seiner Gründung 1958 einer der ersten Naturparks in Deutschland und gehört mit 179 000 ha zu den größten des Landes. Das Ansinnen dieser Einrichtung galt und gilt der Sicherung einer großräumigen Landschaft als Ort der Erholung. 1992 wurde der Naturpark aufgrund seines Vorbildcharakters von der UNESCO in das weltweite Netz der Biosphärenreservate aufgenommen. Rund 70 % des Pfälzerwaldes werden von Nadelhölzern gebildet, wobei die Kiefer an erster Stelle steht, da sie sich auch mit den trockenen und nährstoffarmen Sandböden des Buntsandsteins begnügt. Berühmt sind auch die wertvollen Furniereichenbestände des inneren Pfälzerwaldes und die Edelkastanienwälder am Fuß des Pfälzerwaldes zur Weinstraße hin.

Der ›Naturpark Neckartal-Odenwald‹ im Osten und Südosten der Metropolregion ist ebenfalls ein waldreiches Mittelgebirge. Auch hier informieren Lehrpfade über die abwechselungsreiche Flora und Fauna sowie über ökologische Zusammenhänge. Viele Landschaftsformationen kommen hier auf 130 000 ha Fläche zusammen. Im Westen wird der Naturpark begrenzt durch die Bergstraße, die *via montana* der Römer. In einer unvergleichlichen Blütenpracht erstrahlt das gesamte Gebiet bereits Ende März, wenn die Mandelbäume blühen. Während die sich anschließenden Höhen des Vorderen Odenwalds mit ihren kuppigen Bergrücken und Tälern auf einem 400 Mio. Jahre alten kristallinen Grundgebirge ruhen, wird nach Osten hin die große, zusammenhängende Mittelgebirgslandschaft des Buntsandsteinodenwalds geprägt von Hochlagen und tief eingeschnittenen Tälern. Seit jeher ist hier der Wald das beherrschende Landschaftselement. Im Osten und Südosten geht das Buntsandsteingebirge des Odenwalds über in die Muschelkalklandschaft des sogenannten Baulands. Weite Raps- und Kornfelder scheinen auch an wolkenverhangenen Tagen zu leuchten. Und heute noch ist der Grünkern eine Spezialität dieses alten Bauernlandes. Südlich des Neckars grenzt an den Kleinen Odenwald die sanft gewellte Hügellandschaft des Kraichgaus mit seinen fruchtbaren Lössböden. Ein Höhepunkt dieser Naturparklandschaft ist das Neckartal. Der Fluss hat sich tief in das sich heraushebende Gebirge des Odenwalds eingegraben und nimmt mit weiten Schleifen seinen Weg abwechselnd durch schroffe Steilhänge und sanfte Gleithänge, bis hin zur Rheinebene, die er bei Heidelberg erreicht.

WIRTSCHAFT UND UMWELT

In Worms und Speyer, den Domstädten der Region, erfährt der geschichtlich interessierte Besucher viel über die Römer, die Salier und die Nibelungen. Der geradezu globale Bekanntheitsgrad Heidelbergs gründet auf dem Schloss sowie auf dem guten Ruf der dortigen Universität. Für eine bunte Melange aus Handel, Industrie, Demokratie- und Arbeiterbewegung, Kunst, Musik und Theater stehen Mannheim und Ludwigshafen. All diese Facetten der Urbanität lassen sich aber nur dann glanzvoll vermitteln, wenn die Wirtschaftskraft es erlaubt, das hier reichhaltig vorhandene Erbe zu pflegen. So hat der Mensch im Dreieck von Rhein und Neckar zwar noch nicht ganz gelernt, dass er ein ›Metropalatiner‹ ist, aber ›Ohne Moos nix los‹ versteht er links und rechts des Rheins ohne Mühe.

Große Unternehmen, große Erfindungen

Industriestädte wie Mannheim und Ludwigshafen ziehen mit ihren Großunternehmen zwar seit dem späten 19. Jh. viele Arbeitskräfte aus dem nahen und weiteren Umfeld an, aber in den ländlichen Gebieten dominierten lange Zeit Ackerbau und Viehzucht, Weinbau und Forstwirtschaft. Das hat sich inzwischen nachhaltig geändert. Bei einer Gesamtgemarkungsfläche der Metropolregion Rhein-Neckar von 564 000 ha kommen der Landwirtschaft (42,3 %) und dem Wald (37,8 %) gegenüber Siedlungen und Straßen (17,3 %) nach wie vor die größten Flächenanteile zu, aber die wirtschaftliche Bedeutung der Agrarwirtschaft ist stark zurückgegangen. Nur knapp 1 % der Beschäftigten ist in der Land- und Forstwirtschaft tätig, der bäuerliche Anteil an der Wertschöpfung ist ebenfalls sehr gering. Zur prosperierenden Wirtschaftssituation in der Region an Rhein und Neckar tragen derzeit ca. 150 000 Unternehmen und rund 800 000 Beschäftigte bei. Überdurchschnittlich viele Großunternehmen haben vor allem im Ballungsraum Mannheim-Ludwigshafen-Heidelberg ihren Sitz, darunter eine Reihe von Marktführern. Namen wie BASF, SAP, Roche Diagnostics, Heidelberger Druckmaschinen, Bilfinger Berger, HeidelbergCement, MLP, ABB, Fuchs Petrolub, Brockhaus, Freudenberg, Vileda oder Lamy gehören dazu. Die in Eppelheim bei Heidelberg ansässige Rudolf Wild GmbH, Produzent von ›Capri-Sonne‹, ist das größte Privatunternehmen der Welt. Gern und kaum übertrieben behauptet man, dass »die Welt in der Rhein-Neckar-Region auf die Räder gestellt wurde«. Um die Ehre, den direkten Vorläufer des Fahrrades erfunden zu haben, buhlt Mannheim mit Karlsruhe. In beiden Städten wohnte und arbeitete der Erfinder Karl von Drais, der sich 1817 bei der ersten Fahrt mit seiner ›Laufmaschine‹ von Mannheim nach Schwetzingen mehr Spott als Anerkennung gefallen lassen musste. Auch die Arbeit von Carl Benz, der 1883 in Mannheim eine Motorenfa-

›S-Printing-Horse‹ von Jürgen Goertz vor der Print Media Academy in Heidelberg

brik gründete und hier drei Jahre später eine erste Probefahrt mit dem von ihm entwickelten Automobil unternahm, stieß mit seiner Weltneuheit zunächst auf viel Skepsis. Willkommener war da die Erfindung der Mannheimer Firma Lanz, die 1921 den maschinellen Ersatz für Ackergäule vorstellte: Der 12-PS-Bulldog-HL war der erste Traktor der Welt. Zwei Erfindergenerationen später war es die SAP AG, die mit ihren Entwicklungen einen wesentlichen Anteil am Siegeszug des PCs hatte. Eine echte Erfolgsgeschichte ist auch mit dem Namen ›Indigo rein BASF‹ verbunden: Ohne diesen preiswerten synthetischen Farbstoff ist die weite Verbreitung der Bluejeans kaum denkbar.

Vom Mannheimer Hafen aus, einem der größten Binnenhäfen Europas, und vom zweitgrößten Rangierbahnhof Deutschlands werden Güter in die ganze Welt geliefert. Die Exportquote liegt mit rund 53 % deutlich über dem Bundesdurchschnitt.

Wissenschaft, Umwelt

Eine enge Verzahnung von Wissenschaft und Wirtschaft gehört zu den Kennzeichen der Region. Bei der Entwicklung neuer Techniken gehen die Forschungsinstitute mit den Unternehmen Hand in Hand. So hat man sich im Bereich ›Life Science‹ sowie in den Branchen Maschinenbau und Informationstechnologie Führungspositionen erarbeitet. Die Forschungseinrichtungen können sich dabei auf eine lange Wissenschaftstradition berufen. In Heidelberg wurde 1386 die erste Universität auf deutschsprachigem Boden gegründet. Heute studieren über 80 000 Studenten an den 22 Hochschulen der Region. Viele Auszeichnungen, vordere Platzierungen in internationalen Universitätsrankings und bislang zwölf Nobelpreisträger aus der Region sprechen für die Qualität der Forschungslandschaft. Ob rund um die Gesundheit, in der Bio- und Medizintechnik, in Sachen Energieeffizienz oder auf dem Gebiet der Nanotechnologie – in allen diesen Bereichen gilt die hiesige Forschung als führend. Dies schließt auch den gesamten Bereich des Umweltschutzes ein. Er ist in vielen Bereichen in die Forschungslandschaft integriert und zeitigt in den Städten und Landschaften der Region vielerlei praktische Konsequenzen. Die Stadt Heidelberg wurde für ihr diesbezügliches Engagement in jüngster Zeit mehrfach mit europäischen Umweltpreisen bedacht. Nicht zuletzt einer vom entsprechenden wissenschaftlichen Impetus maßgeblich geprägten Umweltpolitik ist es zu verdanken, dass man sich beim sommerlichen Bad in allen Seen der Region auf sauberes Wasser verlassen kann. So lässt sich insgesamt gut nachvollziehen, warum Rhein-Neckar bei einer großen Vergleichsstudie zu europäischen Metropolregionen im Jahr 2006 in den Themenbereichen ›Forschungs- und Entwicklungslandschaft‹, ›Wohlstand‹ und ›Umweltpolitik/Naturschutzräume‹ ganz vorne landete.

»Ich möchte der Stadt und ihren Bürgern etwas von dem zurückgeben, was ich an Lebensglück von meiner Heimat erfahren habe.« Diesen in den 1990er-Jahren geäußerten Satz des Mannheimer Großkaufmanns Heinrich Vetter haben sich Unternehmer der Region schon zu eigen gemacht, bevor er ausgesprochen war. Bereits in der Gründerzeit gab es eine Reihe namhafter Mäzene, deren Namen man als Besucher der Reiss-Engelhorn-Museen ebenso begegnet wie in dem schönen Mannheimer Jugendstilbad, das als Herschelbad nach dem Gründungsstifter benannt ist. Wie kaum anderswo in Deutschland nehmen Unternehmer in der Metropolregion die soziale Verpflichtung von Eigentum wahr. Die Forschungs-, Klinik-, Kultur- und Sportlandschaft der Region wäre ohne die Zuwendungen von Einzelpersönlichkeiten wie den SAP-Gründern Dietmar Hopp, Hasso Plattner, Klaus Tschira und Hans-Werner Hector, dem MLP-Mitbegründer Manfred Lautenschläger oder eben Heinrich Vetter deutlich ärmer. Ebenso erwähnenswert sind diesbezüglich die auf die Region gerichteten Engagements von Unternehmen wie Freudenberg, m:con, ABB, MVV, HeidelbergCement, BASF, Heidelberger Druck, Landesbank BaWü.

GESCHICHTE IM ÜBERBLICK

Jäger und Sammler

600 000 v. Chr. Der Fund eines urmenschlichen Unterkiefers in der Gemeinde Mauer nahe Heidelberg (›Homo heidelbergensis‹) weist darauf hin, dass die Region an Rhein und Neckar zu den frühesten in Europa bekannten Siedlungegebieten gehört.

um 5000 v. Chr. Die sogenannte Bandkeramik repräsentiert die erste Bauernkultur in Deutschland. Entsprechende Hinweise auf eine bedeutende Siedlung der Bandkeramiker, mit denen die Steinzeit beginnt, lieferten Funde im südpfälzischen Herxheim. Die Bezeichnung ›Bandkeramik‹ leitet sich von der charakteristischen Verzierung keramischer Gefäße ab.

1200/1300 v. Chr. Die bronzezeitliche Besiedlung der Region bestätigte ein 1835 bei Schifferstadt getätigter Fund. Der jetzt im Historischen Museum der Pfalz (Speyer) ausgestellte ›Goldene Hut‹ ist ein mit Ornamenten versehenes Kultobjekt aus Goldblech. Nach umfangreichen Forschungen wird heute angenommen, dass der Hut als Zeremonialhut religiösen Zwecken diente.

Von den Kelten bis zu den Nibelungen

Um 200–100 v. Chr. Um die Mitte des 2. vorchristlichen Jahrhunderts lässt sich auf dem Donnersberg in der Nordpfalz eine spätkeltische Siedlung mit großem Ringwallsystem datieren, deren Reste noch heute zu sehen sind. Da der pfälzische Raum im Gallischen Krieg keine Rolle gespielt zu haben scheint (die römische Grenze lag am Rhein), liegen keine schriftlichen Hinweise auf diese Anlage vor. Ausgrabungen ließen erkennen, dass die Anlage mit rund 240 ha das drittgrößte ›Oppidum‹ (Stadt) der Kelten in Mitteleuropa war. Die Stadt wurde 20 Jahre vor der Zeitenwende kampflos geräumt.

58–51 v. Chr. Die Römer erobern unter Julius Caesar Gallien, also das Gebiet des heutigen Frankreichs, Belgiens, der Westschweiz und der größten Teile des linksrheinischen Deutschlands.

10 v. Chr. Speyer wird (wie kurze Zeit später auch Worms) zu einer wichtigen römischen Garnison.

43 Erste Erwähnung des Rheins in der römischen Literatur.

98 Kaiser Trajan erhebt Ladenburg zum Verwaltungsmittelpunkt einer römischen Region und zur ersten rechtsrheinischen Stadt im heutigen Deutschland. Die Römer drängen damit über den Rhein nach Osten. Gleichzeitig wird der ›Neckar-Odenwald-Limes‹ als römischer Grenzwall nach Osten errichtet. Reste davon sind heute noch zu sehen.

RABBI MEIR UND DIE MITTELALTERLICHE GELEHRSAMKEIT

Zwei eng beieinander stehende Grabsteine fallen beim Gang durch den ›Heiligen Sand‹ in Worms, dem ältesten jüdischen Friedhof Europas, sofort auf, zum einen wegen ihrer exponierten Position, zum anderen wegen der vielen Steine und Zettel mit Gebeten und guten Wünschen, die auf ihnen liegen – Zeichen der Verehrung. Rabbi Meir ben Baruch von Rothenburg, 1293 nach siebenjährigem Kerker gestorben, konnte erst 1307 hier bestattet werden, da König Rudolf I. den Leichnam – wie zuvor den Gefangenen – nicht ohne Lösegeld freigeben wollte. Im selben Jahr 1307 starb Alexander ben Salomon Wimpfen, der sein Vermögen geopfert hatte, um den toten Lehrer auszulösen. Als einzige Gegenleistung hatte er sich von der Gemeinde die Bestattung neben dem Maharam erbeten. ›MaHaRaM‹, zu deutsch ›unser Lehrer, der Rabbiner Meir‹, war der Ehrentitel des um 1215 in Worms geborenen Gelehrten, der in Würzburg, Mainz und Paris bei jüdischen Autoritäten studiert und in Rothenburg o.d.Tauber eine eigene Jeschiwa (Talmudhochschule) gegründet hatte, die einen ausgezeichneten Ruf genoss. Erst 1276 kehrte er mit seiner Familie nach Worms zurück.

Gott gab nach jüdischer Tradition Moses am Berg Sinai die Thora in schriftlicher (Fünf Bücher Mose) und mündlich erläuternder Form (Mischna). Nach der Zerstörung des Tempels forcierte das Leben unter Fremdherrschaft und in der Diaspora eine schriftliche Fixierung der Mischna, die zusammen mit der Gemara (Anekdoten und Kommentare) den Talmud bildet. Kein Gesetzeskodex im strengen Sinne, spiegelt er die rabbinische Diskussion in den orientalischen Gemeinden bis ins 3. Jh. n. Chr. wider. Um den Talmud legten sich als neue Schicht weitere Kommentare, berühmt wurden u. a. die des Rabbi Salomon ben Isaak aus Troyes, kurz ›Raschi‹, der sich um 1055/65 auch in Worms aufhielt. Speyer (jüdisch ›Schin‹), Worms (›Vav‹) und Mainz (›Mem‹) schrieben sich als ›SchUM-Städte‹ in die Geschichte des askenasischen (europäischen) Judentums ein, alle drei etablierten sich als Zentren der Gelehrsamkeit. Nicht von ungefähr also wählte Raschi diesen Studienort, nicht von ungefähr auch wurde Rabbi Meir, der Maharam, etwa 160 Jahre später in eine Wormser Gelehrtenfamilie hineingeboren.

Christliche Scholastiker des 12. und 13. Jh. wie Thomas von Aquin verdanken die für ihr Denksystem enorm wichtigen Kenntnisse des antiken Philosophen Aristoteles der Vermittlung durch jüdische und arabische Kollegen. Bildung war im übrigen ein Privileg von Klöstern, Domschulen – und emanzipierten adeligen Frauenstiften. Die weitaus meisten Juden hingegen konnten lesen und schreiben. Viele beherrschten Fremdsprachen, Fernhandelskaufleute auch aus beruflichen Gründen. Neben Theologen, Mathematikern und Astronomen genossen jüdische Ärzte hohes Ansehen.

Das Zusammenleben mit den christlichen Nachbarn war bis ins 11. Jh. relativ konfliktfrei. Mit dem 1. Kreuzzug 1096 änderte sich das grundlegend: Kreuzritterhorden fielen über die Juden her und ermordeten viele trotz des Schutzversprechens ihrer Herren. Das soziale Klima verschlechterte sich rapide, immer höhere Steuern lasteten auf den Gemeinden. Um 1280 entschlossen sich Tausende von Juden zur Auswanderung nach Palästina, auch Rabbi Meir mit seiner Familie. Der Maharam galt als herausragende Autorität in Fragen des jüdischen Rechts (Halacha), seine Reputation war nun sein Verhängnis. 1286 in Italien festgenommen, wurde er König Rudolf I. ausgeliefert. Dieser statuierte ein Exempel an ihm, denn der Aderlass an Steuergeldern infolge der Emigrantenwelle hatte ein großes Loch in die Staatsfinanzen gerissen. Rabbi Meir, zur Abschreckung für andere Auswanderungswillige inhaftiert, verbot den Gemeinden jedoch strikt jegliche Lösegeldzahlung, um keinen Präzedenzfall zu schaffen.

Die Mär von der jüdischen Schuld an Jesu Tod, Ritualmordgerüchte und der Ausbruch der Pest gaben in den Folgejahrhunderten das Alibi für weitere Pogrome. Die kulturelle Brückenfunktion der Juden zwischen Orient und Okzident war damit nachhaltig zerstört. Es dauerte lange, bis die mit den antiken Grundlagen verschmolzene arabische Kultur und Wissenschaft das Abendland wieder erreichte.

Die Grabsteine von Rabbi Meir und Alexander ben Salomon Wimpfen

Um 260 Um das Jahr 260 verdrängen die Alemannen die Römer, die in ihrem gesamten Weltreich mit Zerfallserscheinungen zu kämpfen haben. Rechtsrheinische Besitzungen der Römer werden wieder aufgegeben.

476 Die Epoche des Imperium Romanum endet. Alemannen, Burgunder und Franken füllen das entstandene Vakuum aus.

500 König Chlodwig aus dem Haus der Merowinger ist der erste große Herrscher, den die Franken hervorbringen. Er besiegt die mit den Franken rivalisierenden Alemannen.

764 Gründung des Benediktinerklosters Lorsch. Im Codex des Klosters finden viele Orte der heutigen Metropolregion durch Schenkungsurkunden erste Erwähnung. Die heute zum Weltkulturerbe gehörende Königshalle stammt aus dem 9. Jh. Karl der Große war hier zu Gast, Ludwig der Deutsche liegt hier begraben.

1024–1254 Unter den Saliern (1024–1125) und Staufern (1125–1254) wird die Region zum Königsland. Der Dom zu Speyer ist Grablege der Salierkaiser. Das Wormser Konkordat (1122) beendet den Investiturstreit zwischen Papst und Kaiser. Die Staufer stützen sich als Verfechter der Reichsidee auf die Rheinstädte. Die Nibelungensage spiegelt das Geschehen am Stauferhof in Worms um 1200 wider.

Die Zeit der Kurpfalz als prägende Epoche

1214 Das Reichslehen der Pfalzgrafschaft mit einem Gebiet, das sich vom Hunsrück bis in den östlichen Odenwald erstreckte, geht an die Wittelsbacher. 1356 kommt die Kurwürde hinzu.

Um 1300 Mit dem Codex Manesse entsteht die bedeutendste und umfangreichste Liederhandschrift des Mittelalters. Die Illustrationen gelten als bedeutendes Dokument oberrheinischer gotischer Buchmalerei. Das Werk wird heute in der Universitätsbibliothek Heidelberg aufbewahrt.

1386 Gründung der Universität Heidelberg.

1400 Kurfürst Ruprecht III. wird zum deutschen König gewählt. Unter seinen Nachfolgern entwickelt sich die Kurpfalz zu einer politischen, wirtschaftlichen und kulturellen Größe.

1610 Unter der Regentschaft von Kurfürst Friedrich V. (1610–23) wandelt sich das Heidelberger Schloss mit abschließenden Baumaßnahmen von einer wehrhaften Anlage zu einer repräsentativen Residenz.

1618–1648 Der Dreißigjährige Krieg bringt Not und Elend über weite Gebiete der Region. Die junge Stadt Mannheim wird völlig zerstört.

1689 Im Pfälzischen Erbfolgekrieg werden von den französischen Truppen viele Städte, Gemeinden und Bauwerke zerstört, so auch das Heidelberger Schloss.

DIE PFALZ ALS WIEGE DER DEMOKRATIE

Dass der linksrheinische Teil der Metropolregion Rhein-Neckar in der neuzeitlichen Geschichte immer wieder den Begehrlichkeiten der Franzosen ausgesetzt war, führte zu mehreren, auch den Rhein überschreitenden Kriegen und Zerstörungen. Für die frühe Herausbildung vordemokratischer Institutionen und die Entwicklung eines weit verbreiteten Bewusstseins, das sich den Idealen der Französischen Revolution verpflichtet sah, war die französische Präsenz in der Pfalz allerdings in positivem Sinne entscheidend.

Nachdem französische Revolutionstruppen 1792 die linke Rheinseite eingenommen haben und der Friede von Lunéville 1801 zur Anerkennung der Rheingrenze führt, werden die linksrheinischen Gebiete mit der Pfalz in vier Departements aufgeteilt. Napoleonische Reformen kommen dabei zur Anwendung und behalten über die Franzosenzeit hinaus ihre Gültigkeit. Zu den ›französischen‹ Neuerungen gehören u. a. die Gleichheit aller vor dem Gesetz, die Trennung von Justiz und Verwaltung, die Trennung von Kirche und Staat, die Steuergleichheit, die Aufhebung des rechtlichen Sonderstatus von Adel und Klerus, die Aufhebung des Feudalsystems und das freie Verfügungsrecht über Grund und Boden. Es entsteht eine bürgerliche, nahezu homogene Gesellschaft. Die Güter der geflohenen Adligen werden beschlagnahmt, Kirchengüter eingezogen und als Nationalgüter verkauft, die Bauern werden zum ersten Mal Eigentümer ihres Landes, sofern sie in der Lage sind, es zu erwerben. Mit der Verbannung Napoleons und dem Wiener Kongress (1814/15) wird der Rheinkreis wieder bayerisch. Die bestehenden Institutionen und das Rechtssystem der Franzosenzeit bleiben allerdings erhalten, was die Entwicklung einer liberalen Presse ebenso begünstigt wie die Verbreitung demokratischer Bestrebungen.

Gegen 1830/31 kommt es zur verstärkten Ansiedlung liberaler Verleger und Journalisten, zu denen auch Philipp Jakob Siebenpfeiffer gehört. Nachdem entsprechende Medien unter immer größeren Druck der bayerischen Behörden geraten, lädt der von Siebenpfeiffer gegründete ›Preßverein‹ zu einem politischen Fest auf dem Gelände der Burgruine Hambach bei Neustadt ein. Das am 27. Mai 1832 stattfindende ›Nationalfest der Deutschen‹ mobilisiert 30 000 Menschen, zu denen auch die Studenten der Heidelberger Universität zählen. Es findet große Resonanz in der regionalen und überregionalen Presse. Die Hauptforderungen lauten: Meinungs-, Presse- und Versammlungsfreiheit, Bürgerrechte und nationale Einheit. Zum ersten Mal werden dabei schwarz-rot-goldene Fahnen mitgeführt, die diese Forderungen symbolisieren. Auch wenn sich die Bewegung gegen die aus Bayern entsandten Truppen nicht durchsetzen kann und die Wortführer Haftstrafen hinnehmen müssen, war die Pfalz damit zu einem Herd für eine demokratische Flamme geworden, die mit den Ereignissen von 1848/49 dann auch überregional loderte.

1720 Kurfürst Carl Philipp verlegt die Residenz von Heidelberg nach Mannheim und lässt dort nach Versailler Vorbild eines der größten europäischen Barockschlösser errichten.

1742–1799 Unter der Regierung von Carl Theodor wird der kurfürstliche Hof zu einem Zentrum für Kulturschaffende aus ganz Europa. In diese Jahre fällt auch der Ausbau der Residenz Schwetzingen; die Gartenanlage ist sowohl in künstlerischer Hinsicht als auch in ihrem Erhaltungszustand einzigartig. Die Verlegung der Residenz nach München im Jahr 1778 (Carl Theodor tritt dort die bayerische Erbschaft an) beendet diese glanzvolle Ära.

1803 Die Kurpfalz wird infolge des Reichsdeputationshauptschlusses aufgelöst. Die rechtsrheinischen Gebiete gehören fortan zum Großherzogtum Baden. Das linksrheinische Kernland der Kurpfalz kommt 1815 als ›Rheinpfalz‹ zu Bayern. Der nördliche Teil wird Hessen bzw. Rheinhessen zugeordnet. Heute versteht sich vor allem noch die Region um Mannheim und Heidelberg als kurpfälzisch.

Der Kampf um Demokratie

1832 Das Hambacher Fest in Neustadt a. d. Weinstraße gilt als erste große Manifestation des Gedankenguts des Vormärz. Die Ideen der Französischen Revolution waren an Rhein und Neckar positiv aufgenommen worden. Die Pfalz und Rheinhessen gehörten als Département Mont-Tonnère von 1798 bis 1813 zu Frankreich. Somit setzten sich große Bevölkerungsteile für die Verteidigung der mit der napoleonischen Gesetzgebung errungenen Rechte gegen die Restauration ein.

1848 Die Erhebungen im Rahmen der demokratischen Revolution nehmen in Mannheim ihren Ausgang. Ihre Ideale beeinflussen die Menschen im Südwesten auch über die Niederlage von 1849 hinaus.

Industrialisierung und Arbeiterbewegung

1840 Die erste badische Bahnlinie zwischen Mannheim und Heidelberg wird eröffnet. Durch die Gründung zahlreicher Industrieunternehmen erlebt vor allem Mannheim einen beispiellosen Aufschwung.

1848/49 Mannheim ist Mittelpunkt der demokratischen Bewegung im deutschen Südwesten. Bei den Erhebungen geht es nicht nur um Einheit und Freiheit, sondern auch um die soziale Frage.

1865 Der Mannheimer Goldschmied Friedrich Engelhorn gründet zur Herstellung von Anilin die BASF und siedelt das Werksgelände in Ludwigshafen an, nachdem er mit der Stadt Mannheim über den Kauf eines Betriebsgeländes nicht einig werden konnte.

1876 Die Arbeiten zur Rheinbegradigung finden ihren Abschluss. Sie waren 1817 durch Johann Gottfried Tulla (1770–1828) begonnen worden und erwiesen sich nicht nur als großer Gewinn für die Schifffahrt, sondern auch für die Uferbebauung des Rheins.

1885 Ernst Bloch wird in Ludwigshafen geboren. Im amerikanischen Exil schreibt der Kultur- und Sozialphilosoph zwischen 1938 und 1947 sein Hauptwerk ›Das Prinzip Hoffnung‹. Nach dem Krieg lehrt Bloch an den Universitäten in Leipzig und, ab 1961, in Tübingen, wo er 1977 stirbt.

1886 Der Maschinenbauer Carl Friedrich Benz erhält das Patent für sein erstes Automobil. Heute haben 10 der 100 bedeutendsten deutschen Unternehmen in der Metropolregion ihren Sitz.

1913 Friedrich Ebert wird zum Vorsitzenden der SPD, 1919 zum Reichspräsident gewählt. Der 1871 in Heidelberg geborene Sozialdemokrat stirbt 1925 in Berlin und wird auf dem Bergfriedhof seiner Heimatstadt beigesetzt.

Nationalsozialismus

1933 Am 1. Mai wird in Osthofen bei Worms das erste Konzentrationslager Hessens eingerichtet (heute Gedenkstätte), das die historische Vorlage liefert für das fiktive KZ Westhofen in Anna Seghers' Roman ›Das siebte Kreuz‹. Zwei Wochen später kommt es vor der Heidelberger Universität zu Bücherverbrennungen.

1935 Gründung der ›Deutschen Weinstraße‹ durch die Nationalsozialisten als propagandistische Maßnahme zur Steigerung des Weinverkaufs. Gauleiter Josef Bürckel, Initiator dieser Maßnahme, brüstet sich zusammen mit Gauleiter Robert Wagner (Baden) fünf Jahre später mit der Deportation von 6000 jüdischen Bürgern nach Südfrankreich.

1944 Im KZ Mannheim-Sandhofen, einer Außenstelle des KZ Natzweiler (Elsass), werden zur Zeit des Warschauer Aufstands über 1000 polnische Häftlinge interniert. Eine Gedenkstätte am Ort erinnert daran.

Hin zur Gegenwart

1946 Gründung der Bundesländer Rheinland-Pfalz mit der Landeshauptstadt Mainz und Hessen mit der Landeshauptstadt Wiesbaden.

1952 Es folgt Baden-Württemberg (Stuttgart). Die Metropolregion Rhein-Neckar ist durchzogen von den Grenzen dieser drei Bundesländer.

2005 Die Anerkennung als europäische Metropolregion im April 2005 und der neue Staatsvertrag der beteiligten Länder vom Juli 2005 geben der Region die Möglichkeit, die nie abgebrochenen Beziehungen über die Ländergrenzen hinweg für die Zukunft selbst zu organisieren.

2007 400 Jahre Stadt Mannheim. Anlässlich des großen Jubiläumsfestes öffnet das Barockschloss nach umfangreicher Sanierung und Neuausstattung Ende März wieder seine Pforten.

Kultur und Leben

Der Rittersaal des aufwendig
sanierten Mannheimer Schlosses

LEBENSART: LEWE UND LEWE LOSSE

Regionale Mentalität

»Fröhlich Pfalz, Gott erhalt's« – der gereimte Wunsch des bekannten und nach wie vor gelesenen Mundartdichters Karl Gottfried Nadler (1809–1849) trifft einen Kern der Mentalität, die im Rhein-Neckar-Dreieck am Zusammenfluss von Rhein und Neckar vorherrscht. Und dass sich eine große Mannheimer Karnevalsgesellschaft diesen Wunsch als Name und Programm gegeben hat, verweist darauf, dass man es in puncto Lebensfreude am wenigsten ernst nimmt mit irgendwelchen Landesgrenzen. Ein sonniges Grundgemüt herrscht in Landau, Speyer und Worms ebenso vor wie in Heidelberg, Weinheim und Bensheim – was allerdings nicht bedeutet, dass die Menschen hier von morgens bis abends mit einem schwachsinnigen Grinsen durch die Gegend laufen. ›Fröhlichkeit‹ meint da schon eher eine Unbeschwertheit im Umgang mit der Lebenslast und den Tabus. Das Wort ›Verzicht‹ wurde hier nicht erfunden – man kann den vielen Wein, den die Reben liefern, ja nicht wegschütten. Und die traditionellen Schlachtfeste wären nie als solche entstanden, wenn alle daran Beteiligten die arme Sau beweinen und frisches Kesselfleisch nur nach seinen Auswirkungen auf das gute und schlechte Cholesterin bemessen würden.

Die Provinz als Heimat schenkt ihren Kindern die Kraft zur Skepsis gegenüber jeglicher Schaumschlägerei. Und da es an ländlichen Gebieten in der Region nicht fehlt, wächst diese Kraft ständig nach. Aber es gibt sie auch in den Städten. Gerade Mannheim und Ludwigshafen haftet die übliche Charakterlosigkeit großer Städte nicht an. Akademischen Dünkel findet man dort eher selten, eine selbstbewusste Arbeiterschaft und die Durchsetzung entsprechender Milieus wussten dies zu verhindern. Insofern darf man ganz unterschiedlichen Vertretern der regionalen Prominenz von Ernst Bloch über Sepp Herberger und Helmut Kohl bis zu Joy Fleming und Uwe Ochsenknecht eine gemeinsame heimatliche Erdung zuschreiben.

Ein stark ausgeprägtes Vereinsleben gehört ebenfalls zu den Kennzeichen der Region an Rhein und Neckar. In unzähligen Sport- und Musikvereinen finden Kinder und Jugendliche nach wie vor Zugang zu entsprechenden Fertigkeiten. Dass vor allem in den städtischen Fußball- und Hockeyclubs, Kirchenchören, Fanfarenzügen und Jugendorchestern inzwischen viele Nationalitäten vertreten sind, lässt sich als Hinweis auf eine weithin respektable Integration ausländischer Arbeitsmigranten verstehen.

Brauchtum und Volksfeste

Beim Brauchtum und den Volksfesten überwiegen die agrargesellschaftlichen und geografischen Wurzeln. Religiöse Motive werden dabei nur noch in Ausnahmen sichtbar, so zum Beispiel bei den ländlichen Fronleichnamszügen in der Pfalz, bei denen sich die Straßen kleiner Orte als große Blütenmeere präsentieren. Nach Walldürn im Odenwald führen in den Wochen nach Pfingsten jährlich Wallfahrten zur Basilika ›Zum Heiligen Blut‹. Der Ort zeigt sich dann rund um die Kirche mit Blumen und Altären geschmückt. Der Sage zufolge soll sich hier vor langer Zeit ein wenig verschüttgegangener Messwein in Christi Blut verwandelt haben. Regelmäßig gefeierte patriotische Feste gibt es nicht, sieht man einmal davon ab, dass die Gedenktage zum ›Hambacher Fest‹ (s. S. 27) durch entsprechende Veranstaltungen begangen werden.

Die zahlreichen Fischerfeste in der Region tragen der Lage an Rhein und Neckar Rechnung. Zu den populärsten zählt das ›Backfischfest‹ in Worms. Es findet jeweils in der letzten Augustwoche statt und stellt mit der Wormser Fischerzunft die älteste Zunft Deutschlands in den Mittelpunkt. Auch die beiden sommerlichen Fischerfeste in Steffi Grafs Heimatgemeinde Brühl gehören in diese Reihe. Am Neckar feiern die Ladenburger ihr Fischerfest Ende Juni. Sie tun es fast so stimmungsvoll wie bei ihrem Altstadtfest im September. Das Fischerfest in Heidelberg-Neuenheim findet ebenfalls Ende Juni statt und sieht in dem einst unabhängigen Fischerdorf die Straßen, Plätze und Höfe immer mit gut gelaunten Menschen gefüllt. Und so geht es den Neckar aufwärts weiter.

Die sonnige Lage der Bergstraße und der Deutschen Weinstraße lockt dort schon früh im Jahr zu den Mandelblütenfesten. In Neustadt-Gimmeldingen schlägt man dabei zwei Fliegen mit einer Klappe: Das dortige Mandelblütenfest geht Mitte März über die Bühne und ist gleichzeitig das erste Weinfest der Region im Jahr. Und solche Feste rund ums Schoppenglas folgen dann in unerbittlich langer Reihe. Das ›größte Weinfest der Welt‹ wird am zweiten und dritten Septemberwochenende in Bad Dürkheim gefeiert. Selbstredend verfügt dieses Fest über eine eigene Website – www.duerkheimer-wurstmarkt.de. Mit dem Wein verbunden sind auch die Reste des Brauchtums, die sich erhalten haben. Nach dem Motto »Wenn schon keine Lady Di, dann wenigstens eine Weinkönigin« pflegt man an der Weinstraße nach wie vor den Brauch, jährlich eine hübsche und der Weinkunde mächtige junge Frau als Botschafterin des Rebensafts zu inthronisieren. Auch die Geißbockversteigerung in Deidesheim ist keine trockene Veranstaltung. Sie erinnert an die Zeiten des schwunghaften Viehhandels in der Region und führt dienstags nach Pfingsten eine Menge Volk in den Ort, der durch Gourmetrestaurants wie den ›Schwarzen Hahn‹, den ›Ketschauer Hof‹ oder die ›Kanne‹ in Genießerkreisen bekannt wurde. Mit dem Viehhandel begann vor 400 Jahren auch die Geschichte des Mannheimer Maimarkts. Heute präsentiert sich diese Jahresveranstaltung als größte deutsche Regionalmesse für Verbraucher. Abgesehen von dem Superlativ ist es eine bunte Mischung aus Produktschau, Stell-Dich-ein und Spektakel.

KUNST UND KULTUR

Schlösser und Burgen, Kirchen und Dome

Wenn Sir Norman Foster als einer der namhaftesten zeitgenössischen Architekten sagt, dass jede richtige Stadt eine Kathedrale braucht, dann dürften damit bauliche Solitäre und Fixpunkte gemeint sein, die der städtischen Struktur einen inneren Halt und einen attraktiven Kern geben. Die Städte der Metropolregion Rhein-Neckar sind reich an solchen Attraktionen. So zählt der Kaiser- und Mariendom zu Speyer zu einem der bedeutendsten Baudenkmäler der Romanik; die größte erhaltene romanische Kirche Europas wurde von der UNESCO als Weltkulturerbe unter besonderen Schutz gestellt. Die gleiche Ehre kommt dem Kloster Lorsch als weiterem Sakralbau zu. Dessen kulturgeschichtliche Bedeutung gründet nicht zuletzt in dem Umstand, dass die sogenannte Königshalle das einzige vollständig erhaltene Bauwerk aus karolingischer Zeit ist (s. S. 193, 197). Zu den Kirchen, deren Architektur und Geschichte sich aufs engste mit der Kulturgeschichte der Region verbinden, gehören außerdem der Dom St. Peter in Worms (s. S. 127), die Jesuitenkirche in Mannheim (s. S. 95) und die Heiliggeistkirche in Heidelberg (s. S. 67). All diese Kirchen und Klöster teilen ein gemeinsames Schicksal mit den großen Profanbauten der Region: Sie wurden im Dreißigjährigen Krieg, dem Pfälzischen Erbfolgekrieg und dem 2. Weltkrieg zum Teil mehrfach zerstört.

Die kurfürstlichen Residenzschlösser von Heidelberg und Mannheim sowie die Sommerresidenz Schwetzingen repräsentieren die große Zeit der Kurpfalz, die besonders unter Kurfürst Carl Theodor bis zur Verlegung der Residenz nach München im Jahr 1778 zu einem europäischen Zentrum der barocken Kultur avancierte. Das Schloss von Mannheim, eine der größten Barockanlagen Europas, wurde in diesen Jahren die Geburtsstätte des späteren Nationaltheaters und der ›Mannheimer Schule‹ als stilprägender und von Mozart bewunderter Orchestermusik. Und wenige Jahre später entdeckte die deutsche Romantik in Literatur und Malerei das Heidelberger Schloss für sich. Die Kunst der Garten- und Landschaftsgestaltung ist kaum anderswo so eindrucksvoll zu bestaunen wie im Schlossgarten von Schwetzingen, der unter Kurfürst Carl Theodor ebenfalls zur Blüte gebracht wurde. Auch diese Anlage hat gute Chancen, bald zum UNESCO-Weltkulturerbe zu gehören.

Ihren kulturhistorischen Reiz haben schließlich auch die vielen Burgen im Pfälzerwald, an der Weinstraße und im Neckartal. Sie repräsentieren die hochmittelalterliche Zeit der Adelsgeschlechter. Und die Neuzeit? Die spektakuläre Art des Bauens haben in unseren Tagen die private Wirtschaft und insbesondere der Handel übernommen. Kathedralen der Neuzeit stehen an den Mannheimer Planken, auf den neuen Altären finden sich Labels von Boss oder Armani.

Theater und Literatur

Als weltweit größtes und ältestes kommunales Vierspartenhaus blickt das Nationaltheater Mannheim auf eine Geschichte zurück, die bis in die Zeit der Kurfürsten im 18. Jh. reicht. Schauspiel, Oper, Ballett sowie Kinder- und Jugendtheater ziehen jährlich etwa 350 000 Besucher an. Ein Meilenstein in der Geschichte des Hauses war die legendäre Uraufführung von Friedrich Schillers ›Die Räuber‹ am 13. Januar 1782, die für den damals jungen Theaterdichter den ersten großen Erfolg bedeutete. Das ›Theater im Pfalzbau‹ auf der anderen Rheinseite in Ludwigshafen findet vor allem durch den Schwerpunkt des modernen Tanztheaters und durch seine noch jungen Theaterfestspiele mit hervorragenden Ensembles über die Region hinaus Beachtung. Neben den größeren Bühnen, zu denen auch das Stadttheater Heidelberg zu rechnen ist, haben sich kleinere Bühnen und Ensembles inzwischen einen festen Platz

Mit Wein wird der ›Domnapf‹ in Speyer nur zu ganz besonderen Anlässen gefüllt

FESTIVALREGION RHEIN-NECKAR

Die Festivallandschaft der Metropolregion Rhein-Neckar bietet ein umfangreiches und künstlerisch anspruchsvolles Programm. Während es die Schwetzinger Festspiele und die Internationalen Filmfestspiele Mannheim schon in den 1950er-Jahren gibt, kamen in jüngerer Zeit weitere hochkarätige Veranstaltungen dazu.

Heidelberger Frühling (Mitte März – Ende April)
Eine noch junge Erfolgsgeschichte: 2006 feierte das internationale Musikfestival seinen 10. Geburtstag. Große Feuilletons bescheinigen ihm »das Potenzial, zu den Top Ten Festivals in ganz Deutschland zu gehören«. International herausragende Künstler wie Thomas Hampson, Edita Gruberova, Ivo Pogorelich oder das London Symphony Orchestra sind regelmäßig dabei (www.heidelberger-fruehling.de).

Schwetzinger Festspiele (Ende April – Anfang Juni)
1952 ins Leben gerufen, haben sich diese Festspiele schnell zu einer Größe in der internationalen Musiklandschaft entwickelt. Als Mitveranstalter überträgt der Südwestrundfunk die Aufführungen in alle Welt. »Altes wiederentdecken, Neues initiieren, dem Nachwuchs eine Chance« (www.swr.de/swr2/schwetzinger-festspiele).

Heidelberger Stückemarkt (Anfang Mai – Mitte Mai)
Als ein Forum junger Autoren hat sich das Festival für Gegenwartsdramatik einen großen Namen gemacht (www.theaterheidelberg.de).

Schlossfestspiele Heidelberg (Mitte Juni – Mitte August)
Seit Jahrzehnten ein Publikumsmagnet: sommerliche Leichtigkeit durch die Bespielung der Schlossruine unter freiem Himmel mit Theateraufführungen, Konzerten und Liederabenden (www.schlossfestspiele-heidelberg.de).

Festival des Deutschen Films (Ludwigshafen, 10 Tage im Juni)
Mit der Parkinsel im Rhein vor Ludwigshafen hat das junge Festival einen intimen Rahmen gefunden, der auf Filmemacher, Schauspieler und Publikum gleich großen Reiz ausübt (www.festival-des-deutschen-films.de).

Internationale Schillertage (eine Woche Mitte Juni)
1782 führte Schiller seine ›Räuber‹ am Mannheimer Nationaltheater erstmals auf. Anschließend war er Mannheimer Theaterdichter. Seit 1978 pflegt das Nationaltheater dieses Erbe mit den Schillertagen (www.schillertage.de).

Schlossfestspiele Mannheim (10 Tage Mitte Juli)
Zehn Sommernächte vor der prachtvollen Kulisse des Mannheimer Schlosses im Ehrenhof. Oper, Schauspiel, Musical und Konzert. Die 2007 eingeführte Reihe soll zu einer festen Größe werden (www.odeon-concerte.de/mannheim/shopmh.htm).

Internationales Straßentheaterfestival Ludwigshafen (3 Tage Ende Juli)
Das Internationale Straßentheaterfestival mit Künstlern und Gruppen aus aller Welt verwandelt die Ludwigshafener City drei Tage lang in eine riesige Bühne (www.ludwigshafen.de).

Nibelungenfestspiele Worms (zwei Wochen Ende Juli, Anfang August)
2002 gestartet, schreibt die Inszenierung des Nibelungen-Stoffs schon nach kurzer Zeit Festspielgeschichte. Die Festspiele sind zu einem großen Medienereignis geworden, die Karten zu dem Kulturereignis vor dem Dom entsprechend nachgefragt (www.nibelungenfestspiele.de).

Wunder der Prärie (Mitte bis Ende September)
›Wunder der Prärie‹ hat sich seit seiner Gründung im Jahr 2004 in Mannheim als Schauplatz für ungewöhnliche internationale und interdisziplinäre Kunst an der Schnittstelle von Theater, Performance und Tanz angesiedelt (www.wunderderpraerie.de).

Fotofestival Mannheim-Ludwigshafen-Heidelberg (Ende Sept. – Ende Okt.)
Nach dem Umzug der renommierten ›Internationalen Fototage Herten‹ nach Mannheim/Ludwigshafen und dem erfolgreichen Neubeginn in der Metropolregion Rhein-Neckar 2005 wurde das Festival neu strukturiert. Thematisiert werden neben dem aktuellen Diskurs um Fotografie und moderne Bildproduktion auch Videokunst und neue Medien, ergänzt durch medial grenzüberschreitende subkulturelle Aktivitäten (www.fotofestival-ma-lu-hd.de).

Enjoy Jazz (Anfang Oktober – Mitte November)
Sechs Wochen können sich Jazz-Freunde an Spielorten in Heidelberg, Mannheim und Ludwigshafen an hervorragender Musik laben. Dass der Mitschnitt eines Konzerts von Ornette Coleman 2006 von Fachmedien für einen Grammy als bestes Jazz Instrumentalalbum nominiert wurde, wirft ein Schlaglicht auf das hohe Niveau des Festivals (www.enjoyjazz.de).

Internationales Filmfestival Mannheim-Heidelberg (10 Tage im November)
Jährlich im November sind die Städte Mannheim und Heidelberg für zehn Tage ein Mekka für Cineasten. 1952 ins Leben gerufen, nimmt das Festival inzwischen nach der Berlinale den zweiten Rang bei den deutschen Filmfestspielen ein (www.mannheim-filmfestival.com).

Festspiele Ludwigshafen, Theater im Pfalzbau (Ende Okt. – Mitte Dez.)
Tragende Säule ist das Tanztheaterprogramm der Festspiele, die sich in kurzer Zeit die Anerkennung der Medien und eines großen Publikums erobern konnten. Wegen der Sanierung der Spielstätte (Pfalzbau) wird es 2007 eine kleinere Version auf einer Ausweichbühne geben (www.theater-im-pfalzbau.de).

im Kulturkalender der Region erspielt. Dazu zählen u. a. die Klapsmühl und das Capitol in Mannheim, das Chawwerusch Theater in Herxheim sowie der Karlstorbahnhof, das Taeter-Theater und das Zimmertheater in Heidelberg.

Bezüglich des Kulturguts ›Buch‹ sind es drei Namen, die auf die lange kulturgeschichtliche Tradition der Universitätsstadt Heidelberg verweisen: ›Biblioteca Palatina‹, ›Codex Manesse‹ und ›Des Knaben Wunderhorn‹. Die Biblioteca Palatina, auch als ›Mutter aller Bibliotheken‹ bezeichnet, fand ihren Kern in der von Kurfürst Ludwig III. (reg. 1410–1436) gegründeten Stiftsbibliothek an der Heiliggeistkirche. Die Zusammenführung dieses Grundstocks mit der Büchersammlung von Kurfürst Ottheinrich (1502–1559) und der gewachsenen Schlossbibliothek bedeutete dann die eigentliche Gründung der Biblioteca Palatina, die 1623 als Beute im Dreißigjährigen Krieg von Heidelberg zum Vatikan verbracht wurde. Teile davon sind mittlerweile wieder nach Heidelberg gelangt. Einen Einblick in die Geschichte dieser Büchersammlung bietet die Universität Heidelberg auf ihrer Website: www.uni-heidelberg.de/institute/fak9/mlat/palatina.htm.

Der Codex Manesse wird ebenfalls in der Universitätsbibliothek Heidelberg aufbewahrt. Die umfangreichste und berühmteste deutsche Liederhandschrift des Mittelalters ist zugleich ein bedeutendes Dokument gotischer Buchmalerei. Die Entstehung um 1300 in Zürich wird auf die Sammeltätigkeit der Patrizierfamilie Manesse zurückge-

Maurice Béjarts Ballett ›Zarathustra‹ wurde in Ludwigshafen begeistert gefeiert

führt. Eine digitalisierte Kopie dieser Sammlung ist unter http://digi.ub.uni-heidelberg.de/cpg848 einsehbar.

Zu großem Ruhm gelangte schließlich auch die Liedsammlung ›Des Knaben Wunderhorn‹. Unter diesem Titel veröffentlichten die damals in Heidelberg lebenden Romantiker Clemens von Brentano (1778–1842) und Achim von Arnim (1781–1831) zu Beginn des 19. Jh. eine umfangreiche Sammlung von Volksliedtexten, die später zum Teil von Gustav Mahler vertont wurden und in Teilen bis in unsere Zeit als Kinderlieder bekannt sind.

In der zeitgenössischen Literatur aus der Region ragen Martha Saalfeld und Hilde Domin hervor. Die 1898 in Landau geborene und 1976 in Bad Bergzabern gestorbene Martha Saalfeld promovierte 1927 in Philosophie bei Karl Jaspers in Heidelberg und veröffentlichte zu dieser Zeit ihre ersten Gedichte. In der Nazizeit wurden ihre Bücher verboten. Nach dem 2. Weltkrieg erschienen ab 1949 in rascher Folge Gedichte, Erzählungen und Romane. 1959 wurde Martha Saalfeld Mitglied der Deutschen Akademie für Sprache und Dichtung. 1963 erhielt sie den Staatspreis des Landes Rheinland-Pfalz.

Hilde Domin wurde 1909 in Köln geboren und starb 2006 in Heidelberg. Sie machte sich vor allem als Lyrikerin einen Namen. Als Tochter eines jüdischen Rechtsanwaltes sah sie sich 1932 zur Emigration gezwungen. Erst 1951 begann die in Florenz in Staatswissenschaft promovierte Hilde Palm (geb. Löwenstein) unter dem Pseudonym ›Domin‹ zu schreiben. 1954 kehrte sie aus dem Exil – zuletzt in Santo Domingo, daher auch das Pseudonym – nach Deutschland zurück und veröffentlichte 1957 ihre ersten Gedichte. Neben ihren lyrischen Arbeiten schrieb sie Erzählungen, Essays und literaturwissenschaftliche Abhandlungen. Ihren Lebensabend verbrachte Hilde Domin in Heidelberg.

Unter den von hier stammenden Gegenwartsautoren gehören Bernhard Schlink und Michael Buselmeiser zu den bekanntesten. Dem in Heidelberg aufgewachsenen und als Jurist ausgebildeten Schlink gelang mit dem Roman ›Der Vorleser‹ ein anspruchsvoller Bestseller und der in Heidelberg lebende Germanist Buselmeier setzt sich in seinen Werken kritisch mit der Geschichte und Aktualität seiner Heimat auseinander.

Große Orchester mit langer Tradition

Im Bereich der klassischen Musik freut man sich besonders über das große Konzertangebot und die hohe Qualität der Orchester, deren Tradition die ›Mannheimer Schule‹ im 18. Jh. am Hof des Kurfürsten Carl Theodor begründete. Der Musikerkreis um Johann Stamitz galt seinerzeit als bestes europäisches Orchester und hat als Schule den Übergang vom Barock zur Wiener Klassik eingeleitet. Heute sind links und rechts des Rheins großartige Sinfonieorchester zu Hause. So hat die Deutsche Staatsphilharmonie Rheinland-Pfalz als führendes Sinfonieorchester des Landes ihren Sitz in Ludwigshafen. Das Orchester des Nationaltheaters

Mannheim gilt als eines der besten Opernorchester Deutschlands. Und die Heidelberger Sinfoniker stehen in dieser Reihe nicht nach.

Romantiker und Impressionisten

Ähnlich wie in der Musik setzte der Mannheimer ›Musenhof‹ unter Kurfürst Carl Theodor auch bei der Entwicklung der neuzeitlichen bildenden Kunst in der Region erste große Zeichen. Carl Theodor war ein begeisterter Sammler und nannte so auch die größte Kupferstichsammlung Europas sein Eigen. Durch die Gründung einer Zeichenschule 1758 unter dem Hofbildhauer Peter Anton Verschaffelt war Mannheim auch ein gefragtes Ausbildungszentrum. Der Mannheimer Ferdinand Kobell (1740–1799) avancierte nach einer Ausbildung bei Verschaffelt zum kurfürstlichen Kabinetts-Landschaftsmaler und Star seiner Zeit. Im 19. Jh. war es vor allem die nicht nur für Heidelberg bestimmende Kunst der Romantik, die der spätbarocken Malerei folgte. Im Kurpfälzischen Museum und im Schloss von Heidelberg begegnet man den entsprechenden Arbeiten der Heidelberger Karl Fohr (1795–1818), Carl Rottmann (1797–1855) und Ernst Fries (1801–1833). Auch der aus Speyer stammende Anselm Feuerbach (1829–1880) ist dieser Reihe zuzuordnen. Unter den Impressionisten, die die Malerei um die Zeit der Jahrhundertwende maßgeblich bestimmten, hat sich Max Slevogt (1868–1932) in die europäische Kunstgeschichte eingeschrieben. Slevogt gilt neben Max Liebermann und Lovis Corinth als der dritte große Repräsentant des deutschen Impressionismus. Der in Landshut geborene Landschaftsmaler und gefeierte Porträtist erwarb 1914 das Hofgut Neukastel bei Leinsweiler in der Pfalz. Dort entstanden zahlreiche Landschaftsbilder der Rheinebene und der Weinberge, die ihn zum Maler der pfälzischen Landschaft schlechthin werden ließen. Das Hofgut heißt inzwischen ›Slevogt-Hof‹ und ist mit den ehemaligen Wohnräumen des Künstlers museal eingerichtet. Unweit davon, im Schloss ›Villa Ludwigshöhe‹ in Edenkoben, findet sich eine Max-Slevogt-Galerie mit vielen Frühwerken.

Von dem in Speyer geborenen Hans Purrmann (1880–1966) sind nur wenige Pfälzer Motive bekannt. Mit seinem farbensprühenden Werk ist er im 20. Jh. der international erfolgreichste Maler aus der Pfalz. Sonderpositionen in der jüngeren Pfälzer Malerei kommen auch Albert Haueisen (1872–1954), Otto Dill (1884–1957) und Karl Dillinger (1882–1941) zu.

Für Liebhaber moderner und zeitgenössischer Kunst zeigt sich schließlich das Städtedreieck Ludwigshafen-Mannheim-Heidelberg als wahre Fundgrube. In Ludwigshafen begegnet man im Wilhelm-Hack-Museum der klassischen Moderne. In Mannheim nimmt die Städtische Kunsthalle seit nunmehr hundert Jahren einen hohen Rang ein, flankiert durch eine sehr lebendige Galerieszene (www.galerienverband mannheim.de). Und in Heidelberg gehört der Kunstverein mit seinen Wechselausstelllungen zu den aktivsten deutschen Vereinen seiner Art.

ESSEN UND TRINKEN

Deftig bis delikat

In der regionalen Küche finden die Traditionen aus der Pfalz, Baden, Schwaben und Hessen zu einer bunten Melange zusammen. Bei aller Verschmelzung bleiben aber einzelne Gerichte eng mit ihrer Herkunftsregion verbunden und kommen nur dort auf den Tisch, etwa der Pfälzer Saumagen, der in Hessen oder im Neckartal kaum zu finden ist. Umgekehrt weiß man in der Südpfalz nicht, was mit ›Grüner Soße‹ gemeint ist, während die Heppenheimer auf diese hessische Köstlichkeit aus vielen Kräutern immer schon stolz waren. Für alle Gegenden der Region, ob links oder rechts des Rheins, gilt Folgendes: Die Grundlage der Regionalküche besteht in der deftigen Kost, die bei den Landleuten einst nötig war, um Leib und Seele zusammenzuhalten. Bei der Verfeinerung der an Fleisch und Wurst reichen Landküche darf man dem Deidesheimer Hof unter der Regie des Sternekochs Manfred Schwarz eine Vorreiterrolle zuschreiben. Hier werden der Saumagen und die Leberwurst nicht nur auf feinstes Porzellan gelegt, sondern in ihrer Zubereitung so verfeinert, dass Helmut Kohl sich in den 1980er-Jahren traute, sie seinen Staatsgästen auftischen zu lassen. In der Folge besannen sich viele Köche auf den natürlichen Reichtum der Region, nahmen den Traditionsrezepten mit Kräutern, Gemüse und Früchten die Schwere und kreierten feine Aromen – das liest sich etwa als ›Praline von Tauben- und Wachtelbrust in Kräuterbrioche auf geräucherten Blumenkohlröschen und gebratenen grünen Spargelspitzen‹.

Deftiges findet aber auch in seiner Ursprungsform nach wie vor viele Freunde.

Pfälzer Lebenart im ›Wingert‹, hier nahe Neustadt an der Weinstraße

DIE STERNETRÄGER DER REGION

Ob sich die Test-Esser von Michelin darüber streiten, wer von ihnen die Metropolregion Rhein-Neckar besuchen darf, ist nicht bekannt. Wohl aber gibt es die Ergebnisse dieser Tests für das Jahr 2007. In vielen Restaurants links und rechts des Rheins kann man himmlisch gut essen. Der Griff nach den Sternen ist dabei folgenden Köchen gelungen (je 1 Stern): In Mannheim: Wolfgang Staudenmaier im Restaurant Da Gianni: R7, 34, Tel. 06 21/2 03 26, www.da-gianni.de, Di–So 12–14, 18.30–22 Uhr; Gianfranco Melideo, Restaurant Grissini: M3, 6, Tel. 06 21/156 57 24, Mo–Sa 12–13.45, 18.30–21.30 Uhr; Norbert Dobler, Restaurant Dobler's: Seckenheimer Str. 20, Tel. 06 21/1 43 97, www.doblers.de, Di–Sa 12–14, 18.30–22 Uhr, So, Mo geschl. In Heidelberg: Manfred Schwarz im ›schwarz Das Restaurant‹: Kurfürsten-Anlage 60, Tel. 062 21/75 70 30, www.schwarzdasrestaurant.com. Di–Sa ab 18 Uhr. In Schriesheim bei Heidelberg: Jürgen Schneider, Strahlenberger Hof: Kirchstr. 2, Tel. 062 03/6 30 76, www.strahlenbergerhof.de, Di–Sa ab 18 Uhr, So, Mo geschl.

In der Pfalz: Karl-Emil Kuntz, Hotel-Restaurant Krone: Herxheim-Hayna, Hauptstr. 62–64, Tel. 072 76/50 80, www.hotelkrone.de, Rest. Mi–Sa 18–21 Uhr, Pfälzer Stube Mi–Mo 12–14, ab 18 Uhr; Dieter Luther, Hotel-Restaurant Luther: Freinsheim, Hauptstr. 29, Tel. 063 53/9 34 80, www.luther-freinsheim.de, Mo–Sa ab 18.30 Uhr, So geschl.; Stefan Neugebauer, Deidesheimer Hof: Deidesheim, Am Marktplatz, Tel. 063 26/9 86 70, www.deidesheimerhof.de, St. Urban, tgl. 11–23 Uhr, Schwarzer Hahn (Haute Cuisine) Di–Sa ab 18.30 Uhr, So, Mo geschl. Schließlich gehört Peter Steverding aus Knittelsheim in diese Reihe. Er kocht im Restaurant Isenhof, Hauptstr. 15a, Tel. 063 48/57 00, www.isenhof.de, Di–Sa ab 18 Uhr, Sa auch ab 12 Uhr, So, Mo geschl. In diesen ausgezeichneten Restaurants sollte man mit Menüpreisen ab ca. 60 € rechnen.

Folgende Begebenheit mag dies belegen: Im Mannheimer Kongresszentrum Rosengarten treffen sich Deutschlands Herzspezialisten jährlich zu einem großen Kongress. Die Mediziner dozieren dabei auch über die Gefahr, die fettes Essen für die Gesundheit bedeutet. Das ist verständlich. Nicht minder verständlich ist es, wenn die gleichen Referenten abends in einer beliebten Weinstube die Bedienung ermuntern, den Schöpflöffel etwas tiefer in die Sauciere zu senken, um ›von der ausgezeichneten Bratensoße‹ auch ja genug auf den Teller zu bekommen. Landauf landab genießt man in den vielen Biergärten und Weinstuben regionale Klassiker wie Leberknödel mit Sauerkraut, Schweinepfeffer oder Pfälzer Bratwurst. Rechts des Rheins kommen dann noch Maultaschen, Odenwälder Kochkäse und Pellkartoffeln mit Grüner Soße dazu.

Vegetarisch genießen

Wie die über Hessen hinaus populäre ›Frankfurter Grie Soß‹ zeigt, halten die Traditionsrezepte der Region sogar einige Alternativen für Vegetarier vor. Galten Pellkartoffeln, Dampfnudeln mit Weinsoße, Kartoffelsuppe mit Zwetschgenkuchen oder Schupfnudeln mit Apfelkompott als traditionelle Freitagsgerichte, so erfreuen sie heute Gäste, denen fleischliche Genüsse auf dem Teller fremd bleiben. Die besagte Grüne Soße schmeckt so lecker, dass ein 4-Personen-Rezept nicht vorenthalten werden soll. Als Zutaten (die es im Lebensmittelhandel an der Bergstraße bereits gebündelt gibt) nimmt man: je einen Bund Petersilie, Schnittlauch, Kerbel, Sauerampfer, Dill, Borretsch, Kresse, Estragon, Liebstöckel, Zitronenmelisse, 2 Zwiebeln, 4 hart gekochte Eier, 1 El Essig, 2 El Öl, 1/4 l Schmand od. Saure Sahne, 150 g Joghurt, 1 Prise Zucker, Salz, Pfeffer. Die Kräuter (ca. 300 g) zusammen mit den geschälten Zwiebeln fein hacken und in eine große Schüssel geben, mit Essig, Öl, Schmand und Joghurt verrühren, mit Salz und Pfeffer würzen. Zugedeckt für eine Stunde kühl stellen. Die hart gekochten Eier grob hacken und unterrühren. Nochmals mit Salz, Pfeffer und eventuell etwas Zucker abschmecken, etwa 15 Min. durchziehen lassen und zu Pellkartoffeln servieren.

Ein vegetarisches Highlight stellen die vielen Rezepte mit dem königlichen Gemüse dar – Spargel. Ob in Pfannkuchen eingerollt und mit Sauce Hollandaise übergossen, mit neuen Kartoffeln und heißer Butter oder als Salat ... da fehlt es nirgends an Fleisch.

Wein, was sonst

Zu den Gerichten der regionalen Küche bieten sich selbstverständlich die heimischen Weine an. Ob an der Weinstraße, der Bergstraße, in Rheinhessen oder im Kraichgau: Man kann sich überall auf ihre gute bis ausgezeichnete Qualität verlassen. In der Regel bietet die Gastronomie diese Weine auch preisgünstig als offene Viertel an. Bei Fahrten mit dem eigenen Auto in die Weinregionen lohnt es sich auch, einzelnen Weingütern, deren Namen man auf den Weinkarten der Restaurants kennengelernt hat, einen Besuch abzustatten, um dort weitere Sorten zu probieren und sich ggf. mit dem Rebensaft einzudecken.

KULINARISCHES LEXIKON

Buwespitzle
Durchgepresste Kartoffeln vom Vortag werden mit Eiern, Mehl und Butter vermischt, gewürzt und in der Pfanne gebraten. Sie schmecken sowohl zu Süßem, beispielsweise Apfelbrei, als auch zu Herzhaften, z. B. Sauerkraut. Ihre Größe sollte so sein wie der ›Spitz‹ von einem Bub.

Federweißer
Der noch im Gärungsprozess befindliche Traubensaft, der je nach Stadium einen sehr unterschiedlichen Alkoholgehalt hat, schmeckt ganz hervorragend zu ›Zwiwwelkuche‹ (Zwiebelkuchen) vom Blech.

Grumbeeresupp mit Quetschekuche
Dieses pfälzische Rezept wird seit Generationen von der Mutter an die Tochter weitergegeben. Zu der deftigen Kartoffelsuppe mit Speckeinlage wird der noch warme Zwetschgenkuchen serviert.

Hoorische bloe Knepp
Kartoffelklöße mit einer Saucenkreation aus ausgelassenem Speck, Milch und Sahne.

Kartäußerklöß
Nicht nur Kinder lieben dieses Gericht, bei dem altbackene Brötchen in gesüßter Milch, in die Eigelb gerührt wird, eingeweicht und anschließend in Fett ausgebacken und mit Zimt und Zucker serviert werden.

Keschde
Bei keinem Weihnachtsmarkt dürfen sie fehlen, die knusprig heißen Esskastanien, die über offenem Feuer gegart werden und die man im Herbst im Pfälzerwald allerorts sammeln kann. Die braunen Pfälzer sind kleiner und sanfter im Geschmack als z. B. ihre italienischen Artgenossen.

Kerscheplotzer
›Kersche‹ sind jene süßen Kirschen, die in Brötchen vom Vortag oder Zwieback, im Verbund mit Eiern, Butter, Zucker, Mandeln und Kirschwasser gebacken, warm oder kalt, solo oder mit Vanillesauce ein wahrer Hochgenuss sind.

Mannemer Dreck
Eine auf Oblaten gebackene Schokoladenspezialität, deren Rezept bis auf das Jahr 1838 zurückgeht. Das Originalrezept verwahrt das Café Herrdegen in Mannheim (s. S. 101).

Saumagen
Das Pfälzer ›Nationalgericht‹ besteht aus klein geschnittenem Fleisch, Speck, Kartoffeln, Kastanien, Zwiebeln, Kräutern und Gewürzen, die in einem Schweinemagen drei Stunden gesotten werden.

Spargel
Ob klassisch mit Sauce Hollandaise oder als Salat mit Ei und einer Vinaigrette mit viel Schnittlauch – Spargel

Das königliche Gemüse ... und dazu ein knackiger Riesling

wächst auf den Feldern rund um Heidelberg und im hessischen Ried.

Studentenkuss
Eine verführerische Köstlichkeit, die auf der Zunge zergeht: Praline-Nougat-Schokoladenfüllung auf feinem Waffelboden. Wo anders als in Heidelberg sollte diese Spezialität zu Hause sein?

Weingelee
Immer mehr Winzer und Landwirte bieten diese erfreuliche, weil wohlschmeckende Alternative zur herkömmlichen Marmelade an, die auch hervorragend zu Käse oder Pasteten schmeckt. Aus Äpfeln oder Quitten, hübsch angerichtet in Gläsern, sind die Gelees häufig auf Wochenmärkten zu finden.

Verheierte
In herzhafter Brühe gekochte Kartoffelwürfel und Spätzle sämig vereint im Topf, mit Muskat abgeschmeckt und mit in viel Butter gedünsteten Zwiebelringen gekrönt – das ehemalige Arme-Leute-Essen lässt geschmacklich nichts zu wünschen übrig.

Hessische
BERGSTRASSE

Tipps für Ihren Urlaub

Zur Weinprobe wird meist
eine kleine ›Unterlage‹ gereicht

DIE METROPOLREGION ALS REISEZIEL

Organisiert oder individuell

Da die Metropolregion Rhein-Neckar in ihrer gesamten Fläche eine Vielzahl der verschiedensten Attraktionen und sehenswerten Orten birgt, empfiehlt es sich, auf organisierte Rundfahrten zu verzichten und die Reiseplanung selbst in die Hand zu nehmen. Man kann sich dann vor Ort entscheiden, welche der fast durchgängig guten Themenführungen (in den Städten) und welche der natur- und geschichtsbezogenen Lehrpfade (Weinstraße, Odenwald) einem am interessantesten erscheinen. Die beste Art, sich in der Region zu bewegen, ist die Nutzung der Busse und Bahnen des Verkehrsverbundes Rhein-Neckar (VRN). Die kleine Mühe, sich mit dem Streckennetz des VRN vertraut zu machen, lohnt gewiss.

Besondere Highlights

Im Kerngebiet sind es natürlich Mannheim und Heidelberg mit ihren Schlössern, die bei einem Besuch der Region Aufmerksamkeit verdienen. In ihrer Nachbarschaft sind es die Städte Ladenburg und Schwetzingen, von denen sich Gleiches sagen lässt. Vor allem der Schlossgarten von Schwetzingen nimmt als Sehenswürdigkeit einen so hohen Rang ein, dass er demnächst in die Liste des UNESCO-Weltkulturerbes aufgenommen werden dürfte. In dieser Liste schon präsent sind der Dom zu Speyer, das Kloster Lorsch und der Neckar-Odenwald-Limes. Mit den meisten großen Kulturbauten der Region verbinden sich bedeutende Festspiele (s. S. 36, 37). Den steilsten Aufstieg in der Publikumsgunst haben in jüngster Zeit die Nibelungen-Festspiele in Worms genommen.

Da die Region mit milden Temperaturen und langen Schönwetterperioden gesegnet ist, lohnt es sich überall, bei der Wahl der Restaurants nach Biergärten, Terrassenrestaurants und -cafés zu fragen. Das absolute Eldorado für Feinschmecker liegt in der Pfalz und heißt Deidesheim. Dort kochen gleich drei Spitzenköche: im Deidesheimer Hof, im Ketschauer Hof und in der Kanne.

Stadt und Land

›Die Mischung macht's‹ – dieses Motto sollte man zwischen Rhein und Neckar besonders beachten, denn es gehört zu den besonderen Reizen der Region, das urbane Lebensgefühl von modernen Metropolstädten ebenso zu vermitteln wie das romantische Ambiente kleinerer Städte und Flecken. Dazu kommen die vielen Landschaftsbilder mit ganz unterschiedlichen Facetten: Flusslandschaften und enge Täler, Rebenmeere, tiefe Wälder und lichte Ebenen. Den Charakter der Region zu entdecken, heißt, von all dem etwas zu genießen.

Beim Aufenthalt in den größeren Städten und dem Thema ›Shopping‹ tut man gut daran, sich bei den Tourist-Informationen oder auch in Antiquitätengeschäften nach den besitzergeführten Geschäften zu fragen. Damit lässt sich dem Einerlei von Kettenkaufhäusern aus dem Weg gehen. Schnell zu gutem Wein? Die Websites guter Restaurants (s. S. 42) enthalten Weinkarten. Und darauf sind immer Weingüter der Region genannt, deren Besuch sich lohnt.

Urlaub mit Kindern

Ob Stadt oder Land, die Metropolregion hat auch für Kinder viel zu bieten. Das fängt bei Schiffstouren auf Rhein und Neckar an und hört mit dem Besuch von Vogelwarten oder Märchenparadiesen noch lange nicht auf. In den Städten (vor allem in Mannheim und Heidelberg) gibt es sehr gute Kinder- und Jugendtheater sowie spezielle Museumsprogramme für Kinder. Zu den beliebten Zielen von Ausflugsfahrten mit Kindern gehört der große und an Attraktionen reiche Holiday Park in Hassloch (www.holidaypark.de), die Technikmuseen in Sinsheim und Speyer, sowie das Großaquarium Sealife in Speyer. Auch der im Bienwald eingerichtete Hochseilgarten und der Abenteuerpark in Kandel haben in dieser Reihe ihren Platz. Viele Hotels auf dem Land lassen jüngere Kinder für geringe Aufschläge im Zimmer der Eltern übernachten.

Sportliche Aktivitäten

Eine gute Übersicht über die vielen Möglichkeiten sportlicher Betätigung in der Metropolregion gibt folgende Internetseite: www.sportstaettenatlas.de.

Golf

Eine der schönsten und größten deutschen Anlagen ist der von SAP-Mitbegründer Daniel Hopp initiierte Golf Club

Die Südliche Weinstraße ist ein Paradies für Wanderer

St. Leon-Rot (s. S. 84). Sie eignet sich für Anfänger in dieser Sportart ebenso wie für absolute Profis – und Schaulustige, die die Stars einmal aus der Nähe sehen möchten. Weitere Clubs gibt es u. a. in Bad Rappenau, Heddesheim, Lobenfeld, Neustadt a.d. Weinstraße, Viernheim, Wiesloch und Sinsheim.

Klettern

Im Pfälzerwald gibt es eine Reihe von beliebten Hochseilgärten und Klettergebieten. Eine Übersicht findet sich im Internet unter www.wald-rlp.de.

Radfahren

Ob im Neckartal, im Kraichgau, in der Rheinebene oder entlang der Weinstraße: die Metropolregion Rhein-Neckar ist für Radwanderer ein Paradies. Man muss nirgends steile Anstiege nehmen und findet bei örtlichen Touristeninformationen gute Routentipps. Sehr viele Radwanderwege sind gut ausgeschildert.

Wandern

Stimmungsvolle und in der Regel sehr gut ausgeschilderte Wanderwege gibt es in allen ländlichen Gebieten der Region. Besonders der Pfälzerwald und der Odenwald gehören zu den Favoriten. Lange Routen mit schönen Panoramablicken in die Ebene bieten dabei in Form von bewirteten Hütten reizvolle Zwischen- und Zielstationen. In vielen Wanderkarten, deren Anschaffung nicht nur deshalb lohnt, sind diese Hütten ausgewiesen.

Reisezeit und Kleidung

Die Region an Rhein und Neckar ist in jeder Jahreszeit ein attraktives Reiseziel. Mit den ersten warmen Sonnenstrahlen im Jahr blühen Anfang März an der Bergstraße und an der Weinstraße die Mandelbäume, was mehrere Orte (z. B. Gimmeldingen) zu ersten Weinfesten nutzen. Im Verlauf des Frühlings locken Kulturfestspiele ebenso wie die Spargelsaison oder Fahrrad- und Wanderwege, auf denen man das farbenprächtige Erwachen der Natur bestaunen kann. Die vielen Badeseen erreichen schon im Juni angenehme Temperaturen und halten diese bis spät in den September. Die vielen Biergärten, Straßencafés und Gartenlokale haben ebenfalls eine sehr lange Saison. Im Herbst reicht es an der Weinstraße schon, tief einzuatmen, um die süße Schwere zu genießen, die sich mit der Zeit der Weinlese verbindet. In golden-warmer Sonne wirken die vielen kleinen Orte der Region dann besonders schön. Von November bis Februar empfiehlt es sich, das große Kulturprogramm im Städtedreieck Ludwigshafen-Mannheim-Heidelberg ins Auge zu fassen.

Von Mai bis Oktober kommt man mit leichter Kleidung aus. In den Monaten davor und danach gehören auch wärmere Sachen und vor allem ein Regenschutz ins Gepäck. Wer im Winter reist, stattet sich mit entsprechend warmer Kleidung aus. Da es im Pfälzerwald und im Odenwald große Wanderparadiese gibt, ist an entsprechendes Schuhwerk zu denken, aber auch daran, dass es in diesen Wäldern Zecken gibt, was eine Schutzimpfung empfehlenswert macht.

DIE SCHÖNSTEN BADESEEN

In der Region gibt es einige schön gelegene Badeseen. Ihre Wasserqualität wird regelmäßig kontrolliert und ist ausnahmslos gut. Nähere Informationen zu den genannten Seen finden sich auf den Internetseiten der zugehörenden Gemeinden – hier eine Auswahl:

Der Waidsee in **Weinheim** ist mit einer großen und durch Bäume beschatteten Liege- und Spielwiese ausgestattet. Er liegt unmittelbar neben dem gut ausgeschilderten Erlebnisbad ›Miramar‹. Vom See und der großen Liegewiese aus hat man einen wunderschönen Blick auf die grünen Hügel der Bergstraße. Wer dem See auf den Grund gehen möchte, kann dies mit entsprechender Taucherausrüstung tun. Abends beschert das am See liegende Restaurant ›Mediterranée‹ Urlaubsgefühle (Infotelefon zum See: 062 01/5 32 70, s. auch S. 181). Ebenfalls als Strandbad mit beaufsichtigter Badezone ist ein Teil des unweit von Weinheim gelegenen Heddesheimer Baggersees eingerichtet. An Schönwetter-Wochenenden herrscht hier allerdings reger Familienbetrieb. Von der Autobahn (A5) kommend sieht man kurz nach dem Ortseingang in **Heppenheim** Hinweisschilder zum See (Infotelefon 062 03/4 03 96 47). Etwas südlicher liegt der Hohenwiesensee bei **Ketsch**. Am Westufer stehen Wochenendhäuser, das Ostufer ist Badezone. Hier gibt es keine Kassenhäuschen und kein Eis am Stil. Die Anfahrt lässt man sich am besten im Ort Ketsch erklären (Infotelefon 062 02/60 60). Als große Badeanstalt mit Campingplatz zeigt sich der St. Leoner See bei **St. Leon-Rot**. Wassersportler kommen hier ebenso zum Zug wie Kinder und Schwimmer, denn im kleineren der beiden Seen geht es ruhiger zu, während im größeren See Surfen und Wasserski möglich sind. Lage: etwa 1 km nach der westlichen Ortsausfahrt von St. Leon rechts abbiegen (www.st.leoner-see.de, Infotelefon 062 27/5 90 09). Mehrere gern besuchte Badeseen hat der Kiesbau nördlich von Speyer im sogenannten **Binsfeld** geschaffen. Zum Schwimmen bzw. Wassersport sind davon freigegeben: Binsfeldsee (Schwimmen, mit schönem Sandstrand und Kiosk), Speyerlachsee und südlicher Teil des Sonnensees (Baden), Gänsedrecksee (Tauchen) und Silbersee (Surfen). Anfahrt: Autobahn A61 Hockenheim-Speyer, nach der Rheinbrücke Abfahrt Richtung Ludwigshafen, Bundesstraße an erster Ausfahrt Richtung Otterstadt verlassen, nach Otterstadt ist der Parkplatz Binsfeld beschildert (Infotelefon 062 32/14 23 92). Von **Mannheim** und **Ludwigshafen** aus pilgert Groß mit Klein gerne zur Blauen Adria. Der Weg zu dieser Seenlandschaft: Altrip Richtung Ludwigshafen, Ortsausgang links auf K13, nach 1 km rechts den Schildern folgen (Infotelefon 062 36/39 99 35). Schließlich gehen die Mannheimer seit langem gerne zu ihrem Stollenwörthweiher im südlichen Stadtteil Neckarau. Er ist mit großer Liegewiese, gastronomischen Angeboten, Kinderbecken und Pontonstegen wie ein Schwimmbad ausgestattet. Route: Neckarau, Friedrichstraße, Promenadenweg (Infotelefon 06 21/81 19 44).

UNTERWEGS

AN RHEIN UND NECKAR

Ein Leitfaden für die Reise und viele Tipps für unterwegs.

Genaue Beschreibungen von Städten und Dörfern, Sehenswürdigkeiten und Stränden, Ausflugszielen und Reiserouten.

Die Region an Rhein und Neckar erleben: Ausgesuchte Hotels und Pensionen, Vorschläge für Wanderungen, Radtouren und Freizeitspaß.

Fähre über den Neckar bei Zwingenberg

Die Residenzen der Kurpfalz

Das barocke
Schwetzinger
Schloss

Reiseatlas S. 235

HEIDELBERG UND UMGEBUNG

Heidelberg ist als landschaftlich reizvoll gelegene Universitätsstadt und Zentrum der deutschen Romantik weltweit bekannt. Mit dem berühmten Schloss, verträumten Altstadtgassen, Straßencafés, Studentenkneipen, dem malerischen Philosophenweg und der großen Neckarwiese bietet die kleine Stadt eine große Kulisse für die ganzjährige Inszenierung eines kurpfälzischen und gleichzeitig urbanen Lebens.

Heidelberg

Reiseatlas: S. 235, E/F 4
Für diese Stadt musste die Tourismusindustrie gar nicht erst nach griffigen Werbesprüchen suchen, reicht es doch, sich der vielen Zitate aus berufenen Mündern zu bedienen. Eines davon lieferte Goethe. Jeder Lobhudelei unverdächtig notierte er 1797: »Die Stadt in ihrer Lage und mit ihrer ganzen Umgebung hat, darf man sagen, etwas Ideales«. Ihm nachfolgende Romantiker wie Görres, Brentano und von Arnim sorgten im frühen 19. Jh. gemeinsam mit ihren malenden Zeitgenossen dafür, dass die Wirksamkeit dieses Lobs nicht nachließ. Damals entstanden auch erste Reiseführer, sodass Heidelberg gerüstet war, zunächst als Reiseziel der akademischen Welt, dann zunehmend als schicht- und grenzüberschreitende Marke. Jährlich kommen 1 Mio. Touristen, um das Schloss zu besichtigen. 3,5 Mio. Besucher halten sich pro Jahr hier auf. 30 000 Studenten lernen an der 1386 gegründeten Universität. Immer noch gefällt allen die Intimität der barock geprägten Altstadt, die zusammen mit dem Schloss die Ehre eines UNESCO-Weltkulturerbes anstrebt. Von den knapp 150 000 Einwohnern gehen mehr zum ›Heidelberger Herbst‹ als zur Wahl ihres Oberbürgermeisters, obwohl das Volks- und Straßenfest jährlich stattfindet und die Wahl des Stadtoberhauptes nur alle acht Jahre. Im Herbst 2006 wurde Eckard Würzner als parteiloser Kandidat in dieses Amt gewählt. Er löste mit Beate Weber eine Frau ab, deren 16-jährige Amtszeit als bürgernah und verantwortungsvoll, besonders in Bezug auf eine umweltfreundliche Stadtentwicklung, im Gedächtnis bleibt.

Im Hinblick auf die ausländische Bevölkerung geraten dem Besucher die vielen Gaststudenten ebenso deutlich ins Blickfeld wie die Familien der US-amerikanischen Streitkräfte. Heidelberg wurde nach dem Krieg europäisches Hauptquartier des amerikanischen Heeres. In Stadt und Umland leben 19 000 amerikanische Staatsbürger. Ohne sie wäre der Jazz-Keller ›Cave 54‹ nicht zur Bühne von Louis Armstrong, Ella Fitzgerald, Lionel Hampton und Oscar Peterson geworden.

Vom Homo Heidelbergensis zur Fußgängerzone

Heidelberg ist ein akademisches Pflaster, was der Stadt bei den sittsam gepflegten Eifersüchteleien mit der jüngeren Nachbarin Mannheim teils als Vorteil gereicht, manchmal aber auch als Dünkel zu erleben ist. Wenn schon akademisch, dann sei hier auch gleich ein Herr vorgestellt, der unter dem lateinischen Namen ›Homo Heidelbergensis‹ in jedem Lexikon Platz genommen hat. Sein Alter wird auf bis zu 710 000 Jahre geschätzt, und sein Unterkiefer konnte 1907 in dem bei Heidelberg gelegenen Dörfchen Mauer geborgen werden. Es handelt sich bei diesem Fund um eines der ältesten Zeugnisse für die Präsenz des Menschen in Europa. Keltische Ringbauten und Kultstätten dokumentieren die frühe Siedlungsgeschichte auf dem Heiligenberg, der sich jenseits des Neckars über den Stadtteil Neuenheim erhebt. Erste Wohnsiedlungen im heutigen Stadtgebiet entwickeln sich im Schutz eines römischen Kastells am rechten Neckarufer. Wirklich lohnend ist eine Spurensuche zur Römerzeit allerdings eher im benachbarten Städtchen Ladenburg (s.S. 76, 77), das schon als römische Provinzstadt Lopodunum die Blicke auf sich zog. 1196 wird ›Heidelberch‹ erstmals urkundlich erwähnt. Aber erst mit der Ernennung zur kurfürstlichen Residenz 1356 und mit der Gründung der ältesten Universität im heutigen Deutschland durch Kurfürst Ruprecht I. im Jahr 1386 kommt dem Ort Bedeutung zu. Im 1618 einsetzenden Dreißigjährigen Krieg und vor allem im Pfälzischen Erbfolgekrieg (1622, 1689 und 1693) erleidet Heidelberg mehrfach verheerende Zerstörungen. Nach 1693 lassen vor allem die Jesuiten eine fast neu aufgebaute Barockstadt entstehen. Sie droht aber nahezu bedeutungslos zu werden, als Kurfürst Carl Philipp 1720 die Residenz von Heidelberg nach Mannheim verlegt. Der Reichsdeputationshauptschluss von 1803 markiert das Ende der Kurpfalz, deren rechtsrheinischer Teil mit Mannheim und Heidelberg an Baden übergeht. Die linksrheinischen Teile werden an Frankreich abgetreten und kehren später zu Bayern zurück. Unter Kurfürst (seit 1806 Großherzog) Karl Friedrich von Baden erfährt die Universität eine ›zweite Neugründung‹ und gewinnt durch angesehene Lehrkräfte wieder an überregionalem Ansehen. Ihr Name ›Ruprecht-Karls-Universität‹ weist auf diese zweifache Gründung und die beiden Gründungsväter hin.

Durch die nationalsozialistische Gleichschaltung von 1933 verliert die Universität ein Drittel ihrer Wissenschaftler. 1922 hatte der Student Joseph Goebbels hier bei dem jüdischen Germanisten Max von Waldberg mit einem Thema zur Romantik promoviert. 1942 verliert Fritz Löhner im Konzentrationslager Buchenwald sein Leben. Von ihm stammt der Text des Evergreens ›Ich hab mein Herz in Heidelberg verloren‹. Nach dem 2. Weltkrieg wird Heidelberg zum Hauptquartier der amerikanischen

Streitkräfte in Europa. In den 1960er und 1970er-Jahren sieht sich die Stadt als Zentrum der antiautoritären Studentenbewegung. Mit der Altstadtsanierung ab 1972 erhält die Innenstadt eine bauliche Modernisierung (Gebäudesanierungen, Hauptstraße als längste Fußgängerzone Europas). Die ärmere und ältere Wohnbevölkerung wird dabei an den Stadtrand gedrängt. Das Neuenheimer Feld entwickelt sich zu einem neuen Standort für Einrichtungen der Universität, für Forschungsinstitute und forschungsnahe Unternehmen.

Jenseits des Neckars

Mit Stadtspaziergängen verhält es sich so wie mit dem Lebensalter: Je höher man kommt, desto besser die Aussicht. In Heidelberg bewahrheitet sich der Satz auf den Anhöhen beidseits des Neckars. Um den berühmten ›Merian-Blick‹ auf die Stadt und das Schloss genießen zu können, nimmt man seit Generationen den etwas steilen Anstieg von der Bergstraße zum **Philosophenweg** 1 gerne in Kauf. Nach wenigen Metern ist dann schon das Kleinod des ›Philosophengärtchens‹ erreicht. Auf diesem sonnenverwöhnten Naturbalkon finden zwischen vielen exotischen Pflanzen ab und an sogar Lesungen und kleine musikalische Vorträge statt. Aber die Gestalt dieses Platzes ist eigentlich schon Programm genug. Umgeben von Kirsch- und Mandelbäumen, Zypressen und Ginster, Jasmin und Zitrussträuchern geht es auf dem im frühen 19. Jh. eingerichteten Panoramaweg weiter bis zum nächsten Aussichtspunkt, der **Meriankanzel** 2, der Position, von der aus Matthaeus Merian 1620 mit dem ›Großen Panorama‹ sei-

Heidelbergs sommerliches Zentrum: die Neckarwiese, im Hintergrund das Schloss

nen schönsten Stich fertigte. Den Weg bergaufwärts verlassend kommt man an der Bismarcksäule vorbei und bald zu den Ruinen des Heiligenbergs und zur Thingstätte, die während des Nationalsozialismus als Freilichtbühne errichtet wurde und in jüngerer Zeit für Sommerkonzerte dient. Hier finden sich Reste eines keltischen Ringwalls aus dem 4. Jh. v. Chr. sowie die Ruine der Basilika und des Klosters St. Michael (erste Kirche ca. 870, in jetziger Lage im Jahr 1023 errichtet). Mehr zur Stadt gewandt liegt die Ruine des im 11. Jh. erbauten Stephansklosters.

Das von hier aus etwa 3 km Fußweg entfernte Stift Neuburg liegt ebenfalls auf einer Anhöhe und lässt sich mit einem Spaziergang in Verlängerung des Philosophenwegs mühelos erreichen. Das 1130 als Benediktinerkloster gegründete und idyllisch gelegene Stift wurde in der Folge der Reformation aufgelöst und ist erst seit 1926 wieder ein Kloster, in dem heute 16 Mönche leben. Die Klosterkirche wird gerne für kleine Konzerte und Hochzeiten genutzt. Im Klosterladen gibt es fangfrische Forellen aus eigener Zucht, Rohmilchkäse und weitere Klosterprodukte zu kaufen (Stiftsweg 2, Tel. 062 21/89 50, www.stift-neuburg.de).

Nach der Rückfahrt in die Innenstadt mit einem Bus der Linie 34 wäre es unverzeihlich, die Neckarwiese und die Stadtteile Neuenheim sowie Handschuhsheim unbesucht rechts liegen zu lassen. Was den Münchnern der Englische Garten, ist den Heidelbergern die **Neckarwiese** 3 am nördlichen Flussufer zwischen Theodor-Heuss-Brücke und Ernst-Walz-Brücke: Hier tummeln sich Sonnenanbeter, Spaziergänger, Jogger, Hundebesitzer, Liebespaare, Leseratten, Frisbee-Spieler und Picknickfreunde, und von hier aus erreicht man auch ohne lange Wege den Tiergarten und den daneben gelegenen Botanischen Garten im Neuenheimer Feld (www.botgart.uni-hd.de).

Die Lutherstraße verbindet die Neckarwiese mit dem **Neuenheimer Marktplatz** 4, der sich Mittwoch- und Samstagvormittag mit den Ständen des Wochenmarktes von seiner schönsten Seite zeigt. Umgeben von Häusern aus der Gründerzeit ist der Marktplatz ein Treffpunkt gut situierter Anwohner, die den französischen Lebens- stil dieses Stadtteils sehr schätzen. Sie bilden auch die Kundschaft der attraktiven Wein- und Käse- sowie Mode- und Einrichtungsgeschäfte in der Ladenburger Straße und Brückenstraße. Wer diesen Straßen folgt und dann über die Bergstraße den Weg zur Tiefburg nimmt, wird

HeidelbergCard

Wer das Museumsangebot der Stadt ausführlich in Anspruch nehmen und mit der Bergbahn zum Schloss fahren möchte, kann mit der ›HeidelbergCard‹ Geld sparen. Das bekannte Bonussystem gibt es für einen Tag (10 €/Pers.), für zwei (14 €) oder vier Tage (20 €). Eine Familienkarte für zwei Tage kostet 26 €. Verkauf: Tourist-Information am Hauptbahnhof, Kurpfälzisches Museum, einige Hotels und Geschäfte. www.cvb-heidelberg.de.

Reiseatlas: S. 235

Sehenswürdigkeiten

1 Philosophenweg
2 Meriankanzel
3 Neckarwiese
4 Neuenheimer Marktplatz
5 Tiefburg
6 St.-Vitus-Kirche
7 Kurpfälzisches Museum
8 Heidelberger Kunstverein
9 Prinzhornsammlung
10 Theater der Stadt Heidelberg
11 Alte Universität
12 Marstall-Mensa
13 Stadthalle
14 Universitätsbibliothek
15 Peterskirche
16 Seminarium Carolinum
17 Jesuitenkirche
18 Heiliggeistkirche
19 Rathaus
20 Geburtshaus v. Friedrich Ebert
21 Alte Brücke
22 Palais Boisserée
23 Völkerkundemuseum
24 Karlstorbahnhof
25 Heidelberger Schloss
26 Bergfriedhof

Übernachten

27 Hotel Zum Ritter St. Georg
28 Hotel Zur Alten Brücke
29 Hip-Hotel
30 Hotel Gasthof Lamm
31 Kulturbrauerei Hotel und Brauhaus
32 Villa Marstall
33 Jugendherberge
34 Camping Heidelberg

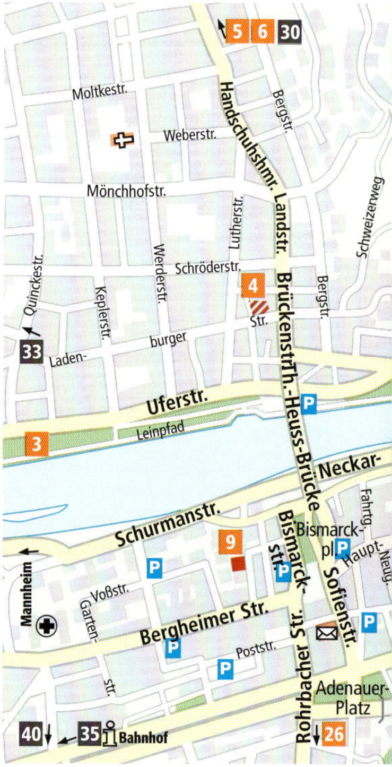

Essen und Trinken

35 Schwarz – Das Restaurant
36 Simplicissimus
37 Pop
38 Weißer Bock
39 Goldener Hecht
40 La vie en rose
41 Café Schafheutle
42 Café Burkhardt
43 Café Knösel

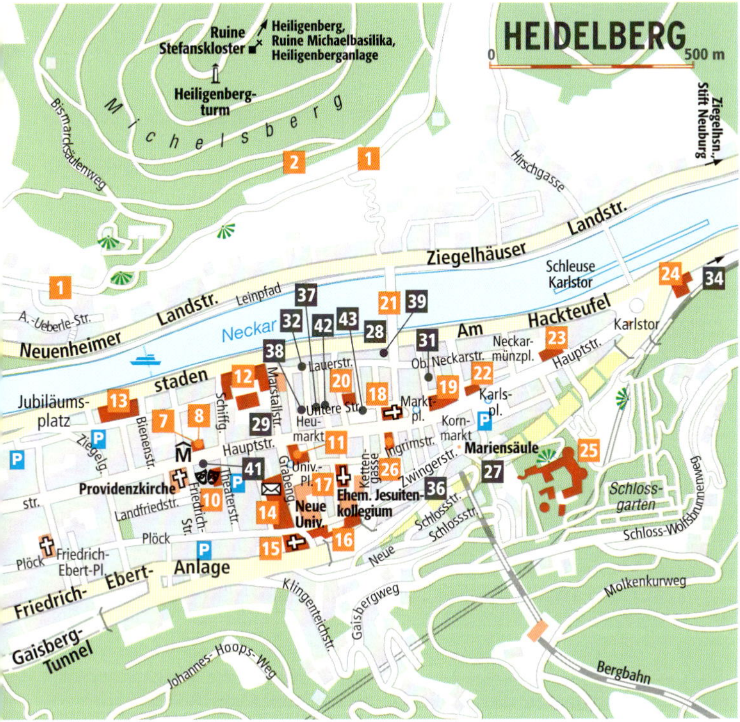

angesichts der schönen alten Villen leicht verstehen, was das Besondere dieses Stadtviertels ausmacht. Die **Tiefburg** 5 selbst, der benachbarte Graham-Park, die Gassen um die St.-Vitus-Kirche mit ihren vielen Restaurants und Kneipen – sie bilden das Zentrum von Handschuhsheim und die Szenerie des dörflich-selbstzufriedenen Heidelbergs. Die Ruinen der Wasserburg aus dem 13./14. Jh. sind so weit restauriert, dass eine Nutzung für Feste, gastronomische Zwecke und Ausstellungen möglich ist (Besichtigung der Räumlichkeiten jeweils am 1. und 3. So eines Monats 11–13 Uhr). Die Steubenstraße führt an dem gegenüber der Burg gelegenen Grün des kleinen Graham-Parks entlang. Nach wenigen Metern erhebt sich auf der linken Seite die **St.-Vitus-Kirche** 6. Trotz mehrfacher Um- und Anbauten hat die älteste Kirche auf Heidelberger Stadtgebiet ihre schlichte Würde erhalten. Fast Tür an Tür steht in der Pfarrgasse gegenüber der Kirche eines der gemütlichsten Hotel-Restaurants, das **Lamm** 30. Am Ende der Pfarrgasse und ein paar Schritte darüber hinaus warten dann Studentenlokale wie das ›Gilberts‹, stadtbekannte Biergärten wie das ›Alt Hendesse‹ oder auch eines der besten italienischen Restaurants der Stadt (›Enoteca Cesarino‹).

Altstadtbummel

Der Bismarckplatz ist Schnittpunkt aller Straßenbahnlinien. Von hier aus empfiehlt sich ein Zickzack-Kurs durch die Hauptstraße und ihre kleine Schwester, die Plöck. Zunächst gestaltet sich der Weg als Schaufensterbummel, wobei allzu hohe Erwartungen schnell auf das Niveau abgesenkt werden, das in deutschen Innenstädten inzwischen üblich geworden ist: große Kaufhäuser, Filialgeschäfte und Ramschläden, dazwischen zahllose Fastfood-Theken. Zu den erwähnenswerten Ausnahmen zählen im vorderen Teil der Hauptstraße das Modehaus Kraus, die Herrenboutique ›Sportiv‹ und das auf Bett- und Nachtwäsche spezialisierte Geschäft Gätschenberger als Überbleibsel des traditionell höheren Qualitätsanspruchs. Manch angenehme Überraschung erlebt man als Besucher diesbezüglich in der Plöck.

Die ersten Stationen, bei denen ein längeres Verweilen ratsam ist, liegen eng beieinander: Das **Kurpfälzische Museum** 7 residiert seit 1908 im ehemaligen Palais des Rechtsprofessors Philipp Morass. Den Grundstock an Exponaten lieferten einst die Sammlungsbestände von Charles de Graimberg, der 1810 begonnen hatte, sich der Geschichte von Schloss und Stadt zu widmen. 1879 erfolgte der Ankauf der Graimbergschen Sammlungen durch die Stadt. In dem herrschaftlichen Stadtpalais mit seinem wunderschönen Garten lassen sich die wichtigsten Entwicklungsphasen der Stadt und der Kurpfalz nachvollziehen (Hauptstr. 97, Tel. 062 21/ 58 34 02-0, www.museum-heidelberg.de, Di–So 10–18 Uhr). In einem Erweiterungsbau des Museums, den man über den schönsten Hofgarten der Stadt erreicht, ist der **Heidelberger Kunstverein** 8 untergebracht. Der 1869 gegründete Verein gehört zu den größten und aktivsten seiner Art in Deutschland. Und die hellen, großzügig gestalteten Räume sind bestens geschaffen für die zunehmend multimediale Präsentation zeitgenössischer Arbeiten (Tel. 062 21/18 40 86, www.hdkv.de, Di–Fr 12–19, Sa, So 11–19 Uhr).

Kunstinteressierte sollten es auch nicht versäumen, sich die **Prinzhornsammlung** 9 anzusehen. Sie liegt hier zwar nicht auf der Wegstrecke, lässt sich aber mit einem Spaziergang durch das jüngst aufgelöste Altklinikum in Bergheim verbinden. Die Sammlung wurde zwischen 1919 und 1921 von dem Psychiater und Kunsthistoriker Hans Prinzhorn zusammengetragen und umfasst ca. 5 000 Arbeiten von 450 Patienten. In wechselnden Ausstellungen sind jeweils Teile dieser Sammlung im ehemaligen Hörsaalgebäude der Neurologischen Klinik zu sehen (Voßstr. 2, Tel. 062 21/56 44 92, www.prinzhorn.uni-hd.de, Di–So 11–17, Mi bis 20, Führungen So 14 und Mi 18 Uhr).

Nach Museum und Kunstverein sollte man sich unbedingt im **Café**

HEIDELBERGER ROMANTIK

Als ›Heidelberger Romantik‹ wurde eine literarische Strömung bekannt, in deren Mittelpunkt Clemens von Brentano, Achim von Arnim, Joseph Görres und Joseph von Eichendorff standen. Die von den beiden Erstgenannten zusammengetragene und 1806 unter dem Titel ›Des Knaben Wunderhorn‹ veröffentlichte Liedersammlung wirkte epochebildend. Noch heute kennt man aus dieser Sammlung Volksweisen wie ›Guten Abend, gute Nacht‹ oder ›Die Gedanken sind frei‹. Spätere Vertonungen nahmen u. a. Schumann, Brahms und Mahler vor. Das in der Sammlung zum Ausdruck kommende Programm lag auch den ›Kinder- und Hausmärchen‹ der Gebrüder Grimm zugrunde: Besinnung auf das gemeinsame kulturelle Erbe der deutschen Stämme, Stärkung der Opposition gegen Napoleon, Liebe zur Natur und zur Heimat als geistige Haltung gegenüber zunehmender Entfremdung durch die moderne Zivilisation. So nachhaltig die literarische Romantik von Heidelberg aus wirkte, so kurz ist ihre Hochzeit hier gefasst: von 1804, dem Ankunftsjahr von Brentanos, bis 1808, als von Arnim die Stadt verlässt. Besondere Aufmerksamkeit erfuhr das Heidelberger Schloss. Die Ruine regte die junge romantische Phantasie von Literaten und Malern gleichermaßen an. Eine Dauerausstellung im Ruprechtsbau des Schlosses widmet sich seit 1999 der Rezeption des Bauwerks in Literatur und Kunst. Zahlreiche Arbeiten sind auch im Kurpfälzischen Museum der Stadt ausgestellt.

Carl Rottmann: Blick auf das Heidelberger Schloss bei Sonnenuntergang, 1815

Von Hexen bis Helden

»Wir aßen nicht so delicatte sachen alß wie chocolatte, caffé und thé, sondern wir fraßen einen gutten krautsalat mit speck.« Wer die Zitatgeberin Liselotte von der Pfalz näher kennenlernen möchte, folgt einfach der entsprechenden Führung. Ganzjährig angeboten und spannend präsentiert, machen Themenführungen durch das Heidelberger Stadtgebiet mit den verschiedensten historischen Epochen und deren Protagonisten bekannt. Zu Fuß und bei jedem Wetter, von Februar bis Dezember, ca. 1,5–2 Std., 7 €, erm. 5 €. www.heidelberger-gaestefuehrer.de.

Schafheutle 41 verwöhnen lassen. Es liegt unmittelbar gegenüber vom Kurpfälzischen Museum und ist mit seiner langen Tradition schon fast eine ausgelagerte Abteilung desselben. Bei schönem Wetter ist im idyllischen Garten selten noch ein Stuhl frei. Ein paar Meter weiter öffnet sich ein kleiner Platz. Plakatkästen weisen auf die sechs Säle des größten Heidelberger Kinos hin. Das **Stadttheater** 10 und das Zimmertheater gehören ebenfalls zu den Anrainern des Theaterplatzes; Letzteres (Hauptstr. 118) zählt zu den ältesten deutschen Privattheatern. In der intimen Atmosphäre eines Kammertheaters kommen hier zumeist zeitgenössische Stücke auf die Bühne. Das Stadttheater (Theaterstr. 4) stand nach seiner Gründung im Jahr 1853 lange im Schatten des Mannheimer Nationaltheaters. Erst in den 1960er-Jahren konnte hier ein eigenes Profil erarbeitet werden.

Am Universitätsplatz bietet sich dem Besucher vieles auf einmal. Da ist zunächst das 1728 errichtete Gebäude der **Alten Universität** 11. Es gehört wie das Schloss zu den Wahrzeichen Heidelbergs. Im Innern bringen Deckengemälde, Porträtbüsten, Holzvertäfelungen und Ahnengalerien eine ehrwürdige Tradition zum Ausdruck, die von den Rebellen der 1960er- und 1970er-Jahre als ›Muff‹ verspottet wurde. Heute erkennt man solche Einrichtungen wieder als Zeichen der Würde an. Das Gebäude der Alten Universität birgt das Universitätsmuseum, die Alte Aula (beides Grabengasse 2, Tel. 54 35 93) sowie den Studentenkarzer (Augustinergasse 2, Tel. 062 21/54 35 54). Öffnungszeiten für diese drei Einrichtungen: Di–Sa 10–18 Uhr, April–Sept. auch So, Nov.–März jeweils bis 16 Uhr.

Ein jüngerer und eher profaner Publikumsmagnet an diesem Ort heißt ›Käthe Wohlfahrt‹ (Hauptstr. 124). Als Europäer kann man in dem Geschäft vor allem verzückte Überseereisende aus Japan und den USA bestaunen, die ihrerseits mit ›Ahs!‹ und ›Ohs!‹ nicht geizen, wenn sie auf zwei Stockwerken an Puppen, Kuckucksuhren und Holzspielzeug vorbeiflanieren.

Das Kopfsteinpflaster der Marstallstraße zeigt dann den Weg zur **Marstall-Mensa** 12. In dem historischen Längstrakt des Gevierts, einem der wenigen spätmittelalterlichen Zeugnisse der Stadt, finden auch Nichtimmatrikulierte einen angenehm abseitigen Platz für eine kleine Pause, bei schönem Wetter am besten im Innenhof, von wo aus der Blick auch schnell auf die Abgusssammlung der Universität fällt. Die wohlgeformten Körper aus Gips gehören zu den Exponaten des hier untergebrachten Antikenmuseums. Verlässt man den Marstall in Richtung Untere Neckarstraße, sind es bis zur **Stadthalle** 13 nur ein paar Schritte. 1886 zum 500. Geburtstag der Universität errichtet und knapp hundert Jahre später aufwendig restauriert, wird der noble Sandsteinbau (Neckarstaden 24) ebenso für Konzerte wie für Kongresse genutzt.

Der östliche Ausgang des Marstalls führt gleich zum Alten Synagogenplatz, wo ein großer Findling an die Zerstörung des jüdischen Gebetshauses erinnert, das hier von 1878 bis 1938 seinen Platz hatte. Zurück zum Universitätsplatz und die Grabengasse hoch, wartet an dem Abzweig zur Plöck ein weiteres sehenswertes Stück Heidelberg. Die älteste deutsche **Universitätsbibliothek** 14 geht auf Urkundensammlungen aus dem 14. Jh. zurück und ist die größte wissenschaftliche Universalbibliothek Baden-Württembergs. Das zwischen 1901 und 1905 von Josef Durm mit rotem Sandstein geschaffene Bauwerk nimmt durch seine Renaissancefassade den Charakter des Schlosses auf. Im ersten Obergeschoss beherbergt der Manesse-Raum ein Faksimile des ›Codex Manesse‹. Aus Erhaltungsgründen lagert das Original der berühmten Handschriftensammlung des mittelhochdeutschen Minnesangs im Keller der Bibliothek. Mit großem Aufwand und zum Nutzen vieler Leser baute die Heidelberger UB in den letzten Jahren eine hohe elektronische Verfügbarkeit ihrer Bestände auf (Plöck 107–109, www.ub.uni-hd.de, Ausstellungsräume Mo–Sa 10–18 Uhr). In der gegenüber gelegenen **Peterskirche** 15 finden regelmäßig Konzerte statt. Das Patronatsrecht der ältesten Pfarrkirche in der Altstadt ging 1400 an die Universität. Sie wurde so zur Grablege hochrangiger Wissenschaftler, wie es das Grabmal von Olympia Fulvia Morata, einer italienischen Wissenschaftlerin aus dem 15. Jh., zu erkennen gibt. Gegenüber markiert der ›Hexenturm‹ als Teil der ehemaligen Stadtmauer – jetzt in das Gebäude der Universität einbezogen – die einstige Stadtgrenze. In der Seminarstraße pflegen dann architektonische Modernität und Geschichte gute Nachbarschaft. Neben dem Art-Hotel an der Ecke zur Grabengasse, einem im Jahr 2005 eröffneten, puristisch gehaltenen Hotelbau, macht das **Seminarium Carolinum** 16 als eines der schönsten Barockgebäude der Stadt auf sich aufmerksam. Die dreiflügelige Anlage entstand 1750 als Jesuitenkonvikt und dient heute der Universitätsverwaltung. Wenige Meter von hier steht am etwas versteckten Richard-Hauser-Platz die **Jesuitenkirche** 17 als Bauwerk des frühen 18. Jh. und Zentrum weiterer Jesuitenbauten. Am Ende der Seminarstraße kann man sich darüber wundern, warum so teurer städtischer Grund und Boden immer noch für ein Gefängnis verwendet wird. Beim Blick auf Stacheldraht und Gitterfenster kommen einem auch gleich die vielen Heidelberg-Krimis in den Sinn. Nach Bernhard Schlinks ›Selbs Justiz‹ in den 1980er-Jahren hat ein wahrer Stadtkrimi-Boom eingesetzt. Herausragend ist dabei die in Weinheim lebende Ingrid Noll, die sich mit ihren klug und witzig komponierten Geschichten seit Jahren in die Bestsellerlisten schreibt. In der Gassenwelt zwischen Hauptstraße und Zwingerstraße tut es gut, sich ein bisschen treiben zu lassen, um bei der ›Edition Staeck‹ (Ingrimstr. 3) die vielen Plakate des Meisters der politischen Satire, Klaus Staeck, zu durchstöbern. Wenige Meter weiter hat sich mit dem **Simplicissimus** 36 eins der besten Restaurants der Stadt versteckt (Ingrimstr. 16). Und in der Krämergasse übersieht man auch schnell das alte Schild ›Cave 54‹. Es zeigt den Eingang zu einem der ältesten und besten deutschen Jazzkeller. Die Krämergasse öffnet sich zum Marktplatz, der von der **Heiliggeistkirche** 18 dominiert wird. Der größte Hei-

delberger Kirchenbau wurde in seiner jetzigen Form Ende des 14. Jh. begonnen. Eigens dafür eingerichtete Emporen dienten als Standort der Bibliotheca Palatina als ›Mutter aller Bibliotheken‹. Diese kurfürstliche Sammlung wertvoller Handschriften und theologischer Literatur gelangte im Dreißigjährigen Krieg als Beute nach Rom, wo sie heute einen wichtigen Teil der Vatikanischen Bibliothek darstellt. Gegenüber ist das **Hotel Zum Ritter St. Georg** 27 ein häufig fotografiertes Motiv, wird doch das älteste Bürgerhaus der Stadt von einer prachtvollen Renaissancefassade geschmückt. Mit einem kurzen Pausenstopp in der ›Max Bar‹ kann man mitreisenden Kindern einen großen Gefallen tun. Im **Rathaus** 19 am Marktplatz (EG, Bürgeramt Altstadt) gibt es einen sehr schön gemachten ›Heidelberger Altstadtplan für Kinder‹ preiswert zu kaufen. In der Unteren Straße, historisch die älteste Einkaufsstraße der Stadt, steht an der Ecke zur Pfaffengasse das **Geburtshaus von Friedrich Ebert** 20. Dem ersten Reichspräsidenten wurde hier ein Museum errichtet (Pfaffengasse 18, Tel. 062 21/9 10 70, www.ebert-gedenkstaette.de, Di–So 10–18, Do bis 20 Uhr). Das Haus grenzt an den Innenhof des seit langem als großes Wohnzimmer beliebten **Café Burkhardt** 42. Bemerkenswert in der Nachbarschaft: Mit der Inneneinrichtung des Restaurants **Pop** 37 wurde in Heidelberg erstmals die Popart unter Denkmalschutz gestellt.

Nicht weit ist es von hier aus zur **Alten Brücke** 21, deren offiziellen Namen Karl-Theodor-Brücke kaum ein Einheimischer benutzt. Diese bis ins 19. Jh. einzige Neckarüberquerung hatte den kleinen Platz davor lange zum wichtigsten Ankunftsort für Stadtbesucher gemacht. Goethe beschrieb die Brücke als »… die vielleicht schönste der Welt«. Nachdem einige Vorgängerinnen aus Holz durch Hochwasser zerstört worden waren, gab Kurfürst Carl Theodor im 18. Jh. diese steiner-

Blick vom Michelsberg auf Heidelberg

ne Konstruktion in Auftrag. Das 1788 errichtete Standbild lobt den Kurfürsten in einer Sockelinschrift als ›Vater der Pfälzer‹. Es ist das einzige noch existierende Denkmal für einen Feudalherrscher in Heidelberg, 2006 wurde das beliebte Fotomotiv mit viel Aufwand restauriert. Weitere Brückenstatuen sind der Pallas Athene und am Nordufer dem Brückenpatron Johannes von Nepomuk gewidmet. Der frühklassizistische Torbau mit seinen zwei dicken, mittelalterlichen Türmen diente einst als Kerker und Wohnort des Brückenwächters. Nach dem 2. Weltkrieg wurde der von der Stadtseite aus betrachtet rechte Turm bewohnbar gemacht und eine Zeit lang verdienten Literaten als Bleibe überlassen. Inzwischen allerdings wohnt hier nur noch die Baufälligkeit. Die Skulptur des Brückenaffen vor dem Tor versinnbildlicht eine Legende, derzufolge seit dem 15. Jh. ein Affe im Brückentor lebte, der einen Spiegel der Selbsterkenntnis menschlicher Schwächen in Händen hielt. Zurück auf der Hauptstraße würde man gerne verbieten, dass ein McDonalds hinter der reich gegliederten Fassade der Alten Hofapotheke Fastfood verkauft. Das barocke Bauwerk wurde als eines der ersten Häuser nach der großen Zerstörung von 1693 gebaut. Richtung Karlstor folgen nach wenigen Metern der Kornmarkt und der Karlsplatz. Letzteren säumen das **Palais Boisserée** 22 an der Straßenseite (Hauptstr. 207–209) sowie das Großherzogliche Palais (Akademie der Wissenschaften) an der gegenüberliegenden Seite des Platzes. Die Brüder Melchior und Sulpiz Boisserée wohnten zwischen 1810 und 1819 in dem nach ihnen benannten Palais. Mit ihrer Sammlung altdeutscher und frühniederländischer Gemälde lockten sie Kaiser, Zaren und Dichterfürsten wie Goethe als staunende Betrachter in dieses Haus. Das Glanzstück der Sammlung ist der Dreikönigsaltar von Rogier van der Weyden. Das Verschleudern von Kunstschätzen aus Kirchen und Klöstern im Rahmen der Säkularisation ab 1803 hatte die beiden Brüder zu Besitzern dieser Sammlung gemacht. Heidelberg war für sie zwar nur eine kurze, aber für die Entwicklung der Romantik wichtige Station. Nach nicht einmal zehn Jahren Aufenthalt zogen sie mit ihrer Sammlung zunächst nach Stuttgart und dann nach München, wo König Ludwig I. die Kunstwerke kaufte, die später den Grundstock der Alten Pinakothek bilden sollten. In dem Palais hat seit 1975 das Germanistische Seminar seinen Platz.

Zu den Nachbarn dieses Hauses zählt schon seit mehr als hundert Jahren das Studentenlokal ›Sepp'l‹. Besonders die Mitglieder studentischer Burschenschaften stellen hier ihre Virilität durch Trinkfestigkeit zur Schau. Manch japanischer und amerikanischer Gast vermutet hinter dieser Art von Geselligkeit eine volkstümliche Theateraufführung und wundert sich über den freien Eintritt. Kurz vor dem Karlstor als östlicher Grenze der Altstadt verdient das **Völkerkundemuseum** 23 im Palais Weimar noch einen Besuch. Es zeigt Kunstwerke und ethnografische Objekte aus den Regionen Asien, Afrika und Ozeanien (Hauptstr. 235, Tel. 062 21/2 20 67, www.voelkerkundemuse

um-vpst.de, Mi–Sa 14–18, So und Fei ab 11 Uhr).

Im **Karlstorbahnhof** 24, der jenseits des alten Stadttors liegt, kommen schon seit längerem keine Züge mehr an: Mitte der 1990er-Jahre ist aus der Schalterhalle ein Veranstaltungsort für Livemusik und Kleinkunst geworden.

Vom Schlossberg zum Bergfriedhof

Über den Burgweg, der am Kornmarkt beginnt, kommt man nach etwa 15 Minuten Fußweg zum **Heidelberger Schloss** 25. Den stimmungsvollsten und gleichzeitig bequemsten Weg zu dem berühmten Kulturdenkmal bietet allerdings die am Kornmarkt startende älteste deutsche Standseilbahn. Knapp eine Million Menschen aus aller Herren Länder besuchen jährlich die mehr als 600 Jahre alte Anlage, die nach mehrfacher Zerstörung, zuletzt 1693, von der heimischen Bevölkerung im 18. Jh. als Steinbruch genutzt wurde. Von der romantischen Dichtung und Malerei zu Beginn des 19. Jh. schon weithin populär gemacht (s. S. 63), fand das Schloss in dem französischen Revolutions-Exilanten und Landschaftsmaler Charles de Graimberg seinen Retter. Graimberg war 1810 nach Heidelberg gekommen, um Skizzen für ein Gemälde des Schlosses anzufertigen. Er blieb 54 Jahre, bis zu seinem

Die Alte Brücke war für Goethe »die vielleicht schönste der Welt«

Heidelberger Frühling

Das ›Internationale Musikfestival Heidelberger Frühling‹ wurde 1996 initiiert und hat einen steilen Aufstieg genommen. In den Feuilletons wurde es 2006 zu einem der »spannendsten und innovativsten Musikfestivals in Deutschland« gezählt. Konzertereignisse mit herausragenden Künstlern wie Thomas Hampson, Edita Gruberova, Ivo Pogorelich oder dem London Symphony Orchestra zeigen die Qualität des Festivals, das jährlich Mitte März bis Ende April stattfindet (www.heidelberger-fruehling.de).

Lebensende, baute als Sammler den Grundstock des heutigen Kurpfälzischen Museums auf und widmete sich dem Erhalt der Schlossruine. Die Lage über dem Neckar, die facettenreiche Baugeschichte, vielfältige Ausstellungen und Museen, das ›Große Fass‹ und nicht zuletzt der Schlossgarten sorgten dafür, dass das Schloss mit der Zeit zu einem der bedeutendsten europäischen Kulturdenkmäler wurde. Zusammen mit der Heidelberger Altstadt wartet es jetzt darauf, in die Liste des UNESCO Weltkulturerbes aufgenommen zu werden.

Vom Schloss aus fährt die Bergbahn weiter nach oben zur Station Molkenkur. Und wer bisher noch keine Kaffeepause auf dieser Tour eingelegt hat, ist gut beraten, dies hier auf der schönen Aussichtsterrasse des historischen Hotelrestaurants nachzuholen. Die Endstation der Bahn heißt Königstuhl und versammelt am höchsten Punkt der Stadt eine Reihe von Attraktionen, die vor allem jüngeren Besuchern Spaß machen. Dazu zählen das ›Märchenparadies‹, die Landessternwarte, eine Falknerei mit Flugvorführungen und der Rundweg eines Walderlebnispfads, den Heidelberger Familien wegen seiner phantasievollen Ausstattung sehr schätzen.

Vom Königstuhl aus fährt die Buslinie 39 zu zwei idyllisch auf Hochplateaus gelegenen Höfen. Ob Alter Kohlhof (ca. 5 Min. Fahrt) oder Bierhelderhof (ca. 20 Min.) macht für den Gast keinen großen Unterschied. Für eine Vesper am frühen Sommerabend eignen sich beide gleichermaßen. Im Kohlhof kann man recht preiswert übernachten, während der Bierhelderhof den schönsten Biergarten weit und breit besitzt. Unter den weit ausladenden Kronen alter Bäume lässt sich bei deftigen Gerichten die große Herde Angusrinder auf der Wiese beobachten. Der Weg zurück in die Stadt lohnt dann als Fußweg. Er führt vom Bierhelderhof zunächst zum Ehrenfriedhof und von da aus in wenigen Minuten zu einem der schönsten deutschen Waldfriedhöfe, dem 1844 eingerichteten **Bergfriedhof** 26. Gleich zu welcher Jahreszeit, kommen nicht nur Angehörige hierher, um auf den insgesamt mehr als 30 km langen Wegen Besinnlichkeit zu üben. Zu den Persönlichkeiten, die hier ihre letzte Ruhestätte fanden, gehören Reichspräsident Friedrich Ebert, Wilhelm Furtwängler und Carl Bosch.

Heidelberger Kongress und Tourismus GmbH: Ziegelhäuser Landstr. 3, 69120 Heidelberg, Tel. 062 21/14 22-0, www.heidelberg-tourismus.de. Eine Tourist-Information mit Publikumsverkehr gibt es am Vorplatz des Hauptbahnhofs (Willy-Brandt-Platz 1). 1. April bis 31. Okt.: Mo–Sa 9–19, So, Fei 10–18 Uhr, 1. Nov. – 31. März Mo–Sa 9–18 Uhr, So, Fei geschl.

Preise jeweils ohne Frühstück. **Hotel Zum Ritter St. Georg** 27: Hauptstr. 178, Tel. 062 21/135-0, www.ritter-heidelberg.de. Hinter der eindrucksvollen Renaissancefassade bietet das Haus Behaglichkeit und Komfort mitten in der Altstadt. DZ ab 144 €.

Hotel Zur Alten Brücke 28: Obere Neckarstr. 2, Tel. 062 21/73 91 30, www.hotel-zur-alten-bruecke.de. Zentral am Neckar gelegenes Haus mit komfortablen Zimmern. DZ ab 145 €.

Hip-Hotel 29: Hauptstr. 115, Tel. 062 21/2 08 79, www.hip-hotel.de. Das 2005 im Zentrum eröffnete Haus mit seinen originellen Themenzimmern (internationale Städte) avancierte sehr bald zu einem der beliebtesten Hotels der Stadt. DZ ab 140 €.

Hotel Gasthof Lamm 30: Pfarrgasse 3, Tel. 062 21/4 79 30, www.lamm-heidelberg.de. Nach jüngster Renovierung ein sehr romantisches Haus mit gemütlichen Zimmern. DZ ab 120 €.

Kulturbrauerei Hotel und Brauhaus 31: Leyergasse 6, Tel. 062 21/50 29 80, www.heidelberger-kulturbrauerei.de – für diejenigen, die nach einem zünftigen Essen und dem Gang in den Jazz-Keller gleich ins Bett fallen möchten. Gutes Preis-Leistungsverhältnis. DZ ab 116 €.

Villa Marstall 32: Lauerstr. 1, Tel. 062 21/6 55 57-0, www.villamarstall.de. Ein neues Haus in der Altstadt, das durch eine schöne Einrichtung und faire Preise auffällt. Nichtraucherhotel. DZ ab 90–95 €.

Jugendherberge 33: Tiergartenstr. 5, Tel. 062 21/65 11 90, www.jugendherberge-heidelberg.de. Direkt am Neckar gelegen. Freundliche helle Räume, auch Ein- und Zweibettzimmer. Preise 2007: 1. Nacht: 20,80 € inkl. Frühstück, jede weitere Nacht 17,60 €. Ab 27 Jahre 3 € mehr. Zuschlag für EZ und DZ 10 €.

Camping Heidelberg 34: Schlierbacher Landstr. 151, Tel. 062 21/80 25 06, www.camping-heidelberg.de. Der einzige stadtnahe Campingplatz liegt etwa 4 km vom Zentrum entfernt im Neckartal. Gute Busverbindungen. April – Ende Okt. Preise: 5,50 €/Person, Zelt ab 2,50 €, Auto 2 €.

Schwarz – Das Restaurant 35: s. S. 42, ›Sterneträger der Region‹.

Simplicissimus 36: Ingrimstr. 16, Tel. 062 21/18 33 36, www.restaurant-simplicissimus.de, tgl. 18–24 Uhr. Eine in der Altstadt versteckte Stube, in der sich Heidelbergs Feinschmecker schon lange treffen. Hauptgerichte ab 17 €.

Pop 37: Untere Str. 17, Tel. 062 21/2 55 59, www.pop-heidelberg.de. Mo–Fr 18–2, Sa, So bis 3 Uhr. Gehobene italienische Küche im ersten und einzigen Restaurant der Stadt, dessen Pop-Art-Einrichtung unter Denkmalschutz steht. Hauptgerichte ab 10 €.

Weißer Bock 38: Große Mantelgasse 24, Tel. 062 21/9 00 00, www.weisserbock.de, tgl. 7–1 Uhr. In der großen holzgetäfelten Gaststube kann man sich von einer phantasievollen Küche verzaubern lassen. Hauptgerichte ab 16 €.

Goldener Hecht 39: Steingasse 2, Tel. 062 21/6 59 92 22, www.goldener-hecht-heidelberg.eu. Di 18–24, Mi–Fr 12–15, 18–24, Sa, So 12–24 Uhr. Österreichische Schmankerl in einem traditionsreichen Hotel-Restaurant. Hauptgerichte ab ca. 12 €.

La vie en rose 40: Carl-Bosch-Str. 10, Tel. 062 21/6 50 05 27. Mo–Sa 17–1, So 11.30 –1 Uhr. Gute französische Küche in angenehmem und sehr kinderfreundlichem Ambiente. Hauptgerichte ab ca. 15 €.

Café Schafheutle 41: Hauptstr. 94, Tel.

DIE RESIDENZSCHLÖSSER

Ein Besuch der Schlösser und Schlossgärten in Heidelberg, Mannheim und Schwetzingen führt auf spektakuläre Weise in die Geschichte der Kurpfalz ein. Fast eine Million Menschen pilgern jährlich zum **Heidelberger Schloss,** um 300 Jahre Bautätigkeit zu bestaunen und das romantische Ambiente hoch über dem Neckar aufzunehmen. Der zwischen 1601 und 1604 errichtete **Friedrichsbau** beherbergt heute das Schlossmuseum, in dem Wohnsituationen und Möbel des 17. und 19. Jh. gezeigt werden. Mit dem nach Osten hin gelegenen **Ottheinrichsbau** (1556–59) zeigt sich eine der bedeutsamsten profanen Renaissancefassaden nördlich der Alpen. Der Bau beherbergt das **Deutsche Apothekenmuseum,** in dem sich der Besucher in die spannend erzählte Geschichte der Pharmazie vertiefen kann. Die nordwestliche Ecke des Hofes bietet Zugang zum 1591 entstandenen Fassbau. Um das dort aufbewahrte **Große Fass** und den trinkfesten Hoffnarr Perkeo ranken sich viele volkstümliche Geschichten. Die aktuelle Version des Fasses stammt von 1751 und gilt mit einem Fassungsvermögen von 222 000 Litern als größtes Weinfass der Welt. Den Auftakt der heute noch existierenden Bauten bildete der auf das 15. Jh. zurückgehende gotische **Ruprechtsbau,** in dem eine Dauerausstellung zur romantischen Rezeption des Schlosses in Literatur und Kunst zu sehen ist. Die zunächst wehrhafte Anlage erhielt unter Kurfürst Friedrich V. (1610–23) ihren repräsentativen Charakter als Schloss. So entstand der **Englische Bau** für die Prinzessin Elisabeth Stuart, Gemahlin des Kurfürsten. Zu ihrem 19. Geburtstag ließ ihr der Kurfürst das Elisabethentor errichten, durch das man heute noch den **Stückgarten** betritt. Die größte Gestaltungsleistung des Kurfürsten Friedrich V. war die Anlage des **Hortus Palatinus.** Von Zeitgenossen wurde dieser Garten als achtes Weltwunder gefeiert. Seine Vollendung verhinderte allerdings der Dreißigjährige Krieg (Schloss Heidelberg, Tel. 062 21/53 84 31, www.schloss-heidelberg.de. Innenbesichtigungen nur bei tgl. Führungen; davon unabhängig: Schlosshof und Großes Fass, tgl. 8–17.30, Romantik-Ausstellung tgl. 9.30–18, Apothekenmuseum, Tel. 062 21/2 58 80, tgl. 10–17.30 Uhr.)

Das **Schloss Mannheim** entstand ab 1720 unter Kurfürst Carl Philipp als eine der größten europäischen Barockanlagen. Die Nachfolgeresidenz von Heidelberg sollte, wie Versailles in der Ebene gelegen, die Enge des Heidelberger Bergschlosses überwinden und ein neues Kapitel fürstlicher Selbstdarstellung in der Kurpfalz eröffnen. Der breit gestreckte Prachtbau mit mehr als 400 Räumen und rund 1400 Fenstern hatte unter Kurfürst Carl Theodor (1724–99) den Rang eines europäischen Zentrums von Kunst, Kultur und Wissenschaft. Diese Blüte währte allerdings nur bis 1778, dem Jahr, in dem Carl Theodor die Residenz nach München verlegte. 1803 wurde die rechtsrheinische Kurpfalz an das badische Markgrafen- und spätere Großherzogshaus übertragen. Die badische Großherzogin Stéphanie, Adoptivtochter Napoleons, modernisierte das Schloss im Empire-Stil und richtete es neu ein. Nach ihrem Tod verlor das Bauwerk an Bedeutung. Schienenwege der neuen

Bahn machten den **Schlossgarten** zunichte. Nach der fast völligen Zerstörung des Schlosses im 2. Weltkrieg war sogar von Abriss die Rede. Schließlich wurden der Mittelbau und die Schlosskirche nach alten Vorlagen restauriert, während die Universität in den restlichen Gebäudeteilen Einzug hielt. Eine aufwendige **Sanierung** und Neuausstattung, die 2007 ihren Abschluss fand, hat das historische Mansarddach wieder hergestellt. Es behütet jetzt eine neue Universitätsbibliothek. Nach der jüngsten Sanierung ist die alte Pracht wieder in die Prunkräume zurückgekehrt und das Schlossmuseum deutlich aufgewertet (Schloss Mannheim, Bismarckstraße, Tel. 06 21/2 92 28 91, www.schloss-mannheim.de. Di–So und Fei. 10–17 Uhr).

Die **Sommerresidenz Schwetzingen** verdankt als Ensemble aus Stadt, Schloss und Garten ihre Existenz den pfälzischen Kurfürsten des 18. Jhs. Während der Regierungszeit von Carl Theodor (1742–99) wechselte der gesamte Hofstaat jährlich im Sommer von Mannheim hierher, um Staatsmänner, Künstler und Gelehrte zu empfangen. Man hörte Opern, genoss den Spargel und vor allem den groß ausgebauten **Schlossgarten.** Nach den Vorbildern von Versailles und Vaux-le-Vicomte entstand eine ›Wohnlandschaft‹ mit einer Fläche von 73 ha. Bestechend ist dabei das Zusammenspiel der kleinteiligen Rokokokabinette mit den weitläufigen Landschaftspartien im englischen Stil. Die wichtigsten Akteure dieser Arbeiten waren Carl Theodors ›Intendant der Gärten und Wasserkünste‹ Nicolas de Pigage sowie der Gartenarchitekt Ludwig Sckell. Von Pigage stammen u. a. die Neue Orangerie, die Tempel, das Badhaus und das letzte erhaltene Beispiel einer Gartenmoschee. Neben der puren Schönheit ist es vor allem die Zusammenschau mehrerer Epochen, die besticht: Spätbarock, Aufklärung und Romantik finden hier zusammen. Jüngeren Erkenntnissen zufolge zeigen die Anlage und ihre Bauten eine deutliche Orientierung an den aufklärerischen Prinzipien der Freimaurer (Tel. 062 02/12 88 28, www.schloss-schwetzingen.de. Führungen stdl.: April–Okt. Di–Fr 11–16, Sa, So, Fei 11–17 Uhr, Nov.–März Fr 14, Sa, So, Fei 11,14 und 15 Uhr; Schlossgarten: April bis 3. Okt. tgl. 8–20 Uhr, 4.–31. Okt. und März tgl. 9–18 Uhr, Nov.– Feb. tgl. 9–17 Uhr.

Rokoko und Englischer Garten – die Sommeresidenz Schwetzingen

Ladenburg

Reiseatlas: S. 235, E 3

Mit dem Auto durchfährt man zunächst den Stadtteil Wieblingen, dann den Ort Edingen, um in Neckarhausen in der Ortsmitte auf dem Parkplatz vor dem Schloss zu parken. Über dem Neckardamm zeigt sich dann auch gleich die kleine Fähre nach Ladenburg.

Zwei Dinge zeichnen die Stadt vor allem aus: das als große Spiel- und Freizeitwiese angelegte ›Neckarvorland‹ und der historische Stadtkern mit seinen hübschen Häusern, Brunnen und Gassen. Bevor man also ins Zentrum der ältesten deutschen Stadt rechts des Rheins gelangt, genießt man den Gang durch die Neckaraue. Im Bereich der Festwiese begann die Konzertreihe ›Klassik am Fluss‹ im Jahr 2000 eine Erfolgsgeschichte zu schreiben, die jährlich im Juni ihre Fortsetzung findet. Je tiefer man in dieses Landschaftsbild eintaucht, desto besser lässt sich verstehen, warum eine Fachjury den neu geschaffenen ›Grünen Ring‹ in Ladenburg 2006 zum schönsten Park Deutschlands gekürt hat. An der neuen Anlegestelle, deren Treppen zum Sitzen und Schauen einladen, steht der Wasserturm zum Greifen nah und gibt damit einen Hinweis auf den Eingang in die Altstadt. Noch außerhalb der Stadtmauer finden sich am Dr.-Carl-Benz-Platz die Stadtinformation und das Carl-Benz-Haus. Hier war das Zuhause des Autopioniers bis zu seinem Tod 1929. Heute macht dort eine Ausstellung (So 14.30 –17.30) mit seinen Ingenieurleistungen und Lebensstationen vertraut. Seit 2005 sind in der authentischen Atmosphäre der ehemaligen Werkstatt 80 historische Fahrzeuge zu besichtigen (Ilvesheimer Str. 26, Tel. 062 03/18 17 86, Mi, Sa, So 14–18 Uhr). Gleich nach dem Eingang in die Altstadt wartet rechter Hand das Lobdengaumuseum im Bischofshof (mit Freilichtmuseum) darauf, seinen Besuchern etwas zur Stadtgeschichte und besonderen Archäologie Ladenburgs zu erzählen. Das ganze Anwesen atmet Geschichte. Im 14. und 15. Jh. benutzten es die Wormser Bischöfe zeitweise als Haupt- und Nebenresidenz. Das Gebäude entstand auf den Fundamenten römischer Vorgängerbauten und auf dem Gelände des fränkischen Königshofs, der Lobdenburg im 5. Jh. als Hauptstadt der mittelalterlichen Gaugrafschaft Lobdengau nutzte. Drei Säle des Museums sind der römischen Geschichte Ladenburgs gewidmet (Bischofshof, Tel. 062 03/7 02 70, Mi 14–17, Sa, So 11–17 Uhr). Von Kaiser Trajan im Jahr 98 n. Chr. zum Ver-

Die schönste Überquerung des Neckars

Innehalten, staunen, genießen: einige lange Augenblicke auf großer Fahrt mit der kleinen Zugfähre von Edingen/Neckarhausen nach Ladenburg. Für ein paar Euro nimmt sie wenige Autos, viele Fahrräder und noch mehr Fußgänger Huckepack. 1745 stellte Kurfürst Carl Theodor acht Bürgern einen Erbbestandsbrief für diesen Fährbetrieb aus, den sich heute noch sieben der ehemals acht Familien teilen.

waltungsmittelpunkt einer römischen Region erhoben und mit Stadtrechten versehen, erlebte ›Lopodunum‹ um 200 eine Blüte. Innerhalb der Stadtmauer gab es Tempel, Theater und Thermen sowie ein Forum mit einer angrenzenden Marktbasilika, deren geplanter Monumentalbau allerdings nicht vollendet wurde. Auch nach der Aufgabe Ladenburgs durch die Römer und deren Rückzug über den Rhein blieb die im Schnittpunkt mehrerer Handelsstraßen gelegene Stadt als fränkischer Königshof und späterer Bischofssitz bedeutsam. Von den Kriegen des 17. Jh. verschont, weist Ladenburg im Kern heute noch ein intaktes mittelalterliches Stadtbild auf. Die Hauptstraße führt zum Marktplatz und den ihn umgebenden Fachwerkhäusern. Zurück in Richtung Neckar zeigt sich in der Kirchstraße die Pfarrkirche St. Gallus, die im 14. und 15. Jh. über den Fundamenten einer römischen Marktbasilika erbaut wurde. Ein paar Schritte weiter kann man einem kulinarischen Lieblingskind der Region frönen: Das kleine und urige Restaurant ›Kartoffel‹ (Kirchenstraße 3) hat seinen Platz in einem Haus aus dem 16. Jh. und bietet Gerichte rund um den Erdapfel an. Sehenswerte Raritäten finden sich ein paar Meter weiter in der Lustgartenstraße im Haus der Ladenburger Spielzeugauktionen. Hier wird auf 450 m^2 Ausstellungsfläche historisches Spielzeug aus den Jahren 1750 bis 1960 gezeigt. Wenn gerade keine Auktion stattfindet, sitzt man in dem in das Gebäude integrierten Café inmitten von gefüllten Vitrinen und kann im Freiverkauf das ein oder andere Stück als Souvenir erstehen (Lustgartenstraße 6, Tel. 062 03/1 30 14, Mo–Fr 8–16 Uhr. Café Di–So 10–20 Uhr).

Stadtinformation: Dr. Carl-Benz-Platz 1, Tel. 062 03/92 26 03, www.ladenburg.de, Di–Fr 10–12, 14–16 Uhr, Sa, So, Fei 11–16 Uhr.

Die Kartoffel: Kirchstr. 3, Tel. 062 03/1 61 66, tgl. 11–15, 17–24 Uhr. Deutsche Küche, schöner Biergarten. Tellergerichte ab 9 €.
Eiscafé Venezia: Hauptstr. 7, Tel. 062 03/21 91. Mo–Sa 9–20, So 10–20 Uhr. Winterpause Dez.–Feb. Gute Eisspezialitäten auf einem schönen Freisitz am Domhofplatz.
Café Bistro Antique: Lustgartenstr. 6, Tel. 062 03/95 79 29. Di–So 9–20 Uhr. Frühstück und Pausensnack in Museumsatmosphäre oder auf der Terrasse, schöner Blick auf den Wasserturm.

Ladenburger Altstadtfest (zweites Septemberwochenende): Eines der schönsten Volksfeste der Region. Die romantischen Gassen, Plätze und Innenhöfe werden zu Bühnen für Flohmärkte, Musik, Tanz und Veranstaltungen für Kinder.

Die Altstadt und das Neckarvorland erschließen sich mühelos zu Fuß. Für An- und Abreise empfiehlt sich das Auto (A 5, Abfahrt Ladenburg), da man mit öffentlichen Verkehrsmitteln einige Male umsteigen muss. Von Heidelberg und Mannheim aus bietet es sich an, mit dem Fahrrad entlang des Neckars zu radeln.

Stadtführungen gibt es in Ladenburg leider nur auf Bestellung bei der Stadtinformation. Der Preis für 1,5–2 Std. beträgt 40 €, max. 25 Pers. Gelegentlich veranstaltet der Heimatbund in Kooperation mit der Volkshochschule zusätzliche Führungen. Bei Interesse empfiehlt sich ein Anruf bei der Stadtinformation.

SCHWETZINGEN UND UMGEBUNG

Die kleine Stadt mit dem großen Schlossgarten liegt ca. zehn Kilometer von Heidelberg und Mannheim entfernt. Ein Ausflug lohnt sich immer, besonders aber im Mai, wenn der Spargel wächst und sich die Stadt anlässlich der Schwetzinger Festspiele auch wochentags in Festtagsstimmung zeigt. Ab Mitte Juni kann man sich bei kleinen Ausflugsfahrten an den schönen Badeseen in Ketsch und Brühl vergnügen.

Schwetzingen

Reiseatlas: S. 235, E 4
Im Jahr 766 erstmals urkundlich erwähnt, blieb Schwetzingen bis ins 18. Jh. ein Marktflecken, der eine Wasserburg, später auch ein Jagdschloss besaß. Erst mit der Verlegung der Residenz von Heidelberg nach Mannheim wurde Schwetzingen unter Carl Philipp 1720 als Sommerresidenz der Kurfürsten auf- und ausgebaut. Architektonischer Dreh- und Angelpunkt ist dabei bis heute das Schloss mit dem großen Schlossgarten geblieben (s. S. 75). Den Rang dieser Anlage als Symbol einer Gebietsherrschaft bringt unter anderem die beeindruckende Sichtachse zum Ausdruck. Sie stellt das Schloss und die dort hinführende Carl-Theodor-Straße in eine gerade Ost-West-Linie, die am Heidelberger Königstuhl beginnt, das Schwetzinger Schloss einbezieht und im Westen ihren Abschluss in der Kalmit als höchstem Berg des Pfälzerwaldes findet. So sehr die Sommerresidenz auch blühte und wuchs, so jäh wurde dieses Wachstum durch den Weggang des Hofes 1777/78 beendet. Unter badischer Herrschaft blieb Schwetzingen zwar ein Standort für Garnisonen und Verwaltungssitz mit Stadtrechten (1833), aber der Glanz früherer Tage war dahin. Nach dem 2. Weltkrieg besetzten amerikanische Truppen die Stadt. Mit den erstmals 1952 stattfindenden Schwetzinger Festspielen entwickelte sich der Ort Schritt für Schritt wieder zu einem gepflegten Reiseziel für Liebhaber der Gartenkunst, der Musik und des beschaulichen Flanierens.

Durch die Innenstadt

Bei der Information am Anfang der Dreikönigstraße bekommt man einen Stadtplan, auf dem ein ausführlicher Stadtspaziergang verzeichnet ist. Gleich gegenüber steht das älteste Gotteshaus Schwetzingens; die **St. Pankratius Kirche** [1] wurde bereits 1305 urkundlich erwähnt. Ihr heutiges Aussehen verdankt die Kirche allerdings den kurfürstlichen Hofbaumeistern Sigismund Zeller, Franz Wilhelm Rabaliatti und Nicolas de Pigage. Nach ein paar Metern macht rechter Hand eine moderne Plastik der Heiligen Drei Könige auf die Namensgeber der Straße aufmerksam. Das Werk steht am **Alten Katholischen Schulhaus** 2, einem repräsentativen Barockgebäude des Jahres 1789. Im denkmalgeschützten Gebäude Nr. 6 hatte das **Gasthaus ›Zum Rothen Haus‹** 3 mehr als 200 Jahre seinen Platz. Hier logierten 1763 Leopold Mozart und dessen siebenjähriger Sohn Wolfgang Amadeus. Das damalige Vorspiel des Wunderkindes am kurfürstlichen Hof begründete die spätere Entwicklung Schwetzingens zu einer Musik- und Festspielstadt, in der insbesondere das musikalische Erbe Mozarts Beachtung und Pflege findet.

Das erste, links von der Dreikönigstraße abzweigende Sträßchen heißt Invalidengasse. Im Haus Nr. 6 war in der zweiten Hälfte des 19. Jh. die **Alte Synagoge** 4 untergebracht. Am Ende dieser Gasse führt die Wildemannstraße in Richtung Schlossgarten zur ehemaligen **Invalidenkaserne** 5, die bereits jenseits des Leimbaches liegt und in der heute die Stadtbibliothek und ein Ausstellungsraum der Xylon-Werkstätten (Holzschnitt-Drucke) untergebracht sind. In dem von Hofbaumeister de Pigage geplanten und 1773 errichteten Gebäude lebten die Invaliden der kurpfälzischen und später badischen Armee, die noch als Schloss- und Parkwächter eingesetzt wurden. Nach wenigen Schritten auf der Hildastraße stadteinwärts erinnert rechter Hand ein **Grabmal** an **Johann Peter Hebel** 6, der 1826 in Schwetzingen starb. Es ist das einzige nicht eingeebnete Grab des vormaligen Stadtfriedhofs. Am Ende der Hildastraße führt die

Eine der schönsten historischen Spielstätten – das Rokokotheater Schwetzingen

Mannheimer Straße als kleine Shoppingmeile zurück ins Zentrum, das mit der Carl-Theodor-Straße seine Hauptachse hat. Dabei gerät auf der linken Seite zunächst die **Evangelische Stadtkirche** 7 als neobarocker Bau aus dem späten 19. Jh. in den Blick. Gegenüber hat die Volkshochschule in der **Ehemaligen Friedrichsschule** 8 ihr Domizil. Das dahinter gelegene, im Jahr 2005 eingerichtete Kulturzentrum dokumentiert die Rolle Schwetzingens als Ort der musikalischen Nachwuchsförderung. Hier veranstaltet die ›Internationale Sommerakademie Schwetzingen‹ im Sommer ihre Meisterkurse sowie die ›Schwetzinger Musical-Workshops‹, in denen es auf hohem Niveau um Gesang, Tanz und Schauspiel geht.

Kurze Pause an der Ecke Mannheimer Straße/Dreikönigstraße: Auf der großen Terrasse von **La Gelateria** 21 gibt es das beste Eis weit und breit. Von hier bis zur Carl-Theodor-Straße zeigt sich die Mannheimer Straße als lebendige Einkaufsstraße, deren hüb-

sche Geschäfte mitunter in Gebäuden aus der Barockzeit untergebracht sind. Im **Stammhaus der Brauerei Weldebräu** 22, das in dieser Straße die Hausnummer 2a trägt, kann man ein heimisches Bier und eine gute regionale Küche probieren. Die 1752 gegründete Brauerei ist der einzige, der ehemals zahlreichen hier ansässigen Brauereibetriebe, der bis heute überlebt hat. Am Ende der Mannheimer Straße führt dann die Carl-Theodor-Straße zum **Schlossplatz** 9, der 1748 angelegt wurde. Das

Sehenswürdigkeiten

1 St. Pankratius Kirche
2 Altes Katholisches Schulhaus
3 Gasthaus ›Zum Rothen Haus‹
4 Alte Synagoge
5 Invalidenkaserne
6 Grabmal Johann Peter Hebel
7 Evangelische Stadtkirche
8 Ehemalige Friedrichsschule
9 Schlossplatz
10 Palais Hirsch
11 Schloss
12 Schlossgarten
13 Rokokotheater
14 Amtsgericht
15 Rathaus

Übernachten

16 Hotel-Restaurant Adler-Post
17 Hotel am Theater
18 Hotel Garni Villa Benz

Essen und Trinken

19 Brauhaus Zum Ritter
20 Hotel-Restaurant Adler-Post
21 Grancaffé La Gelateria
22 Welde Stammhaus

Palais Hirsch 10 mit Tagungs-, Ausstellungs- und Veranstaltungsräumen an der nördlichen Seite des Platzes wurde 1748 im Auftrag von Kurfürst Carl Theodor für seinen Berater und Beichtvater, den Jesuitenpater Franz Joseph Seedorf, erbaut. Seinen Namen erhielt das Haus durch die langjährige Nutzung als Hotel ›Zum Goldnen Hirsch‹. Mit den ersten Sonnenstrahlen im Jahr verwandelt sich die Nordhälfte des Platzes in einen großen Biergarten. Aufgrund ihrer guten Küche besonders beliebt ist die Terrasse des **Brauhauses Zum Ritter** 19. Und im Mai verkaufen die Bauern hier unter alten Kastanien frischen Spargel. Die Skulptur einer Spargelfrau weist auf die Bedeutung dieses königlichen Gemüses für Schwetzingen hin.

Jetzt wartet das **Schloss** 11 mit dem **Schlossgarten** 12 und dem **Rokokotheater** 13 auf einen Besuch. Für einen ausführlichen Spaziergang durch dieses Paradies sollte man mindestens zwei Stunden einplanen (s. S. 75). Das 1752 eröffnete Rokokotheater liegt hinter dem nördlichen Zirkelsaal des Schlosses und gilt als eines der schönsten historischen Theater in Deutschland. Als Gast des kurpfälzischen Hofes weilte auch Voltaire hier (Programme und Karten: Stadtinformation Schwetzingen). In der Schlossstraße, die zum Ausgangspunkt des Spaziergangs führt, bietet das **Hotel-Restaurant Adler-Post** 16 gehobene Regionalküche in schönem Ambiente. Gegenüber führt die Zeyherstraße als Bogen wieder Richtung Schlossgarten. Hier richtet sich der Blick noch einmal auf das Rokokotheater und auf das ihm

www.inter-note.com

Wo klassische und moderne Musik eine so große Rolle spielen wie in den ehemaligen Residenzen der Kurpfalz, liegen auch innovative Produktangebote nicht fern: Die beiden Musiker Philipp Marguerre und Jens Schlichting aus Hirschberg an der Bergstraße bieten auf ihrer Homepage www.inter-note.com Klavier- und Chornoten ›on demand‹ an.

benachbarte heutige **Amtsgericht** 14. 1725 als Wohnhaus erbaut, diente es den Kurfürsten als Gäste- und Gesandtenhaus. Wer sich abschließend noch einmal ein paar Daten zur Geschichte der kleinen Stadt vergegenwärtigen möchte, findet dazu am nahen **Rathaus** 15 gute Gelegenheit. Eine Tafel an dem Bau aus dem frühen 19. Jh. hält diese Daten fest.

Stadtinformation: Dreikönigstr. 3, Tel. 062 02/94 58 75, www.schwetzingen.de. Mo–Fr 9–18.30, Sa 10–13 Uhr, April–Sept. Sa bis 15 Uhr.

Karl-Wörn-Haus: Marstallstr. 51, Tel. 062 02/2 67 69. Im ehemaligen Direktionssitz der Konservenfabrik Bassermann sind heute die Schwetzinger Sammlungen untergebracht, die einen ausführlichen Blick in die Stadtgeschichte erlauben. Jeden ersten Sonntag im Monat von 14–17 Uhr (bei Sonderausstellungen jeden Sonntag).

Stadtführungen werden für Gruppen in Form von anderthalb- bis zweistündigen Themenführungen angeboten. Programm und nähere Information bei der Stadtinformation.

Hotel Adler-Post 16: Schlossstr. 3, Tel. 062 02/ 2 77-70, www.adler-post.de. Ein wegen seiner Lage am Schloss und seines Komforts beliebtes Hotel. DZ ab ca. 105 € inkl. Frühstück.

Hotel am Theater 17: Hebelstr. 15, Tel. 062 02/1 00 28, www.luegebrueckl-hotel-am-theater.de. Das Hotelrestaurant hat sich u. a. mit seinen guten Spargelgerichten einen Namen gemacht. DZ ab 100 € inkl. Frühstück.

Villa Benz Hotel Garni 18: Zähringerstr. 51, Tel. 062 02/93 60 90, www.villa-benz.de. Ein sehr gemütliches Haus direkt am Schlossgarten. DZ ab 86 €.

Schwetzinger Brauhaus Zum Ritter 19: Schlossplatz 1, Tel. 062 02/92 49 61 50, www.brauhaus-zum-ritter.de, tgl. 11–01, warme Küche bis 23 Uhr. Durch die große Terrasse am Schlossplatz, eine gute Küche und zahlreiche Veranstaltungen beliebtestes Lokal des Ortes. Tellergerichte ab 9 €.

Adler-Post 16: s. Hotels; die bekannteste Adresse für gute Spargelgerichte (ab ca. 15 €).

Greenhouse 20: Clementine-Bassermann-Str. 3, Tel. 062 02/1 75 88, www.greenhouse-schwetzingen.de. So–Do 10–24, Fr, Sa 10–01 Uhr. Ein schönes Bistro, dessen lichtdurchflutete Räumlichkeiten an ein Gewächshaus erinnern. Spätes Frühstück oder kleine Gerichte zu fairen Preisen, ab 6 €.

Grancaffé La Gelateria 21: Dreikönigstr. 8, Tel. 062 02/2 26 06, tgl. 9–23 Uhr. Weit und breit das beste italienische Eis.

Welde-Stammhaus 22: Mannheimer Str. 2a, Tel. 062 02/48 30, www.welde-stammhaus.de. Do–Di 10–1 Uhr, Mi geschl. Regionale Küche zu fairen Preisen, Tellergerichte ab 7 €.

Freizeitbad Bellamar (Schwetzingen, Tel. 062 02/97 82 80), Fahrradverleih (Schwetzingen, Tel. 062 02/1 65 55).

Schwetzinger Festspiele (jährlich Ende April – Anfang Juni): Seit 1952 ein Großereignis der klassischen Musik. Opern und Konzerte im Rokokotheater und den Konzertsälen des Schlosses. Mit etwa 700 Rundfunkausstrahlungen das weltweit größte Radio-Festival für klassische Musik (s. ›Festspiele und Festivals‹, S. 36–37). Karten sind schwer erhältlich, bei Interesse richten Sie Anfragen an die Stadtinformation Schwetzingen.
Mozartfest (jährlich zweite Septemberhälfte): Das zweite Highlight für Klassik-Freunde mit überregionaler Bedeutung. Information: Mozartgesellschaft Schwetzingen e.V., Uhlandstr. 4, Schwetzingen, Tel. 062 02/33 64 oder 5 66 06.

Autofahrer finden auf den Autobahnen A 5 und A 6 ausgeschilderte Abfahrten. Nach den Abfahrten Heidelberg-Schwetzingen (A 5) und Schwetzigen-Hockenheim (A 6) sind es jeweils nicht mehr als 5 km bis zum Schwetzinger Schloss. Nutzern **öffentlicher Verkehrsmittel** stehen von Mannheim und Karlsruhe aus Züge zur Verfügung. Von Heidelberg aus startet am Hauptbahnhof der Bus BRN 717; bis zum Schlossplatz in Schwetzingen braucht man ca. 30 Minuten.

Ausflüge nach Brühl, Ketsch, Hockenheim, St. Leon-Rot

Reiseatlas: S. 235 D4
Von der Mannheimer Landstraße in Schwetzingen führt am Stadtrand die L 630 als Brühler Landstraße in die nahe ›Steffi-Graf-Gemeinde‹ **Brühl.** Dort wird man am Ortseingang an der Schwetzinger Straße 24 von der **Villa Meixner** begrüßt. Das 1899 errichtete backsteinerne Jugendstilgebäude ist Repräsentations- und Veranstaltungsort zugleich. Von der Schwetzinger Straße zweigt in der Ortsmitte die Hauptstraße ab. Dort wurde Steffi Graf als junges Mädchen von ihren Eltern oft in die **Ratsstube** zum Essen geführt (Hauptstr. 2, Tel. 062 02/947 95 90, Mi–Mo 11.30–14.30, 17.30–24 Uhr). Ein Nebenzimmer des Restaurants erinnert mit Fotos und Dokumenten an Kindheit, Jugend und große Erfolge der Tennisgräfin. Die Gemeinde ist stolz auf ihre weltberühmte Tochter, und viele Kinder und Jugendliche der gesamten Region sind dem Tennissport durch die Idole Steffi Graf und Boris Becker nahegekommen.

Folgt man der Hauptstraße nach Süden bis zum Ortsausgang, taucht linker Hand neben dem Friedhof die **Kriegergedächtniskapelle** auf, deren gesamter Innenraum mit Mosaiken geschmückt ist, etwa 450 000 Steinchen sollen es sein. Im Südwesten des Orts hat sich am Altrhein rund um die **Kollerinsel** ein beliebtes Naherholungsgebiet entwickelt. Die Halbinsel steht seit 1938 unter Naturschutz. Der 6 km lange Ringdeich macht Spaziergänger mit der artenreichen Vegetation bekannt. 2008 soll hier ein moderner Campingplatz mit Bade- und Segelstrand eröffnet werden. Einen weiteren schönen Badesee erreicht man über die Brühler Straße, die an Ketsch vorbeiführt und in die Speyerer Straße übergeht. Nach dem Ortsende von Ketsch liegt linker Hand zunächst der Anglersee mit dem empfehlenswerten

Terrassenrestaurant **Die Ente** im **See Hotel.** Für die hervorragende Küchenleistung bezahlt man erstaulich moderate Preise (Tel. 062 02/69 70, www.seehotel.de). Dann folgt gleich der **Hohwiesensee** als kleine Sommeroase. Am Westufer ist ein öffentlicher Badestrand eingerichtet.

Hockenheim ist traditionell das Ziel von Anhängern des Motorsports und von Heidelberg oder Schwetzingen aus nach wenigen Kilometern auf der Autobahn A5 erreicht. Den Weg zum **Hockenheimring**, auf dem auch Grand-Prix-Rennen der Formel 1 ausgetragen werden, zeigt nach der Autobahnausfahrt die entsprechende Beschilderung. Außer Formel 1 gibt es an diesem Platz nicht nur famose Skater-Nights, sondern oft auch große Open-Air-Konzerte (www.hockenheimring-shop.com).

St. Leon-Rot, ca. 8 km östlich von Hockenheim, entwickelt sich mehr und mehr zu einem Eldorado eines sehr viel ruhigeren Sports. Der **Golf-Club St. Leon-Rot** ist längst eine der führenden Sportanlagen in Deutschland. Hier treffen sich regelmäßig die Top-Stars des internationalen Golfsports – und wer sich zur geselldschaftlichen Elite der Metropolregion Rhein-Neckar zählen möchte, muss hier ab und an seinen Schläger schwingen.

Ein Paradies für Erholungsuchende: der Ketscher Anglersee

MANNHEIM

Was hat diese Stadt nicht schon alles an Beinamen erhalten: ›Musenhof‹ unter den Kurfürsten, ›Handelsplatz an Rhein und Neckar‹ und ›Industrie- und Arbeiterstadt‹ im 19. Jh., ›Hightech-Standort‹ und ›Hauptstadt des Pop‹ Ende des 20., Anfang des 21. Jh. Wie bei Schubladendefinitionen üblich, trifft nichts davon ganz zu. Aber von allem stimmt etwas – dieses Etwas hat sich als Melange erhalten. Willkommen bei der Spurensuche!

Mannheim

Reiseatlas: S. 235, D 3

Manchmal erhellen Vorausblicke die Szenerie etwas stärker als der Blick zurück. Wie wird sich Mannheim anlässlich seines 500-jährigen Stadtjubiläums im Jahr 2107 präsentieren? Vielleicht so: Die ›Stadt am Fluss‹ macht ihrem Namen alle Ehre und man kann um die berühmten Quadrate des Zentrums vom Neckar über den Verbindungskanal bis zum Rhein in einem Naherholungsgebiet am Wasser flanieren, in der Sonne liegen oder an Stadtstränden schwimmen. Schon um 2010 hatte man in Mannheim, Heidelberg, Speyer und Worms damit begonnen, den Neckar und den Rhein als Badeflüsse freizugeben und die Ufer als Freizeitgebiete an die Städte heranzuführen. Fünf Jahre später leisteten sich die Fluss-Städte und Unternehmen der Metropolregion endlich die Anschaffung eines modernen Event-Schiffes, das für anspruchsvolle Flusstouristen ebenso einsetzbar wurde wie für Firmenveranstaltungen auf Rhein und Neckar. Bis dahin waren fast 100 Jahre mehr oder weniger langweilige Schiffe auf billigen Ausflugsfahrten unterwegs, ganz nach dem Motto: »Fortschritte auf dem Wasser gibt es nur bei Jesus«. Am Mannheimer Friedrichsplatz enthüllt der Oberbürgermeister der Stadt 2107 neben dem Denkmal von Carl Benz eine Büste von Sven Siebenmaler. Waren Benz die ersten Autos zu verdanken, die er in einer Mannheimer Werkstatt zusammenbaute, so schafften Siebenmaler und sein Team zuerst in Mannheim den Durchbruch zur Verkehrsberuhigung der Innenstädte. In den Seitenflügeln des Mannheimer Schlosses, bis 2050 Sitz der Universität, wohnen seit 2057 Gäste eines Grandhotels, das hier Platz genommen hat. Eines solchen Mieters bedurfte es auch, um lang gehegte Pläne zu verwirklichen, die verkehrsreiche Bismarckstraße als Trennung zwischen Stadt und Schloss zu überwinden. Zwei elegante Fußgängerbrücken bedeuteten die eigentlich einfache Lösung dieses Problems. Man erinnert sich bei der 500-Jahr-Feier der Stadt auch mit dem Schmunzeln der Nachgeborenen

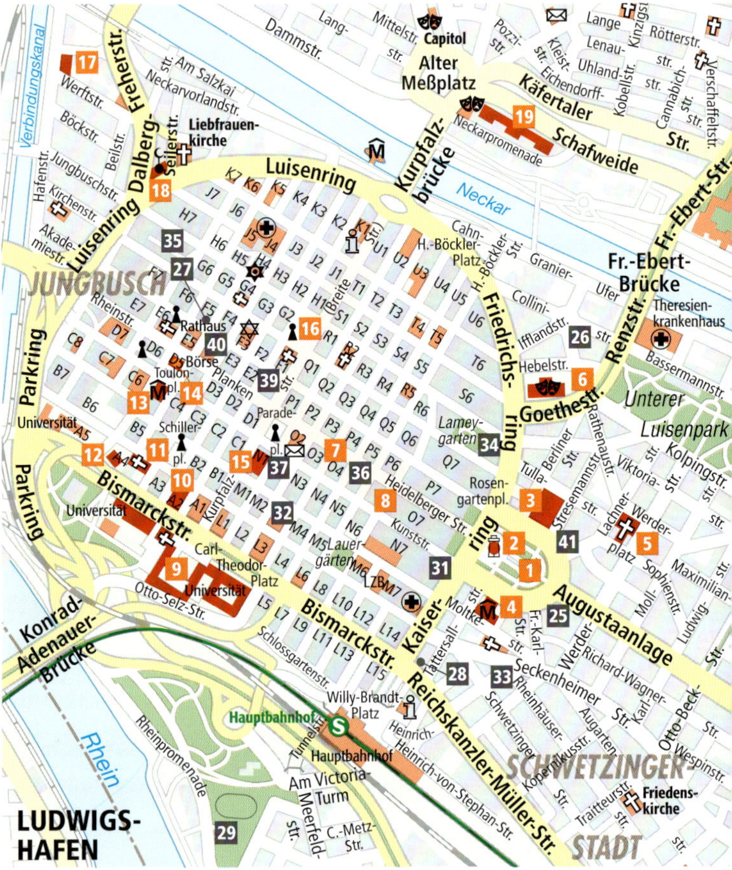

an die Stadtjubiläen von 1907 und 2007. Anlässlich der 300-Jahr-Feier im 1907 feierte sich das Mannheimer Großbürgertum der Gründerzeit selbst. Die große Jugendstilanlage des Friedrichsplatzes mit dem Rosengarten und der Kunsthalle sowie das an den Platz angrenzende Villenviertel der Oststadt waren in dieser Zeit errichtet worden. 2007 hatte sich die Hafen- und Industriestadt gewandelt und den groben Stoff ihres Stadtkleides durch edlere Texturen ersetzt. Den ›Mannemer Dreck‹ gab es 2007 fast nur noch als süße Spezialität

beim Konditor (Café Herrdegen), Fabrikhallen standen bei Maklern als Lofts im Angebot, Mannheim avancierte als Sitz einer Popakademie damals schon zur Hauptstadt der Pop-Musik. Aus der Arbeiterstadt war eine junge Metropole mit internationalem Flair geworden.

Sehenswürdigkeiten

1 Friedrichsplatz
2 Wasserturm
3 Rosengarten
4 Kunsthalle
5 Christuskirche
6 Nationaltheater
7 Planken
8 Kapuzinerplanken
9 Schloss
10 Palais Bretzenheim
11 Jesuitenkirche
12 Sternwarte
13 Zeughaus
14 Reiss-Engelhorn-Museen
15 Stadthaus
16 Marktplatz
17 Popakademie
18 Sultan-Selim-Moschee
19 Alte Feuerwache
20 Luisenpark
21 Fernmeldeturm
22 Chinesischer Garten, Teehaus
23 Landesmus. f. Technik u. Arbeit
24 Planetarium

Übernachten

25 Steigenberger Mannheimer Hof
26 Hotel Mack
27 Mercure Mannheim am Rathaus
28 Gasthof Goldene Gans
29 Jugendherberge
30 Camping am Neckar

Essen und Trinken

31 Hellers
32 Grissini
33 Doblers
34 Da Gianni
35 Alchimia
36 Le Corange
37 Skyline
38 bootshaus
39 Café Prag
40 Café Herrdegen
41 Café Flo

Vom Musenhof zum Melting Pot

Aus dem 766 urkundlich erstmals genannten Dorf ›Mannenheim‹ und der späteren ›Veste Mannheim‹ war zwar 1607 eine Stadt geworden, die auch schon mit dem kennzeichnenden Gitternetz ihrer Straßen angelegt war, aber größere Bedeutung stellte sich erst ein, als Kurfürst Carl Philipp 1720 die Residenz von Heidelberg nach Mannheim verlegte und mit dem Bau eines neuen Residenzschlosses begann. Unter Kurfürst Carl Theodor (bis 1799) erlangte Mannheim dann in der zweiten Hälfte des 18. Jh. den Ruf eines Musenhofs. Neu gegründete Akademien, Theater und Musik (›Mannheimer Schule‹) schenkten der Stadt eine kulturelle Blüte. Sie währte nur kurz, denn der Kurfürst trat 1778 seine bayerische Erbfolge an und siedelte mit dem Hof nach München um. 1802/03 ist das Ende der historischen Kurpfalz besiegelt. Mannheim und die rechtsrheinische Kurpfalz fallen an Baden. Unter der Herrschaft der badischen Großherzöge entwickelt sich die Stadt im 19. Jh. zu einer Handels- und Industriestadt. 1840 ist der Rheinhafen vollendet und im gleichen Jahr wird die erste badische Eisenbahnlinie zwischen Heidelberg und Mannheim eröffnet. Bei der Gründung der Badischen Anilin- und Soda-Fabrik (BASF) scheitert der Plan, das Unternehmen in Mannheim dort anzusiedeln, wo heute der Luisenpark seinen Platz hat. Die Ansiedlung des eigentlich badischen Unternehmens findet über dem Rhein im pfälzischen Ludwigshafen statt. Zu den wichtigen Firmengründungen, die bis zum Jahr 1900 stattfinden, gehört die Motorenfabrik von Carl Benz im Jahr 1883. Parallel zu den großen Industriebetrieben entwickelt sich in Mannheim eine starke Arbeiterbewegung.

Anlässlich des 300. Stadtgeburtstages im Jahr 1907 dokumentieren die großartige Jugendstilanlage des Friedrichsplatzes, der Rosengarten, die

Noch bis zum Jahr 2000 diente der Wasserturm als Trinkwasserreservoir

neue Kunsthalle und die neuen Villenviertel in der Oststadt den wirtschaftlichen Erfolg der Gründerzeit. Die kulturelle Tradition der Stadt findet dabei eine deutliche Betonung. 1925 zeigt die Kunsthalle die Ausstellung ›Neue Sachlichkeit‹ und gibt damit einer nachfolgenden Kunstrichtung ihren Namen. Das im 18. Jh. gegründete Nationaltheater entwickelt sich zu einem der weltweit größten und bedeutendsten Vierspartenhäuser.

Die Mannheimer Bevölkerung widersetzt sich dem Nationalsozialismus in höherem Maße, als dies in anderen deutschen Großstädten der Fall ist, erduldet nach der Reichstagswahl vom März 1933 aber die dann vollzogene ›Gleichschaltung‹. Die große jüdische Gemeinde der Stadt sieht sich in den Folgejahren den rassistischen Auswüchsen der NS-Zeit ausgesetzt. 1940 werden fast 2000 Mannheimer Juden in das Lager Gurs (Frankreich) depor-

tiert. Während des 2. Weltkrieges erleidet die Stadt durch mehr als 150 Luftangriffe eine weitgehende Zerstörung. Auch vom Mannheimer Schloss verbleiben nur Reste, was nach dem Krieg beinahe zur völligen Abräumung dieses Wahrzeichens geführt hätte. Mit der Gartenschau im Jahr 1975 findet der Wiederaufbau einen spektakulären Abschluss. Der Luisenpark wird dabei zu einem der schönsten und größten deutschen Stadtparks ausgebaut, die Innenstadt erhält auf den Planken und auf der Breiten Straße eine Fußgängerzone und Mannheim festigt seinen guten Ruf als Einkaufsstadt für eine ganze Region. Der Wiederaufbau verbindet sich auch mit dem Zuzug vieler ausländischer Arbeitskräfte. Heute sind hier bei 325 000 Einwohnern und 20 Prozent Ausländeranteil mehr als 160 Nationen vertreten, was das Ausbildungsangebot stark strapaziert, das Straßenbild durch viele exotische Farbtupfer an internationalen Läden und Restaurants aber belebt und verschönt. Die Sichtachse von der Jesuitenkirche über die 1975 eingeweihte jüdische Synagoge bis zur 1995 errichteten Sultan-Selim-Moschee spiegelt die Integrationskraft Mannheims wider.

Durch die Innenstadt

Hinaus aus dem aufpolierten Bahnhof, der als Nachbar des Schlosses am Rande der Innenstadt liegt und dessen Gleisanlagen dem Schlossgarten im 19. Jh. den Garaus machten. Und hin zum **Friedrichsplatz** 1, eine der größten im Jugendstil angelegten Platz- und Gartenanlagen Europas, die den **Wasserturm** 2 als Wahrzeichen Mannheims trägt. Wenn es etwas zu feiern gibt – ob Sylvester, sportliche Erfolge oder Stadtfeste –, trifft man sich hier. Am Friedrichsplatz haben auch die Flaggschiffe der Mannheimer Hotellerie ihren Platz. Das Dorint Sofitel Kongress Hotel zeigt schon durch seinen Namen, wen es anspricht. Die Kongressgäste, die in den letzten Jahren in Scharen nach Mannheim kommen, finden vom Hotel aus durch einen Gangway den direkten Weg in den **Rosengarten** 3, der nach seiner Erweiterung ab 2007 bis zu 10 000 Kongressteilnehmer aufnehmen kann und zahlreichen Konzertveranstaltungen Raum bietet. Im gegenüber liegenden Maritim Parkhotel herrscht ein zeitlos edles Ambiente mit schweren Teppichen, tiefen Polstern und livrierten Pagen. Das dritte Hotel im Bunde, das **Steigenberger Hotel Mannheimer Hof** 25, gilt nach wie vor als die ›gute Stubb‹ der Mannheimer. In seinem Keller hat mit dem ›Schatzkistl‹ seit langem eine beliebte Kleinkunstbühne ihren Platz. Als ausgewachsene Schatzkiste residiert am Friedrichsplatz die **Kunsthalle Mannheim** 4. Sie wurde 1907 im Jugendstil errichtet, ihre Bestände zählen zum Besten, was man in Deutschland an jüngerer Kunst sehen kann (Friedrichsplatz 4, Tel. 06 21/ 2 93 64 52, www.kunsthalle-mannheim.de. Di–So 11–18 Uhr). Zwei Denkmäler am Friedrichsplatz verdienen Beachtung: die Büste von Carl Benz auf dem Mittelstreifen der Augustaanlage vor dem Steigenberger Hotel und die Büste von Sepp Herberger im Entree des Rosengartens. Carl Benz wurde Ende des 19. Jh. in Mannheim als Erfinder des

Automobils berühmt und Herberger war der von hier stammende Fußballtrainer, dem Deutschland 1954 das ›Wunder von Bern‹ verdankte.

Keine fünf Minuten Fußweg vom Friedrichsplatz entfernt steht der repräsentativste Sakralbau der Stadt. Die 1911 eingeweihte **Christuskirche** 5 gefällt vor allem durch ihre ausgewogenen Proportionen. Sie strahlt in ihrer Schönheit eher Bescheidenheit als Kirchenmacht aus. Und die regelmäßig hier stattfindenden Konzerte gehören sicher zu den ganz besonderen Erlebnissen eines jeden Aufenthalts in Mannheim (Werderplatz 15, www.christuskirche-mannheim.de). Einen Steinwurf entfernt steht das **Nationaltheater Mannheim** 6, seit 1957 am Goetheplatz. Das in der ganzen Region beliebte Haus hat seine Wurzeln in der kulturellen Blütezeit der kurfürstlichen Residenz des 18. Jh. (Goetheplatz, Kartentelefon 06 21/16 80 15 0, www.nationaltheater-mannheim.de). Das Theater ist auch ein guter Ort, um auf die Mannheimer Schule hinzuweisen. Damit wird ein Musikerkreis bezeichnet, der in der Regierungszeit Carl Theodors in Mannheim 1743–1777 europaweit Bedeutung erlangte. Johann Anton Wenzel Stamitz gilt als Begründer der Mannheimer Schule, unter der man zunächst eine Violin- und Orchesterschule, dann aber auch zunehmend eine Kompositionsschule verstand, die die barocken Formen der Musiksprache überwand. Auf dem Friedrichsring geht es dann zurück in Richtung **Planken** 7, dem Shopping-Boulevard, der die Innenstadtquadrate durchkreuzt und im Frühjahr 2007 ein von Richard Meier entworfenes Peek & Cloppenburg ›Weltstadthaus‹ als Anrainer erhalten hat. Auf dem Weg dorthin kommt man nur schwer am **Heller's** 31 vorbei, ohne sich bei einem Stopp selbst davon zu überzeugen, dass sich hinter diesem Namen eines der besten vegetarischen Restaurants in Deutschland verbirgt.

Wer abends nach schön gedeckten Tischen und hervorragender Küchenqualität sucht, darf sich auf Mannheims Sterneköche im **Grissini** 32, bei **Doblers** 33 und **Da Gianni** 34 ebenso verlassen wie auf die ›Hexenküche‹ des **Alchimia** 35 oder die feine Regionalküche der **Goldenen Gans** 28. Neu zur Spitze Mannheimer Küchenkunst kam im Januar 2007 das **Le Corange** 36. Es findet sich in den oberen Etagen von ›Engelhorn Mode‹.

Sinnenfroh – Heller's Vollwertrestaurant

Vorurteile hinsichtlich der vermeintlichen Lustfeindlichkeit vegetarischer Essensangebote sieht man in diesem hellen Wintergartenrestaurant mit Freuden über Bord gehen. Seit 1987 zeigt Wolfgang Heller einer ganzen Region, wie sinnenfroh vegetarische Buffets gestaltet werden können. Das Restaurant 31 ist kinderfreundlich und behindertengerecht eingerichtet. N 7, 13–15, Tel. 06 21/12 07 20, www.hellers-restaurant.de. Mo–Fr 11–20, Sa 11–16.30, So (Mitte Sept.–Ende Juni) und Fei 11.30–15 Uhr, Hauptgerichte ab ca. 7 €.

CARL THEODOR UND DIE MUSEN

Ob Stadtentwicklung, regionale Bau- und Kulturgeschichte oder Landwirtschaft: Viele Facetten der Region weisen auf Kurfürst Carl Theodor zurück und auf die 35 Jahre zwischen 1742 und 1777, in denen er der Hofgesellschaft in Mannheim internationalen Glanz verlieh und viel Bleibendes schuf. 1724 als Sohn des Herzogs Johann Christian von Pfalz-Sulzbach geboren, wurde er im Alter von neun Jahren vom kinderlosen Kurfürst Carl Philipp (reg. 1716–1742) nach Mannheim geholt. Dort wurde er von Jesuiten erzogen, um später in Leyden und Löwen Recht, Ökonomie und Geschichte zu studieren. Im Jahr 1742 sah Mannheim die Hochzeit von Carl Theodor mit Elisabeth Augusta als eines der bis dahin größten barocken Feste in Europa. In der Sylvesternacht des gleichen Jahres starb Carl Philipp und Carl Theodor wurde mit 18 Jahren pfälzischer Kurfürst. Zu den Grundsätzen seiner Regentschaft gehörte die Vermeidung von militärischen Konflikten. Der Kurfürst trat weltmännisch und sicher auf, bestach durch seine gewinnenden Formen, galt als gebildeter und freisinniger Kopf. Seine Verdienste um Kunst und Wissenschaft wurden im ganzen Reich anerkannt. Die Mannheimer Residenz und die Sommerresidenz

Blick ins Innere der nach dem Krieg wiederaufgebauten Jesuitenkirche in Mannheim

Schwetzingen profitierten von der **Bautätigkeit** des Kurfürsten. In Mannheim wurde das Schloss vollendet und die barocke Jesuitenkirche als Hofkirche errichtet. In Schwetzingen tragen das Schloss und vor allem der Schlossgarten seine Handschrift.

Nicht nur die Zwänge höfischer Repräsentation, sondern Wissbegierde und Liebe zu den Künsten ließen den Kurfürsten zum eifrigen Kunstsammler und Förderer von Musik, Theater und Wissenschaft werden, der sich in seiner 56-jährigen Regierungszeit aufklärerischen Ideen gegenüber zunehmend offen zeigte. 1755 erbaute Hofbaumeister Nicolas de Pigage im Westflügel des Mannheimer Schlosses eine große Bibliothek. Mit knapp 37000 Bänden zu Geschichte, Naturwissenschaften, Literatur und Theologie gehörte sie zu den ersten fürstlichen Bibliotheken, die auch der gebildeten Bevölkerung unentgeltlich zur Verfügung standen. Seit 1758 wurde der Ausbau des Kupferstichkabinetts und der Sammlung von Zeichnungen tatkräftig vorangetrieben und im selben Jahr wurde die Zeichnungs- und Bildhauer-Akademie unter Leitung von Peter Anton von Verschaffelt gegründet. Auch die 1777 zum Nationaltheater erhobene Schaubühne entstand unter Carl Theodor (1768). Durch seine Kulturförderung konnte in der Kurpfalz eine ganz neue Musikgattung entstehen, die man als **Mannheimer Schule** kennt (s. S. 39). Mozart, Voltaire und andere namhafte Künstler der Zeit verkehrten als Gäste am kurpfälzischen Hof.

Internationalen Rang erreichte unter Carl Theodor die Förderung der Naturwissenschaften. An der 1763 errichteten Akademie der Wissenschaften in Mannheim entwickelte man erste Blitzableiter und legte die Grundlagen für wissenschaftliche Wetterbeobachtungen. Im Bereich der Archäologie erwarb sich die Akademie besondere Verdienste durch die systematische Erfassung und wissenschaftliche Bearbeitung von antiken Denkmälern sowie durch die von ihr geleiteten Ausgrabungen römischer Gebäude und Gräber. Grundlegend für diese Aktivitäten war ein Erlass Carl Theodors von 1749, alle in der Kurpfalz aufgefundenen Denkmäler nach Mannheim zu bringen. Dem wirtschaftlichen Reichtum des Landes und seiner Einwohner diente die in den 1760er-Jahren begonnene Landwirtschaftsreform. Die Dreifelderwirtschaft machte einer effizienteren Fruchtwechselwirtschaft Platz. Frankenthal wurde als vorindustrielles Zentrum des Manufaktur- und Fabrikwesens und vor allem als Zentrum der **Porzellanmanufaktur** ausgebaut. Unternehmungen wie der Bau von Hospitälern, die Einrichtung von Schulen und die Verbesserung des Schulunterrichts zielten auf Fortschritte in der Lage der Bevölkerung.

Trotz des rauschendes Festes, mit dem die Hochzeit von Carl Theodor und Elisabeth Augusta gefeiert wurde, stand die Ehe der beiden unter keinem guten Stern. Berühmt geworden ist Carl Theodors Zuneigung zur Balletttänzerin Josepha Seyffert, die er adelte und mit einem herrschaftlichen Palais (s. S. 95) beschenkte.

In der Sylvesternacht des Jahres 1777 erhielt Carl Theodor die Nachricht vom Tod des bayerischen Kurfürsten Maximilian III. Joseph. Durch alte Familienverträge geregelt, erbte Carl Theodor Bayern, musste damit aber seine Residenz nach München verlegen, was mit einem großen Bedeutungsverlust für Mannheim und die Kurpfalz einherging. Carl Theodor starb am 16. Februar 1799 in München.

Ein Bummel über die Planken lässt sich für Besucher, die etwas Zeit mitgebracht haben, als Zick-Zack-Kurs empfehlen, um die schönen Geschäfte der beiden Parallelstraßen nicht zu versäumen. Die berühmten ›Passagen‹ erleichtern und verschönen einen solchen Kurs. Sie verbinden als überdachte Verbindungswege und Shoppinggalerien die Planken im vorderen Bereich mit der Fressgasse und der Kunststraße. So führt die Vetterpassage von den Planken zur Kunststraße und den **Kapuzinerplanken** 8, einem beliebten kleinen Platz und innerstädtischen Treffpunkt mit Terrassencafés. Zu den Anrainern dieses Platzes zählt auch der Sportpalast mit dem Namen ›Engelhorn Sports‹. Hier gibt es auf sieben Stockwerken alles, was man zum Sport an Bekleidung und Gerät braucht. Vom Baden bis zum Bergsteigen, vom Walken bis zum Wintersport. Eine Kletterwand, eine Laufteststrecke und ein Golfsimulator gehören zu den Attraktionen des Hauses, das seine Produkte eindrucksvoll zu präsentieren weiß.

Eindrucksvolles Präsentieren ist ein paar Ecken weiter ebenfalls angesagt, wenn auch in anderen Dimensionen. Von den Kapuzinerplanken, wegen eines ehemaligen Klosters so benannt, bis zum **Mannheimer Schloss** 9 sind es kaum zehn Minuten Fußweg. Die große Barockanlage mit ihren weit ausladenden Seitenflügeln ist seit 1955 Sitz der Universität. Das zentrale Corps de Logis ist mit seinen großen Repräsentations- und Prunkräumen nach umfänglicher Sanierung und historischer Ausstattung seit April 2007 als Museum zu besichtigen (s. S. 74,

Barocke Pracht – das Schloss war bis 1777 Residenz der Kurfürsten

75). Unter den wiederhergestellten Mansarddächern dieses Gebäudeteils wurde im Rahmen der Sanierung eine neue Universitätsbibliothek eingerichtet. Unmittelbar gegenüber des Eingangs zum Schloss ließ Kurfürst Carl Theodor seiner Geliebten, der Tänzerin Josepha Seyffert, und ihren vier Kindern das **Palais Bretzenheim** 10 errichten. Das prunkvolle Wappen der Familie von Heydeck-Bretzenheim glänzt heute noch an der Fassade. Im Prunksaal des nach Kriegszerstörungen wiederhergestellten Palastes finden Veranstaltungen und kleinere Konzerte statt.

Ebenfalls in den A-Quadraten, der Baureihe, die dem Schloss am nächsten liegt, hat die **Jesuitenkirche** 11 ihren Platz. Die ehemalige Hofkirche gilt als bedeutendste Barockkirche des deutschen Südwestens. Sie wurde von Alessandro Galli da Binbiena entworfen und 1760 fertiggestellt. Im 2. Weltkrieg schwer beschädigt, konnte sie bis 1960 wieder aufgebaut werden. Eine aufwendige Rekonstruktion der Innenräume (1986–2004) bezog auch den 20 m hohen und 243 t schweren Altar von Peter Anton von Verschaffelt mit ein. Die erst 1907 in den Nischen der Vorhalle aufgestellten Plastiken der Kurfürsten Carl Philipp und Carl Theodor erinnern an die Gründungsförderer. Eine außen angebrachte Gedenktafel berichtet, dass Mozart bei seinen Aufenthalten in Mannheim hier regelmäßig den Gottesdienst besuchte (Jesuitenkirche: A4, 2, Programm der Kirchenmusik-Konzerte: www.jesuitenkirche-mannheim.de).

Vorbei an der historischen **Sternwarte** 12, in deren hübschem Bauwerk heute Künstlerateliers untergebracht sind, führt der Weg mit wenigen Schritten zum **Zeughaus** 13 und den **Reiss-**

GEGEN DEN STRICH

Kaum anderswo in der Region findet sich ein Mikrokosmos, der es in seiner vitalen Lebenskraft, bunter Internationalität und schroffen inneren Gegensätzlichkeit mit dem Mannheimer **Jungbusch** aufnehmen könnte. Aus der Vogelperspektive gesehen, scheint dieser Stadtteil zwischen dem Hafen und den innerstädtischen Quadraten regelrecht eingequetscht. Erkundet man ihn als Besucher, wirkt er größer, südländisch leger und in berührender Weise unschuldig. Hier, im Rücken der benachbarten Liebfrauenkirche und Sultan-Selim-Moschee, finden sich Nationen, Religionen, Kulturen, soziale Schichten und Generationen unsortiert zusammengewürfelt. Und die Melange aus Dönerbuden, Hafenambiente, Künstlerateliers, heruntergekommenen Gründerzeitpalästen und neuen Hightechbauten macht den Jungbusch gleichsam zu einem Spielplatz, auf dem die Regeln der Spiele offen bleiben. Auf dem realen Spielplatz an der Ecke Beilstraße/Böckstraße sieht man keine blonden Kinder. Kleine Jungs tragen die Kleider ihrer großen Brüder auf und die Frauen auf der Bank sind trotz hochsommerlicher Temperaturen mit dunklen Stoffen umhüllt. Die kleine Statue eines Sackträgers ehrt jene Männer, die die Neckarschiffe entluden, die Säcke um eine Brücke herumtrugen und damit Rheinschiffe beluden. In der Beilstraße gehören die drei Plastikstühle unter dem Sonnenschirm am Straßenrand zu keinem Café. Drei Männer bekommen ihren Espresso aus einem Wohnzimmerfenster gereicht. Mit ›Susis Bar‹ in der Jungbuschstraße hat 2005 das letzte der ehemals vielen Rotlichtetabissements geschlossen. Jetzt gibt es einmal im Monat eine Lesung erotischer Texte. Warum erzählt hier niemand bei Schnaps und Bier die Geschichte und Geschichten des Jungbuschs?

Mit der gewachsenen Bedeutung von Rhein und Neckar als Transportwegen für Handelsgüter wurde dieses Hafenviertel zur Keimzelle der wirtschaftlichen Entwicklung Mannheims. Reiche Reeder, Kapitäne, Handelsvertretungen und Konsulate ließen sich im 19. Jh. hier nieder. Als dieser Umschlagplatz durch veränderte Gütertransportwege an Bedeutung verlor, wurde das Hafenviertel zum Kietz. Und aus der Neckarstadt schwappte in den 1960er-Jahren die Prostitution herüber, was die Angehörigen der Mittelschicht endgültig aus dem Viertel vertrieb. Sie machten Platz für Arbeitsmigranten aus Italien, Spanien und der Türkei. 80 % Ausländeranteil führten zur Einrichtung der ersten Ganztagsgrundschule Baden-Württembergs. Und wo es bei niedrigen Mietpreisen drüber und drunter geht, wollte auch die Subkultur mitmischen. ›Contra'N‹ (Werderstraße) und andere Kultur-Kneipen machten in den 1970er-Jahren den Anfang.Tonstudios, Designer-Ateliers und kleine IT-Büros folgten. Den vorläufigen Höhepunkt dieser sanften Eroberung des Jungbuschs durch die Jugendkultur markierte 2003 die Eröffnung der Popakademie und des Musikparks am Verbindungskanal. Der kulturelle **Nachtwandel im Jungbusch** führt jeweils am letzten Fr und Sa im Oktober zu ungewöhnlichen Veranstaltungsorten, im September kommen rund 10000 Besucher zum Mini-Open-Air **Pop im Hafen**.

Engelhorn-Museen 14. Der Bestand dieser Museen gründet sich auf die kurfürstliche Sammlung des 18. Jh. und ist über folgende vier Häuser verteilt: das ›Museum Weltkulturen‹ (D5), das ›Zeughaus‹ (C5), das ›Museum Schillerhaus‹ (B5,7) sowie ein auf Forschung ausgerichtetes ›Zentrum für Kunst und Kulturgeschichte‹ (C4). Besonders beeindruckend ist das Zeughaus als letzter erhaltener Monumentalbau der Kurfürstenzeit. Nach dreijähriger, historisch orientierter Sanierung wurde er im Januar 2007 als ein Highlight des Festjahres ›400 Jahre Stadt Mannheim‹ wiedereröffnet. Zur Eröffnung realisierte die Düsseldorfer Künstlerin Elisabeth Brockmann an der Fassade eines der größten Lichtkunstwerke Europas. Die Dauerinstallation ›LUX‹ ist in die Fensternischen der über 1000 Quadratmeter großen Barockfassade eingebettet (für alle genannten Museen Tel. 06 21/293 31 50, www.reiss-engelhorn-museen. de, Di–So 11–18 Uhr).

Über die Planken ist man von hier aus in wenigen Gehminuten am Paradeplatz. Auf diesem kurzen Weg bieten sich das **Café Prag** 39 und das **Café Herrdegen** 40 für eine kleine Stärkung an. Ersteres zieht eher ein jüngeres Publikum an, beim Herrdegen handelt es sich um ein klassisches Konditoreicafé, dem die Erfindung des ›Mannheimer Dreck‹, einer Schokoladenspezialität, zugeschrieben wird. Der Paradeplatz dient lange schon als zentraler Treffpunkt und Schnittstelle der meisten innerstädtischen Bus- und Bahnlinien. Das **Stadthaus** 15 am Platz wurde 1991 eröffnet und bezieht sich in seiner Architektur auf ein Kaufhaus

Das Zeughaus

Anfang 2007 wurde der letzte erhaltene Monumentalbau der Kurfürstenzeit nach mehrjähriger Sanierung wiedereröffnet. 1777/78 von Peter Anton von Verschaffelt erbaut, zeigt sich das imposante Bauwerk heute im Innern mit modernster Museumstechnik und neuem Ausstellungskonzept. Gezeigt werden Theater-, Musik und Stadtgeschichte, historische Kostüme sowie Sammlungen, die auf die Kurfürsten zurückgehen (C 5).

aus dem 18. Jh., das im 2. Weltkrieg zerstört wurde. Ganz oben bietet das ›Turmcafé Stars‹ einen phantastischen Blick über die Stadt und eine Auswahl von über 130 Cocktails.

In den anderen Etagen sind Veranstaltungsräume und Teile der Stadtbibliothek untergebracht. Und im Erdgeschoss, das als 3000 m² große Verkaufsebene eingerichtet ist, soll im Herbst 2007 ein ›Bio-Center‹ eröffnen.

Wenn moderne Großstadtkaufhäuser als ›Kathedralen der Neuzeit‹ bezeichnet werden, dann darf das im Frühjahr 2007 von Peek & Cloppenburg eröffnete ›Weltstadthaus‹ auch ausnahmsweise mal als Sehenswürdigkeit durchgehen. Mode auf 12500 m², umhüllt von einer auf Transparenz zielenden Architektur, für die der amerikanische Stararchitekt Richard Meier verantwortlich zeichnet. Ein Abstecher vom Paradeplatz zum Quadrat O3 ist dieses Gebäude allemal wert.

Nachbar Jürgen Tekath, der den wohl schönsten Blumenladen der gesamten Region besitzt.

Blumenhaus Jürgen Tekath: Friedrichsplatz 15. Mo–Fr 9–13.30, 15–18.30, Sa 9–14 Uhr.

Chocolaterie Stoffel: O7, 9 (Heinrich-Vetter-Passage). Mo–Fr 10–19, Sa 9–18 Uhr. Familienbetrieb mit großer Auswahl an selbst gemachten Schokoladenprodukten.

Dessert Werkstatt: N3, 3. Mo–Fr 10–19, Sa 10–18 Uhr. Alles, was man zum Herstellen leckerer Desserts an Geräten und Materialien braucht, in familiengerechten Verkaufsmengen.

Engelhorn Mode: O5. Mo–Sa 10–20 Uhr. Hier gibt es eine große Auswahl an bekannten Modelabels und Ware in immer guter Qualität.

Engelhorn-Sports: N5, 7, Mo–Sa 10–20 Uhr, www.engelhorn.de/sport. Der Mannheimer Sportpalast, in dem es an Sportartikel und -kleidung nichts gibt, was es nicht gibt.

Kunstgalerien: Sieben Galerien der Stadt haben sich zusammengeschlossen, um mit gemeinsamen Aktionen ein größeres Publikum anzusprechen: www.galerienverband-mannheim.de

OPQ Regine Maier: Q5, 24. Di–Fr 11–19, Sa 11–16 Uhr. Eine Modedesignern, die zeigt, dass neben den großen auch kleine Modegeschäfte gut leben können. Andere Boutiquen in der Nähe: Coccon Fashion (Q5, 4), Freudenhaus (Q5, 2), Boutique Verdi (Q2, 4) und Sabotage Store (Q7, 28).

Die SAP-Arena – eine der größten und modernsten Veranstaltungshallen in Europa

Peek und Cloppenburg Weltstadthaus: O3, Mo–Sa 10–20 Uhr. Eine neue Kathedrale in der Modewelt.
Südlandhaus: P3, 8-9. Mo–Fr 9.30–19, Sa 9–17 Uhr. 30 000 Feinkostprodukte bis unter die Zimmerdecke gepackt – unbedingt sehenswert!
Wochenmarkt auf dem Marktplatz: G1, Di, Do 7–13.30, Sa bis 15 Uhr.

Palm's Plankenhof: P6, 25. Tel. 06 21/7 18 98 90. Eine zentral gelegene Mischung aus Bar, Lounge und Restaurant, beliebter Treffpunkt.
Riz Cafe Bar: H7, 38. Te. 06 21/2 79 58. Orientalisches Ambiente, gute Cocktails.
Starks: N4, 13. Tel. 06 21/1 22 01 29. Beliebter Treffpunkt am Tag und am Abend.
Turmcafé Stars: N1 (Stadthaus). Tel. 06 21/2 16 00. Cocktailbar über den Dächern der Stadt.

Stilvoll **Schwimmen** kann man in Mannheim im **Herschelbad** (U3, 1), das 1920 als Jugendstilbad eröffnet wurde. Im Sommer gehen die Mannheimer zum **Stollenwörthweiher** (Rheingoldstr.). Ein großes **Squash-Center** gibt es im Stadtteil Käfertal (Bad Kreuznacher Str., Tel. 06 21/73 67 00). Zum **Tennisspielen** bietet sich u.a. die Anlage von ›Sport Marquet‹ an (Josef-Bußjäger-Weg 4, Tel. 06 21/41 55 15). Hier stehen acht Freiplätze und vier Hallenplätze zur Verfügung. Bei **Joggern** sind der **Herzogenriedpark** und der **Luisenpark** sehr beliebt.

Neben dem Nationaltheater sind auch Kleinkunstbühnen gut besucht. Dazu zählen vor allem die **Klappsmühl' am Rathaus** (D6, 3. Tel. 06 21/ 22 4 88, www.klapsmuehl.de) und das **Schatzkistl** (Augustaanlage 4–8, im Hotel Steigenberger Mannheimer Hof, Tel. 06 21/1 22 48 87, www.schatzkistl.de).

Von Eishockey über Handball bis zu großen Musikevents: In der 2005 eingeweihten **SAP-Arena** wird immer etwas geboten (Xaver-Fuhr-Str. 150, Tel. 06 21/ 10 10 11, www.saparena.de). Zieht man die genannten Sportereignisse ab, so lässt sich Gleiches für den **Rosengarten** sagen (Rosengartenplatz 2, Tel. 06 21/4 10 60, www.mcon-mannheim.de). Beim jüngeren Publikum vor allem wegen der guten Musikveranstaltungen sehr beliebt: das **Capitol** (Waldhofstr. 2, Tel. 06 21/3 36 73 33, www.capitol-mannheim. de) und die **Alte Feuerwache** (Brückenstraße 2, Tel. 06 21/2 93 92 81, www.altefeuerwache.com). Mitte März findet die **Lange Nacht der Museen** statt (auch in Ludwigshafen und Heidelberg). Zu den Großereignissen des Jahres gehört vor allem der **Maimarkt** als Deutschlands größte regionale Verbrauchermesse (ab letztem Samstag im April für elf Tage, www.mmm-maimarkt-mannheim.de). Das **Mannheimer Stadtfest** findet jeweils am letzten Wochenende im Mai statt – dann sind zwischen Wasserturm und Paradeplatz überall Musikbühnen aufgebaut. Im Juli ist der Ehrenhof des Schlosses für neun Tage Veranstaltungsort für die **Mannheimer Schlossfestspiele**, bei denen Opern, Konzerte und Unterhaltungsmusik zur Aufführung kommen (www.pro-arte-konzerte.de, s. S. 36).
Jährlich im November sind die Städte Mannheim und Heidelberg beim **Internationalen Filmfestival Mannheim-Heidelberg** ein Mekka für Cineasten (s. S. 37).

Straßenbahnen verkehren auf sieben Stadtbahnlinien. Der Paradeplatz ist ein Knotenpunkt aller Linien. Die Stadtbahnen verkehren tgl. von 6.30 – ca. 20 Uhr im 10-Min.-Takt, danach bis ca. 24 Uhr im 30-Min.-Takt. Die Linie 1 (Schönau-Innenstadt-Rheinau) fährt im 1-Stundentakt die ganze Nacht durch.

Industriekultur am Rhein

Anlagen der
Chemieindustrie
in Ludwigshafen

Reiseatlas S. 234–235

LUDWIGSHAFEN UND UMGEBUNG

In den linksrheinischen Städten Ludwigshafen und Frankenthal wurde nie Hof gehalten, ihre Entstehungs- und Entwicklungsgeschichte ist eng mit vorindustrieller und industrieller Arbeit verbunden. Und doch bietet gerade auch Ludwigshafen mit seinem reichen Kulturangebot die Lebensqualität einer jungen, vitalen Großstadt. In Frankenthal wiederum lässt sich nachvollziehen, wie aus den Fabriken für kurfürstliche Luxusgüter eine beschauliche Kleinstadt entstand.

Ludwigshafen

Reiseatlas: S. 234–235, C/D 3

Aus der Perspektive rechtsrheinischer Residenzstädte erscheint Ludwigshafen wie ein Schmuddelkind. Aber die als Industriestandort groß gewordene Stadt und ihre 167 000 Einwohner haben gelernt, mit dem Etikett zu leben, das ihnen von dem Philosophen Ernst Bloch schon 1935 angeheftet wurde: »Drüben lag das Schachbrett der alten Residenz, heiter und freundlich gebaut ... Ludwigshafen dagegen blieb der Fabrikschmutz, den man gezwungen hatte, Stadt zu werden...« Eine Generation später ist die Industrie zwar weiterhin eine dominante Größe, aber auf der Habenseite sind viele Facetten einer gewachsenen Lebensqualität dazu gekommen. Sie zu entdecken ist alles andere als eintönig. Dabei erschließt sich der besondere Charme von ›Lu‹, wie die Bewohner ihre Stadt gleichermaßen mundfaul wie liebevoll nennen, erst auf den zweiten Blick. Zwischen nüchternen Hochhausfassaden und Hochstraßen trifft man auf lebensfrohe Menschen, die stolz auf das sind, was hier geschaffen wurde.

Die hoch gebauten Durchfahrtsstraßen in der Stadt begann man in kluger Voraussicht schon 1956 zu errichten, um der wachsenden Lawine von Pendlern Herr zu werden. Sie legen sich der Stadt zwar schlangenförmig um den Hals, erlauben aber unten herum in der Innenstadt mehr Beschaulichkeit. Heute sind es ca. 60 000 von 100 000 Beschäftigten, die als Pendler kommen. Ihre Autos fallen im Straßenbild nicht auf. Dies ist den über 10 000 roten BASF-Betriebsfahrrädern vorbehalten, die man an allen Ecken und Enden sieht.

Jüngeren Datums sind die kleineren und größeren Grünzonen, mit denen der Stadtkern im Zuge großflächiger Sanierungsmaßnahmen aufgelockert wurde. Diese Entwicklungslinie fortzusetzen, gehört zu den großen Planungszielen Ludwigshafens. Sie beziehen sich vornehmlich auf das Rheinufer, das in den nächsten Jahren durch mehrere Großprojekte als Lebens- und Freizeitraum weiter erschlossen werden soll.

Die Ursprünge der Stadtgeschichte liegen schon im Namen von ›Ludwigs-Hafen‹ verborgen. 1859 zur Stadt erhoben, war es im 17. Jh. als Brückenkopf und ›Mannheimer Rheinschanze‹ eine Mannheimer Festung. Nach den Revolutionskriegen und dem Zerbrechen der historischen Kurpfalz sprach der Wiener Kongress 1815 die linke Rheinseite Bayern zu. Die Rheinschanze selbst gehörte als Teil Bayerns bis 1843 einer einzigen Familie, die hier Handel trieb. Im gleichen Jahr kaufte der Bayerische Staat diesen Platz, unterteilte ihn in mehrere Parzellen und verkaufte ihn, mit Ausnahme des Hafens, weiter. Die Ansiedlung bekam dabei die königliche Erlaubnis, sich zu Ehren König Ludwig I. von Bayern ›Ludwigshafen‹ zu nennen. Der Ausbau zu einem eigenständigen Güterumschlagplatz mit Eisenbahnverbindung zur Kohleförderung im Saarland war aber nicht nur durch die Aufspaltung der historischen Kurpfalz möglich geworden. Voraussetzung für eine bauliche Ausweitung war auch die 1817 begonnene ›Rheinkorrektion‹ durch Johann Gottfried Tulla. Durch die damit einhergehende erhöhte Fließgeschwindigkeit des Flusses sank der Grundwasserspiegel ab, das Sumpfland trocknete und die zukünftige Stadt bekam festen Boden unter die Füße. Der Wechsel vom Handelsplatz zum Industriestandort vollzog sich schnell. 1865 begann die BASF mit der Produktion. Das Unternehmen

Das Wilhelm-Hack-Museum – fundierte Einblicke in die Kunst der Moderne

Sehenswürdigkeiten

1 Parkinsel
2 Pegelturm
3 Ostasieninstitut
4 Walzmühle
5 Ernst-Bloch-Zentrum
6 Rheinuferpark
7 Berliner Platz
8 Bürgermeister-Ludwig-Reichert-Haus
9 Theater im Pfalzbau
10 Wilhelm-Hack-Museum
11 Deutsche Staatsphilharmonie
12 Lutherturm
13 Stadtmuseum
14 Prinzregentenstraße
15 Prinzregenten-Theater
16 Hochbunker an der Dreifaltigkeitskirche
17 Goerdelerplatz
18 Theater Hemshofschachtel
19 BASF-Kolonie
20 BASF-Feierabendhaus
21 Ebertpark

Übernachten

22 Business-Hotel René Bohn
23 EuroHotel Excelsior
24 Ebertpark Hotel

Essen und Trinken

25 BASF-Gesellschaftshaus
26 Restaurant Marly
27 Turmrestaurant Ebertpark
28 Insel Bastei
29 Maffenbeier
30 Cafedrale Turm 33
31 Café Laul
32 Konditorei Café König
33 Libresso

war in Mannheim als ›Badische Anilin- und Soda-Fabrik‹ gegründet worden, wurde dort mit den Stadtoberen aber nicht über ein Betriebsgelände einig und nahm deshalb seinen Produkti-

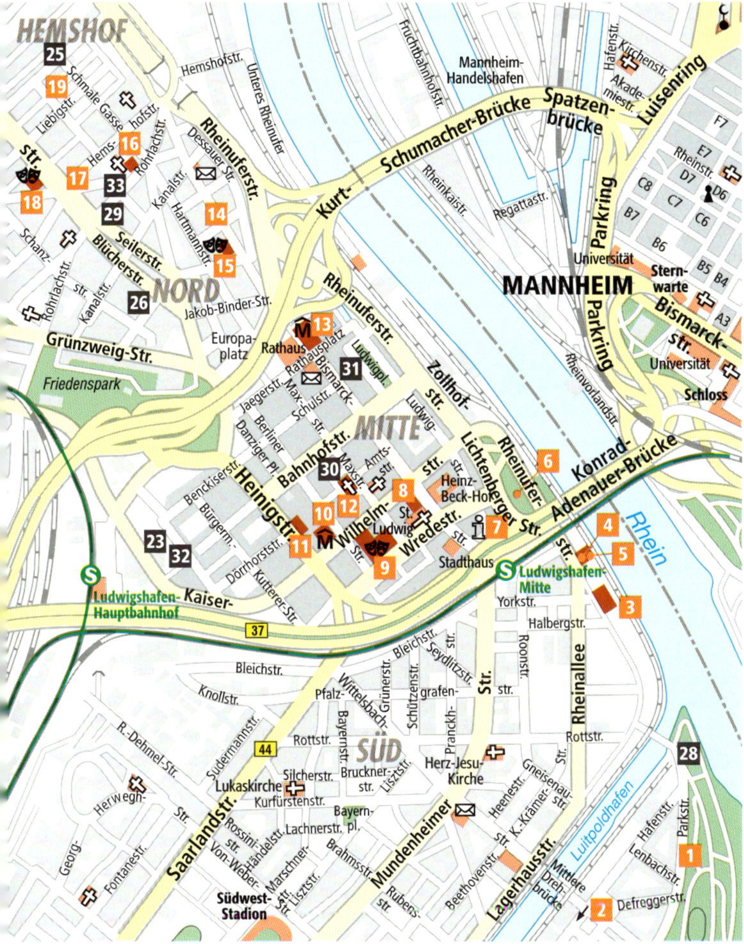

onsstandort links des Rheins. ›Gründerzeit‹ bedeutete für Ludwigshafen den Aufbau von 16 chemischen und 14 Metall verarbeitenden Betrieben. Entsprechend schnell wuchs die Bevölkerung. 1937 war Ludwigshafen die am dichtesten besiedelte deutsche Stadt. Im 2. Weltkrieg wurde 80 % der Innenstadt zerstört. Der Wiederaufbau und die Nachkriegsentwicklung der Industriebetriebe brachten viele ausländische Arbeitskräfte nach Ludwigshafen. Parallel zum erfolgreichen wirtschaftlichen Aufbau entwickelt sich in der Stadt seit den 1960er-Jahren ein breites Kulturangebot mit großstädtischem Spektrum.

Von der Parkinsel zur Stadtmitte

Von seiner schönsten Seite zeigt sich Ludwigshafen bei einem Spaziergang über die **Parkinsel** 1, die der Südstadt vorgelagert ist und im Jahr 1900 als Park angelegt wurde. Sehenswert ist der an der Kammerschleuse im Süden der Insel errichtete **Pegelturm** 2, mit dem seit über 100 Jahren der Pegelstand des Rheins gemessen wird. 1968 erleichterte der Bau eines größeren Damms die teilweise Urbanisierung der Insel. Hier kann man die Villen der örtlichen Prominenz bestaunen, in dem Auwald unter Ulmen und Eschen spazieren gehen und dabei den Blick von den Rheinschiffen zu den Grünspechten und Zaunkönigen schweifen lassen. Seit 2005 ist die Insel stimmungsvoller Spielort des **Festivals des Deutschen Films**. Wenn Spaziergänger hier ein Ziel brauchen: die Terrasse der **Insel Bastei** 28 ist ein schöner Ort für die abschließende Tasse Kaffee.

Über die Fußgängerbrücke im Norden erreicht man an der Rheinuferstraße aufwärts gleich das **Ostasieninstitut** 3. Der Ausbildungsort für Wirtschaftsstudenten mit den Studienschwerpunkten Ostasien, Japan und China sieht aus wie ein zu Stein gewordenes Schiff. Von hier aus sind es nur wenige Schritte zur **Walzmühle** 4. Die Fassade der historischen Mühle wurde nach Stilllegung der technischen Einrichtung im Jahr 1985 erhalten und saniert – ein Wahrzeichen von Ludwigshafen, das in direkter Sichtbeziehung zum Mannheimer Schloss steht. Im Innern ist jetzt ein Einkaufs- und Freizeitzentrum untergebracht. In der Mitte der beiden Trakte, dem ehemaligen Verwaltungshaus der Walzmühle, hat das **Ernst-Bloch-Zentrum** 5 seit November 2000 seinen Platz. Es dient als Studien-, Ausstellungs- und Tagungsort sowie zur Aufbewahrung des wissenschaftlichen Nachlasses des aus Ludwigshafen stammenden Philosophen.

Weiter nördlich bietet der **Rheinuferpark** 6 einen angenehmen Übergang in die Innenstadt zum **Berliner Platz** 7, einem Knotenpunkt für Stadtbahnen und Busse. Er wurde beim Neubau des futuristisch anmutenden S-Bahn-Haltepunktes LU-Mitte umgestaltet. In der Mitte des Platzes markiert eine kinetische Skulptur von George Rickey den hohen Stellenwert, den Kunst im öffentlichen Raum in Ludwigshafen erfährt. In unmittelbarer Nachbarschaft sind der **Kunstverein** und die Stadtbibliothek im **Bürgermeister-Ludwig-Reichert-Haus** 8 untergebracht. In der großen Ausstellungshalle und im Programm des Kunstvereins kommt der künstlerischen Fotografie ein besonderer Schwerpunkt zu (Bismarckstraße 44-48, Tel. 06 21/52 80 55, www.kunstverein-ludwigshafen.de, Di–Fr 12–18, Sa, So 11–18 Uhr). Auch der Theaterplatz mit dem **Theater im Pfalzbau** 9 ist vom Berliner Platz nur einen Steinwurf entfernt. Ohne eigenes

ERNST BLOCH UND LUDWIGSHAFEN

Der Philosoph Ernst Bloch (1885–1977) hat mit seinem Hauptwerk ›Das Prinzip Hoffnung‹ vor allem auf die Studentenbewegung der 1960er und 1970er-Jahre großen Einfluss ausgeübt. Frei von allem Dogmatismus und Determinismus, setzte er sich für die Entwicklung einer von Solidarität getragenen Gesellschaft ein, wie dies die berühmten Zeilen aus ›Erbschaft dieser Zeit‹ (1935) emblematisch zum Ausdruck bringen: »Ich bin, aber ich habe mich nicht, darum werden wir erst.«

Der Geburtsort Blochs ist Ludwigshafen. Als Sohn einer jüdischen Familie verbrachte er hier in einfachen Verhältnissen seine Kindheit und Jugend. Seine industriegeprägte Heimatstadt beschrieb er in ›Erbschaft dieser Zeit‹ mit kritischem Blick: »Drüben lag das Schachbrett der alten Residenz, heiter und freundlich gebaut … Ludwigshafen dagegen blieb der Fabrikschmutz, den man gezwungen hatte, Stadt zu werden … Dennoch hat Ludwigshafen gegen den Typ Mannheim das ehrlichere Gesicht; seine Industrie zerstörte nicht erst natürliche, kulturelle Zusammenhänge, sondern steht ab ovo fremd zu ihnen … In 50 Jahren könnte auf dem kruden Boden eine Stadt stehen, die sich gewaschen hat.«

Wer in Ludwigshafen in den Spuren von Bloch lesen möchte, findet dazu auf den Internetseiten des Ernst-Bloch-Zentrums (www.bloch.de) die ausführliche Beschreibung eines Stadtspaziergangs, der aus dem Leben und Werk des Philosophen erzählt. Das Zentrum (Walzmühlstr. 63, Tel. 06 21/5 04 20 41) beherbergt ein großes Archiv mit Schriften und Lebenszeugnissen. Ein Ausstellungsraum zeigt ein rekonstruiertes Arbeitszimmer Blochs. Im Rahmen von Veranstaltungen und Studien folgt das Zentrum dem Leitmotiv des Philosophen, demzufolge das selbstkritische und anhaltende Lernen zu den wichtigsten Bausteinen einer besseren Welt gehört.

Ernst Bloch und Rudi Dutschke

Ensemble, dafür aber als Spielort der internationalen Ballett- und Tanztheaterszene, hat sich das Haus unter Hansgünther Heyme (seit 2004 Intendant) in jüngster Zeit einen großen Namen gemacht. Dazu tragen auch die **Festspiele Ludwigshafen** bei, die seit 2005 im Spätherbst stattfinden (s. S. 37). Ab Ende Mai 2007 steht im Pfalzbau ein großer Umbau an, der eine Schließung des Theaters bis Oktober 2008 erfordert.

Das gleich um die Ecke gelegene, 1979 eröffnete **Wilhelm-Hack-Museum** 10 fällt schon von weitem durch die farbenfrohe Keramikwand auf, die mit 55 m Länge und 10 m Höhe als größtes Kunstwerk des katalanischen Künstlers Joan Miró gilt. Das Museum wurde nach einem Kölner Kunstsammler benannt, der 1973 seine umfangreiche Sammlung der Stadt Ludwigshafen stiftete. Sammlungsschwerpunkt ist die klassische Moderne (Berliner Str. 23, Tel. 06 21/5 04 34 11, www.wilhelm-hack-museum.de, Di 12–18, Mi, Do 10–18, Fr 10–20, Sa, So 10–18 Uhr). In der Heinigstraße, die parallel zur Berliner Straße verläuft, residiert die **Deutsche Staatsphilharmonie Rheinland-Pfalz** 11 als führendes Sinfonieorchester, das sich mit einem großen Spektrum an Orchesterwerken präsentiert. Sehr beliebt ist die Kammer-Konzertreihe ›Sonntags um 5‹. Viele Ludwigshafener sehen darin einen schönen Ausklang des Wochenends. Folgt man vom Wilhelm-Hack-Museum der kurzen Lutherstraße Richtung Rhein bis zur Maxstraße, gerät nach wenigen Schritten der **Lutherturm** 12 ins Blickfeld. Der Turm, in dem

heute die **Cafedrale Turm 33** 30 zu angenehmen Pausen einlädt, gehörte zur Lutherkirche, die 1945 im Krieg zerstört wurde. Die Umrisse des Kirchenschiffes sind durch Rosenbeete nachgebildet. Die hübsche Anlage mit dem Wasserspiel des Lutherbrunnens dient auch als Café-Terrasse. Ein weiterer schöner ›Rastplatz‹ in der Stadtmitte ist das **Café Laul** 31 am Ludwigsplatz. Es residiert in einem Pavillonbau der 1950er-Jahre, dessen zeittypische Inneneinrichtung weitgehend erhalten werden konnte. Für abendliche Kulturveranstaltungen bietet das Café einen stimmungsvollen Rahmen. Von hier aus sind es dann nur wenige Gehminuten zum Rhein, wo auf dem Gelände des ehemaligen Zollhofhafens bis zum Herbst 2009 ein neues Stadtquartier mit Einkaufszentrum, Rheinuferpromenade und großer Freitreppe zum Fluss entstehen soll. Der kurzen Vorausschau kann im nahen **Stadtmuseum** 13 ein ausführlicher Rückblick folgen. Das Museum ist im ›Rathaus-Center‹ untergebracht und stellt neben der jungen Stadtgeschichte auch archäologische Funde aus dem Stadtgebiet vor (Rathausplatz 20, Tel. 06 21/5 04 25 74, Di 10–17, Do 10–19, So 13–17 Uhr).

Cocktails mit Fernblick

Im 17. Stockwerk des EuroHotels Excelsior können sich nicht nur Hotelgäste einen sehr stimmungsvoller Überblick verschaffen. Die Hotelbar bietet eine große Cocktailkarte und eine grandiose Sicht auf das nächtliche Ludwigshafen, den Rhein und Mannheim. Lorientallee 16 (am Hauptbahnhof), Tel. 06 21/59 85 0, tgl. ab 18–2 Uhr.

Die ›Altstadt‹ – Spaziergang durch den Hemshof

Manche, die sich hier gut auskennen, vergleichen den Stadtteil Hemshof mit Klein-Chicago: rasend schnell gewachsen, eine bunte Bevölkerung und große Kneipendichte – gleichsam quer zum Mainstream. Der Sache lässt sich näher kommen, wenn man folgende Aussage akzeptiert: »Die BASF liegt nicht bei oder in Ludwigshafen, sondern Lud-

Nächtlicher Blick auf das BASF-Gelände

stehend, in vier separate Wohnungen aufgeteilt und mit vier Gartenstücken versehen. Bäder gab es zunächst nicht. Für Frauen und Kinder waren zentrale Gemeinschaftsbäder eingerichtet, die Väter duschten sich in der Fabrik. Etwas größer dimensionierte Häuser für Aufseher und Meister standen an den Straßenecken. Die ›Beamtenhäuser‹ der Direktoren und Chemiker, bei denen sogar Speiseaufzüge zur Ausstattung gehörten, sind heute noch im IV. Gartenweg Nr. 12 zu sehen.

Um gehobenes Speisen geht es seit mehr als hundert Jahren auch im nahen **BASF-Gesellschaftshaus** 25 in der Wöhlerstraße. Das Haus mit den noblen Räumlichkeiten wurde im Jahr 1900 in Betrieb genommen, um die ›Beamten‹ der BASF standesgemäß zu bewirten. Heute ist die Speisekarte für alle da, die gerne gut essen. Und im großen Saal des Hauses finden auch Hochzeiten für diejenigen statt, die nicht mit der BASF verheiratet sind. Ähnlich verhält es sich mit dem **BASF-Feierabendhaus** 20, das gleich um die Ecke an der Leuschnerstraße liegt. Es wurde 1913 als Vereinshaus der BASF eingeweiht und ist seit 1924 Veranstaltungsort für Konzerte des Pfalzorchesters. Seit vielen Jahren gastieren hier weltberühmte Orchester und Solisten. 1936 wurde im Feierabendhaus erstmals ein ganzes Konzert auf Tonband aufgenommen: Sir Thomas Beecham dirigierte die Londoner Philharmoniker – und ein Magnetband drehte seine konservierenden Kreise. Einen stimmungsvollen Ausklang des ›Altstadtspaziergangs‹ durch Ludwigshafen schenkt einem der **Ebertpark** 21. Der Weg dorthin ist von der BASF-Kolonie aus nicht sehr weit, man kann sich aber auch am Goerdelerplatz in den Stadtbus 156 setzen und an der Marienkirche in die Linie 166 umsteigen. Dann dauert es weniger als zehn Minuten, um zu den Liegewiesen, Kleintiergehegen und Minigolfplätzen des Parks bzw. zu dem duftend frischen Apfelkuchen zu kommen, den es hier samstags nachmittags im **Turmrestaurant** 27 gibt.

Tourist-Information: Info-Center am Berliner Platz, Ludwigsstr. 6, Tel. 06 21/51 20 35, www.lukom.com, Mo–Fr 9–17, Sa 9–13 Uhr, 24. Dez. – 1. Jan geschl.

Oase der Ruhe – der Ebertpark

Stadtführungen bietet in Kooperation mit der Stadtverwaltung der Verein Ludwigshafener Stadtführungen e.V an. Jahresprogramme liegen bei der Touristeninformation ebenso aus wie bei den Sparkassen in der Stadt, www.lust-auf-lu.de.

Business-Hotel René Bohn 22: René-Bohn-Str. 4, Tel. 06 21/6 09 91 00, www.wirtschaftsbetriebe.basf.de. Komfortables Haus, von der BASF organisiert. DZ ab 160 € ohne Frühstück. Bei Onlinebuchungen oft Sonderpreise.
EuroHotel Excelsior 23: Lorientallee 16, Tel. 06 21/5 98 50, www.excelsior-hotel-ludwigshafen.de. Komfort direkt am Bahnhof. Cocktailbar im 17. Stock, grandiose Aussicht (s. S. 113). DZ ab 90 € inkl. Frühstück.
Ebertpark Hotel 24: Kopernikusstr. 67, Tel. 06 21/6 90 60, ebert-park-hotel.ludwigshafen@t-online.de. Angenehmes Mittelklassehotel. DZ ab 80 € inkl. Frühstück, Wochenendpreise auf Anfrage.

Gesellschaftshaus der BASF 25: Wöhlerstr. 15, Tel. 06 21/6 07 88 88 www.wirtschaftsbetriebe.basf.de. Mo–Fr 18–24 Uhr, Sa, So nur nach Vereinbarung. Gilt als Spitzenrestaurant. Gediegene Atmosphäre. Hauptgerichte ab ca. 20 €.
Restaurant Marly 26: Welserstr. 25, Tel. 06 21/5 20 78 00, www.restaurant-marly.de. Mo 19–24, Di–Fr 12–14, 19–24, Sa 19–24 Uhr, So geschl. Gastronomische Erfolgsgeschichte im Hemshof. Variantenreiche, feine Küche. Hauptgerichte ab 16 €.
Turmrestaurant 27: Erzberger Str. 69, Tel. 06 21/69 84 43, tgl. 11–22 Uhr. Wegen der

die in erster Linie Galanteriewaren herstellten. Eine Glockengießerei war die Keimzelle der späteren, Metall verarbeitenden Industrie. Glanzlicht war die 1755 eröffnete Porzellanmanufaktur, deren Service selbst die Tafeln eines Sultans schmücken sollten. Franz Conrad Linck, Sohn eines Speyerer Bildhauers, begründete mit seinen zarten, elegischen Schöpfungen den Ruhm dieser Manufaktur. Zu den sichtbaren Zeichen dieser Zeit gehören die prächtigen Stadttore, das Wormser und Speyerer Tor, die vom Hofbaumeister Nicolas de Pigage als Teil einer barocken, heute nur noch in Resten erhaltenen Stadtmauer errichtet wurden. Ein 1781 angelegter Kanal zum Rhein machte Frankenthal sogar zu einer Hafenstadt. Doch mit dem Umzug des Kurfürsten nach München verschwand der Glanz.

Die industrielle Entwicklung fußte zunächst auf der Glockengießerei, die aus Zeiten der Manufaktur noch existierte. Daraus erwuchs eine neue Blütezeit durch die Herstellung von Pumpen, Turbinen, Kesseln und Druckmaschinen. Um 1900 zählte die Stadt 17000 Einwohner. 1943 erlebte Frankenthal einen Bombenangriff, der die Stadt großteils zerstörte. Heute sind es 50000 Einwohner, die das Leben im ›Gartenland‹ der Pfalz als gute Alternative zu Mannheim oder Ludwigshafen schätzen.

Vom Rathausplatz in alle Himmelsrichtungen

Das kulturhistorische Zentrum Frankenthals gruppiert sich um den **Rathausplatz**. An der Südostecke kann man sich an der Pforte des Rathauses mit einem Stadtplan ausstatten. Der erste Weg sollte in das gegenüber liegende **Erkenbrecht Museum** führen, da der stadtgeschichtliche Teil dem folgenden Bummel wissenswerte Grundlagen vermittelt. Zu den Schätzen des Museums gehören die im 17. Jh. entstandenen Gemälde von Gillis van Coninxloo, Pieter Schoubroeck und Antonie Mirou und natürlich die Stücke aus der Frankenthaler Porzellanmanufaktur (Rathausplatz, Tel. 062 33/8 95 35, Di–So 14–18 Uhr, Mo geschl.). Gleich gegenüber steht die **Dreifaltigkeitskirche**. Das barocke Bauwerk wurde im 2. Weltkrieg stark zerstört, aber durch die Hochaltäre aus der Spitalkirche Baden-Baden im Inneren wieder stilgerecht ausgestattet. Die Ruine der ehemaligen **Stiftskirche St. Maria Magdalena**, die zum Augustiner-Chorherrenstift gehörte, schließt sich stimmungsvoll an die Dreifaltigkeitskirche an. Das Säulenstufenportal in der erhaltenen Westfassade des romanischen Kirchenbaus ist ein kunsthistorisches Kleinod und das meistfotografierte Motiv in der Stadt. Der noch vorhandene untere Teil des Turms der Stiftskirche diente später als Fundament für den Turmbau der protestantischen **Zwölf-Apostel-Kirche**. Sehenswert ist u. a. der monumentale Säulenportikus im Innern an der östlichen Eingangsseite. Ein ovaler Kranz von Säulen trägt Decke und Emporen.

Nach der Kirchenkunst folgt die Küchenkunst. Über die Bahnhofstraße kommt man, nach Westen orientiert, schnell zum Neumayer-Ring. Dort wartet mit der Hausnummer 45 das **Brauhaus zur Post**, wo zum Bier delikate Gerichte serviert werden. Danach lohnt

Beim Strohhutfest kommt es selbstverständlich vor allem auf den Kopfschmuck an

ein Bummel durch die Fußgängerzone der Bahnhofstraße und Speyerer Straße bis zum südlich gelegenen **Speyerer Tor**. Beschaulich ist vom Rathausplatz auch ein Gang durch die Kanalstraße zum ehemaligen **Kanalhafen** im Osten. Die Form des Hafenbeckens ist durch eine Grünfläche gut zu erkennen. Vom Rathausplatz nach Norden gewandt, ist ein Gang durch die Wormser Straße mit ihren belebten Querstraßen und Shopping-Passagen zum **Wormser Tor** eine Sache weniger Minuten.

Stadtverwaltung: Rathausplatz 2, Tel. 0 62 33/89-0, www.frankenthal.de.

Brauhaus zur Post: Neumayer-Ring 45, Tel. 062 33/22 02 86, tgl. ab 11 Uhr. Beliebte Hausbrauerei. Hauptgerichte ab ca. 8 €.
Hotel Central: Karolinenstr. 6, Tel. 062 33/87 80, Rest. tgl. 12–14 und 18–22 Uhr. Sa, So. geschl. Traditionsreiches Hotelrestaurant. Vinothek, Hauptgerichte ab 12 €.
Penny Lane: Westliche Ringstr. 7, Tel. 062 33/2 56 34. So–Fr 18–1 Uhr, Sa geschl. Angenehme Mischung aus Restaurant und Kneipe, mit Terrasse. Tellergerichte ab ca. 7 €.

Kraut und Rüben – Radwanderweg: Ein knapp 140 km langer und einfach zu befahrender Radweg durch die Pfalz, auf dem man mit Kraut, Rüben und anderen Themen der Landwirtschaft bekannt gemacht wird. Information: www.kraut-und-rueben-radweg.de.

Strohhutfest: Jährlich vier Tage von Christi Himmelfahrt bis zum darauf folgenden Sonntag. Dabei bevölkern ca. 200 000 Menschen die Frankenthaler Innenstadt und machen das Fest zum größten Straßenfest der Pfalz.

Frankenthal liegt nahe an den Verkehrsachsen A6 (Mannheim-Saarbrücken) und A61 (Koblenz-Karlsruhe). Von den jeweiligen Abfahrten bis zum Zentrum sind es nicht mehr als 5 km.

Schätze am Rhein

In der Krypta
des Doms
zu Speyer

Reiseatlas S. 234, 239

am 21.2.1945 bei einem alliierten Angriff auf Worms ums Leben, die Innenstadt geht bis auf den Dom im Flammeninferno unter. Speyer bleibt weitgehend verschont. 1946/47 finden sie sich als kreisfreie Städte in Rheinland-Pfalz wieder. Speyer zählt mittlerweile etwa 51000, Worms inklusive der 13 Stadtteile rund 84000 Einwohner. In der Besinnung auf gemeinsame Wurzeln sehen sie sich in der Metropolregion gut aufgehoben. Das Bewusstsein wächst, »dass sowohl die Geschichte als auch die Kultur identitätsstiftende Faktoren für eine Region sind, nicht nur als gemeinsames Erbe und als Potenzial für kulturelle Netzwerke, sondern auch als Wegweiser für das Verstehen«, wie es der Wormser Oberbürgermeister Michael Kissel formulierte.

Worms

Der Rhein ist die Lebensader von Worms, an seinem Gestade anzukommen sicher nicht die schlechteste Wahl, per Kreuzfahrtschiff womöglich oder mit dem Auto über die neue Nibelungenbrücke vom Odenwald her oder per Rad entlang dem Fluss. Allerdings könnte man angesichts der Fülle verlockender Lokale samt ihrer Biergärten unvermittelt schwach werden und die sagenhafte Königsburg der Nibelungen, die Stadt tagender und tafelnder Könige und Kaiser, jüdischer Gelehrter, protestantischer Reformatoren und vitaler urbaner Plätze gar nicht weiter ansteuern. Daher empfiehlt sich der umgekehrte Weg: erst die reiche Geschichte und Kultur der alten, im Habitus un-

Der ›Heilige Sand‹ in Worms ist der älteste jüdische Friedhof Europas

glaublich jungen Stadt erkunden und dann an der Rheinpromenade relaxen, sich im Sand der Strandbar sonnen, auf dem schwimmenden Café Fürst als Gast ›anheuern‹ oder am Hagen-Denkmal dem muskulösen bronzenen Recken zuschauen, wie er offenbar seit Jahr und Tag vergeblich versucht, den Nibelungenschatz im Rhein zu versenken.

»Ze Wormez bî dem Rîne sie wonten mit ir kraft«, heißt es im Nibelungenlied, – und diese ›kraft‹ macht den Stoff offenbar noch heute interessant. Das mittelalterliche Epos prägte des Image von Worms über Jahrhunderte hinweg, ist im multimedialen **Nibelungenmuseum** 1 im Bürgerturm und Torturm lebendig (Di–Fr 10–17, Sa, So bis 18 Uhr) und in der ganzen Stadt präsent, auch in Form von Brunnen und Denkmälern. Selbst der spätromanische **Dom St. Peter** 2 bezieht einen Teil seiner Faszination aus diesem Mythos, da an seinem Nordportal der berühmte Streit zwischen den Königinnen Kriemhild und Brunhild ausgetragen worden sein soll; seit 2002 verschaffen ihm die Nibelungen-Festspiele zusätzlich Publicity (s. S. 37). Schon von der Lage auf dem höchsten Punkt der Altstadt und von der mächtigen Statur her ist er mit seinen zwei Kuppel- und vier Rundtürmen das alles überragende, weithin sichtbare Bauwerk (Apr.–Okt. 9–18, sonst bis 17 Uhr). Der jüngste im Bunde der drei großen Kaiserdome am Rhein, ein Neubau des 12. Jh., steht auf römischem Grund und den Fundamenten einer karolingischen Basilika sowie eines spätottonischen Vorgängerbaus unter Bischof Burchard I. (1000–1025). Die Erhebung zur päpstlichen ›Basilica minor‹ im Jahr 1925 wird nicht nur seiner heutigen Wirkung auf das Umland gerecht, sondern auch seiner architektonischen Bedeutung. Die Wormser Dombauhütte entwickelte einen Schule machenden Stil, der die Baukultur der Stauferzeit am Oberrhein enorm beeinflusste. Das gilt vor allem für den polygonalen Westchor, der die eher klassisch ausgewogene Ostfassade durch einen schier ungezügelten Reichtum an Formen samt Speichenrose in den Schatten stellt. Nach 1689 wurde der zerstörte Hochaltar durch eine barocke Schöpfung Balthasar Neumanns ersetzt. Im Unterschied zum von allem Zierrat entblößten Dom zu Speyer blieben dem zu Worms die ›Jahresringe‹ späterer Epochen erhalten.

»Von nun an, Worms, blühe dein Ruhm und deine Ehre, weil du fromm, klug und treu bleibst ...«, lautet der im Original lateinische Text einer Bronzetafel über dem romanischen Nordportal, die Kaiser Friedrich Barbarossas Freiheitsprivileg von 1184 auszugsweise wiedergibt. Gunstbezeigungen von allerhöchster Stelle und wichtige Reichstage täuschen aber nicht darüber hinweg, dass Worms im Gegensatz zu Speyer keine dezidiert kaiserliche Gründung ist. Anders als in der pfälzischen Stadt gruppierte sich wie im Mittelalter üblich die Altstadt mit Gassen und verschachtelter Baustruktur um die Kirche. Nach der Zerstörung des Bischofshofs im Norden und der Aufgabe des Kreuzgangs im Süden rückten die Häuser noch näher an den Dom heran. Heute steht er auf Tuchfühlung mit Nachkriegsbauten, deren

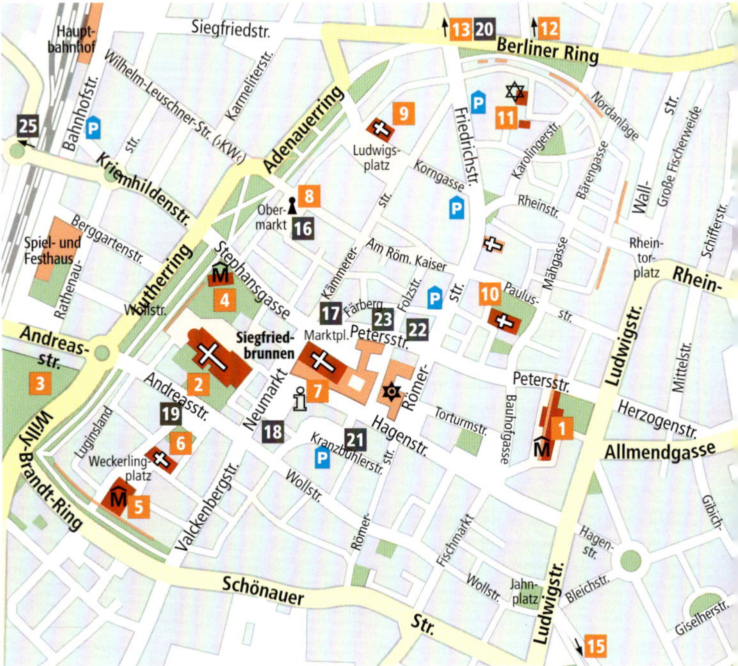

Bewohner von ihren Balkonen aus die 2006 ans Südportal mit der gotischen Nikolauskapelle verlegten Nibelungen-Festspiele aus privilegierter Nähe verfolgen konnten.

Die steinerne ›Bilderbibel‹ auf dem Südportal krönt ein Viergetier aus den Evangelistensymbolen (Mensch, Löwe, Stier, Adler), auf dem die siegreiche Kirche reitet. Das Motiv der *ecclesia triumphans* taucht noch mal an einem Strebepfeiler zwischen Portal und Annenkapelle auf, wo die Figur der christlichen Kirche über der (blinden) Synagoge steht, der ›neue Bund‹ also über dem ›alten Bund‹. In einem berühmten Streitgespräch von 1933 hielt der in Worms geborene Philosoph Martin Buber dagegen, für den der Dom eine »sichtbar gewordene Harmonie der Glieder, eine Ganzheit, in der kein Teil aus der Vollkommenheit wankt« war, den er immer »mit einer vollkommenen Freude« umwandelte, ehe er zum **Jüdischen Friedhof** 3 hinüberging, zum heute sog. Martin-Buber-Blick: »Ich habe da gestanden und habe alles selber erfahren, mir ist all der Tod widerfahren: all die Asche, all die Zerspelltheit, all der lautlose Jammer ist mein; aber der Bund ist mir nicht aufgekündigt worden … Der Dom ist wie er ist.

Sehenswürdigkeiten

1 Nibelungenmuseum
2 Dom St. Peter
3 Jüdischer Friedhof
4 Museum Kunsthaus Heylshof
5 Museum der Stadt Worms im Andreasstift
6 Magnuskirche
7 Dreifaltigkeitskirche
8 Lutherdenkmal
9 Stiftskirche St. Martin
10 Stiftskirche St. Paulus
11 Synagoge und Raschi-Haus
12 Liebfrauenkirche
13 Schloss Herrnsheim
14 Rheinpromenade
15 Bürgerweide

Übernachten

16 Dom-Hotel
17 Hotel Hüttl
18 Hotel Haus Kalisch
19 Jugendgästehaus Worms
20 Parkhotel Prinz Carl

Essen und Trinken

21 Le Méditerranée
22 Ristorante Kupferkessel Al Duomo
23 Weinhaus Weis
24 Pfister-Zunft
25 Bierakademie

Der Friedhof ist, wie er ist. Aber gekündigt ist uns nicht worden.« (Friedhof ›Heiliger Sand‹, tgl. 8–20 Uhr, im Winter bis zur Dunkelheit, siehe auch S. 24, 25.)

Das **Museum Kunsthaus Heylshof** 4, eine Gründerzeitvilla, brannte 1945 nieder, hatte seinen echten Rubens und seine opulente Sammlung zum Glück ausgelagert und ist ein historisch bedeutsamer Ort. Hier, im einstigen Bischofshof, hob Luther vor dem Reichstag 1521 die Alte Welt aus den Angeln (Mai–Sept. Di–So 11–17, Okt.–April Di–Sa 14–17, So 11–17 Uhr). Ins **Museum der Stadt Worms im Andreasstift** 5 mit einem informativen ›Lutherzimmer‹

gelangt man durch einen wunderschönen Kreuzgang mit prächtigen Kapitellen (Di–So 10–17 Uhr). Dem Gebäudekomplex aus dem 13. Jh. mit der profanierten Andreaskirche gegenüber steht die evangelische **Magnuskirche** 6. 1141 als Pfarrkirche für das Stift erwähnt, wurde sie bald nach dem Reichstag 1521 zum ersten protestantischen Gotteshaus der Stadt und dokumentiert so die rasche Verbreitung der Reformation. Auf dem Grund und Boden der Münze steht die nach 1689 erbaute evangelische **Dreifaltigkeitskirche** 7 unmittelbar am lebhaft bevölkerten Marktplatz. Das Lied ›Ein feste Burg‹

inspirierte Ernst Rietschels bronzenes **Lutherdenkmal** 8 (1868), das größte existierende überhaupt, von internationalen Spendern finanziert, von Gästen aus aller Welt aufgesucht. Auf einer Art Schaubühne zeigt es den Reformator im Habitus des Volkshelden, die Vorgänger zu Füßen, umringt von Weggefährten und Allegorien protestantischer Städte. Vom Obermarkt gelangt man durch die Fußgängerzone zur katholischen **Stiftskirche St. Martin** 9, wo der Legende nach der hl. Martin vom römischen Kaiser Julian Apostata eingekerkert wurde, als er 356 den Soldatendienst quittierte, um gewaltlos für Christus zu kämpfen.

Die Konzentration romanischer Kirchen auf solch engem Raum macht Worms zusätzlich attraktiv. Bischof Burchard I. prägte die Stadtentwicklung durch seine Bautätigkeit, aber auch durch politische Weichenstellungen. Durch Gütertausch luchste er den Saliern ihre Stadtburg ab, gab damit den künftigen Königen und Kaisern jedoch indirekt Schützenhilfe für die bewusste Verlagerung ihrer Machtbasis in die Pfalz. Über einem Vorgängerbau, den der Stadtherr und Bischof 1016 an die Stelle der Salierburg setzte, erhebt sich die **Stiftskirche St. Paulus** 10, heute Dominikanerkloster. Teile des Südturms und der Nordturm werden auf 1100–07 datiert. Im Volksmund ›Heidentürme‹ genannt, wirken die Kuppelhelme wie architektonische Zitate der Grabeskirche und spiegeln den Triumph heimgekehrter Kreuzfahrer nach der Eroberung Jerusalems – eine Rarität, denn ähnlich exotische Bekrönungen schmücken nur noch die evangelischen Kirchen von Guntersblum, Alsheim und Dittelsheim.

Der spätromanische Dom St. Peter

2005 erinnerte Worms an Rabbi Salomon ben Isaak, gen. Raschi, der im Judenviertel an der Jeschiwa studierte, die der ersten Synagoge von 1034 angegliedert war (s. S. 24, 25). In der Pogromnacht 1938 endete die Tradition christlich-jüdischen Zusammenlebens, als die von der Dombauhütte 1174 errichtete **Synagoge** 11 durch Brandstiftung zerstört wurde. Beim Wiederaufbau 1961 wurde auch die Mikwe restauriert – rein aus kunst- und religionshistorischer Sicht, denn eine jüdische Gemeinde gab es nicht mehr. Im benachbarten **Raschi-Haus** erzählt das jüdische Museum von Religion, Alltag, Geschichte und Kultur (April–Okt. 10–12.30, 13.30–17, sonst bis 16 Uhr). Die Häuser der Judengasse schmiegen sich an die mittelalterliche Stadtmauer. Wir überqueren sie, wenn wir einen Abstecher zur **Liebfrauenkirche** 12 außerhalb des alten Kerns machen – um des Gotteshauses selbst, aber hauptsächlich um der Weingärten willen, in die es eingebettet ist. Es gibt sie nämlich tatsächlich, die echte Liebfrauenmilch!

Weiter nördlich lockt ein Extratipp: der Park von **Schloss Herrnsheim** 13, von keinem Geringeren als Friedrich Ludwig von Sckell um 1790 für Wolfgang Heribert von Dalberg angelegt. Der auf Herrnsheim geborene Kämmerer von Worms und Namensgeber für das Mannheimer Dalberghaus sorgte als Intendant des Nationaltheaters 1782 mit Schillers ›Räubern‹ für Furore.

Das eingangs erwähnte Relaxen an der **Rheinpromenade** 14 bietet sich nun an. Und als weiterer Tipp ein eher unspektakulärer Ausflug ins Naherholungsgebiet **Bürgerweide** 15, das vom Wormser Wäldchen im Stadtpark, einem Jogger- und Walkerparadies mit Cafés, Spielwiese und Spielplatz, übers Waldgebiet mit Tiergarten, Umwelthaus und Umweltgarten in die renaturierte Auenlandschaft am Rhein übergeht, eine Empfehlung auch für Radtouristen auf der Tour von Worms nach Speyer.

Tourist-Information: Neumarkt 14, Tel. 062 41/2 50 45, www.worms.de.

Dom-Hotel 16**:** Obermarkt 10, Tel. 062 41/90 70, www.dom-hotel.de, DZ ab 95 €.
Hotel Hüttl 17**:** Petersstr. 5–7, Tel. 062 41/9 05 90, www.hotel-huettl.de, DZ 68 €, beliebt bei Radlern.
Hotel Haus Kalisch 18**:** Neumarkt 9, Tel. 062 41/2 76 66, DZ ab 70 €. Kirchenglocken-›Konzerte‹ ringsum.
Jugendgästehaus Worms 19**:** Dechaneigasse 1, Tel. 06241/2 57 80, worms@diejugendherbergen.de, DZ 21,90 €. Modernes Haus in Domnähe.

Parkhotel Prinz Carl 20**:** Prinz-Carl-Anlage 10–14, Tel. 062 41/30 80, www.parkhotel-prinzcarl.de, DZ ab 119 €. In der ehemaligen Kaserne gibt's Mo–Sa Menüs, z. B. ›Prinz Carls Klassiker‹ (29 €) und ein Bistro.

Le Méditerranée 21**:** Kranzbühlerstr. 1, Tel. 062 41/20 40 30, Mi–Mo, Nomen est Omen! Feine Pasta und exquisite Fischgerichte (ab 15 €).
Rôtisserie Dubs: Kirchstr. 6, Tel. 062 42/20 23. Gourmetlokal im Stadtteil Rheindürkheim, Hauptgerichte ab 15 €. Eine preiswerte Alternative ist das Gasthaus ›Zum Schiff‹ nebenan, Zweitstandbein der Familie, Stammessen ab 6,90 €.
Ristorante Kupferkessel Al Duomo 22**:** Petersstr. 14, Tel. 062 41/2 47 51. Lieblingslokal der Wormser, vom OB bis zum Dompropst, Pasta ab 6,50 €.
Weinhaus Weis 23**:** Färbergasse 19, Tel. 062 41/2 35 00, urechte Weinstube! Kleine Speisen, ›zwää nackische Kääs‹ 3,10 €.
Pfister-Zunft 24**:** Rheinstr. 57, Tel. 062 41/59 10 32, Di–Sa. Mittelalterlich inspirierte ›Wamsfüller‹ ab 3,50 €.
Bierakademie 25**:** Burkhardstr. 25, Tel. 062 41/59 16 80, Studentenkneipe.
Am Rhein gelegene Lokale mit Biergarten, urige Atmosphäre, moderat bis günstig:
Rheincafé Fürst: Am Rhein, Tel. 062 41/30 68 58. Schwimmendes Café, hervorgegangen aus dem legendären Strandbad Fürst, bei gutem Wetter tgl. bis Okt.
Bootshaus: Am Rhein 5, Tel. 062 41/92 52 40. Geflügel, Fisch, Wurstsalat um 7 €.
Hagenbräu: Am Rhein 3, Tel. 062 41/92 11 00. Unfiltriertes Bier aus der Hausbrauerei, etwa zum ›Drachenblut‹ (um 7 €).
Kolb's Biergarten: Am Rhein 1, Tel. 062 41/2 34 67. Platzproblem innen, Biertische draußen – und Hähnchen mit Pommes.
Parkwirtschaft Im Wäldchen: Ludwigslust 1, Tel. 062 41/2 46 01. Lauschiges Plätzchen neben Tiergarten u. Umwelthaus.
Strandbar 443: benannt nach ›ihrem‹ Rheinkilometer!
Cafés für jeden Geschmack: **Café Lott:** Hafergasse 5, Mo–Sa. **Café Aqui:** Rathenaustr. 31. Junge-Leute-Café in Gründerzeithaus, Mi–Mo. **Café Schmerker:** Wilhelm-Leuschner-Str. 9, der Klassiker mit feinem Kuchen (›Luthernuss‹) in der ›KW‹, der ersten Fußgängerzone von Worms. **Café Schmitz:** Weckerlingplatz 6, Jazz-Sessions in einer ehem. baptistischen Kirche. **Café Pinel:** Wilhelm-Leuschner-Str. 2a, schleckerhaftes Eiscafé! **Vannini:** bestes Eis auf dem Marktplatz unter Palmen.

Chocolaterie Holzderber: Gaustr. 117–119, Tel. 062 41/9 58 51 23, www.

DIE NIBELUNGEN

Moritz Rinke, Autor einer zeitgemäßen Neufassung des Nibelungen-Stoffes für die Festspiele zu Worms, liebt den »wunderbaren Baum genau vor dem Dom« wegen seiner Echtheit in all der Theaterkünstlichkeit. Was ist echt an den Nibelungen? **Der historische Kern:** 436 n. Chr. besiegt der römische Feldherr Aetius mit Hilfe hunnischer Truppen Gundahars Burgunden. 453 stirbt Attila, König Etzel der Sage, nach der Schlacht auf den Katalaunischen Feldern gegen ein römisch-burgundisch-fränkisches Heer und der Heirat mit der germanischen Fürstin Ildiko. Im 7. Jh. streitet die austro-burgundische Königin Brunichild mit ihrer Widersacherin Fredegunde. **Die Handlung:** Der Königsohn Siegfried aus Xanten, fast unverwundbar durch Drachenblut, Besitzer des Nibelungenschatzes, des Schwerts Balmung und der Tarnkappe, freit die burgundische Königstochter Kriemhild. Der Burgundenkönig Gunther gewinnt die isländische Königin Brunhild dank Siegfrieds Wettkampfhilfe zur Frau. Die Heirat im Doppelpack endet mit Gunthers Demütigung durch Brunhild in der Hochzeitsnacht, worauf Siegfried sie unter der Tarnkappe für den Ehemann ›zähmt‹ und ihren Ring und Gürtel Kriemhild schenkt. Das alles heizt den Streit der Königinnen vor dem Dom an: Ist Siegfried Gunthers Vasall? Brunhild seine Mätresse? Hagen von Tronje tötet Siegfried und stiehlt Kriemhild den Schatz, die um der Rache willen König Etzel heiratet und an der Donau ein tödliches Gemetzel inszeniert. »Daz ist der Nibelunge nôt«! **Das Epos:** Müßig ist die Frage, wer den Sagenstoff um 1200 zum Nibelungenlied verwob, ob Bligger II. von Steinach oder andere. Aus den zeitlosen Motiven Hass, Eifersucht, Liebe, Intrige und Treue entstand große Literatur. **Der Missbrauch:** Schlagworte wie die deutsche ›Nibelungentreue‹ zum Auftakt des 1. Weltkriegs, ›Operation Siegfried‹ während der Stalingrad-Offensive 1942 und Hitlers Faible für Wagner-Opern machten das Epos suspekt. **Die Festspiele:** Umso bemerkenswerter der Wormser Mut, sich der Diskussion zu stellen und daraus sogar eine neue Festspielkultur zu formen, mit Klassikern wie Friedrich Hebbel, aber auch Auftragsarbeiten für Moritz Rinke, Symposien und dem Projekt ›Nibelungenhorde‹, das Jugendliche ans Theater heranführt. **Die Nibelungen in Worms:** Als Bühne hatte der anonyme Dichter das mittelalterliche Stadtbild um 1200 vor Augen. Das fiktive Geschehen rekapitulieren ab 1905 Denkmäler und Brunnen wie ›Hagendenkmal‹, ›Siegfriedgrab‹ auf dem Torturmplatz, ›Siegfriedbrunnen‹ neben der Dreifaltigkeitskirche, ›Schicksalsrad‹ vor dem Dom und ›Nibelungenliedbrunnen‹ Ecke ›KW‹/Rathenaustraße. Die Skulptur am Neumarkt verdankt Worms der Arbeitsgemeinschaft Nibelungen-Siegfriedstraße. **Die Nibelungen im Odenwald:** Die Touristenrouten Siegfriedstraße und Nibelungenstraße geleiten ab Worms zu den sagenhaften Plätzen, die von und mit dem Epos leben, auch zur ›Siegfriedquelle‹ (in drei Orten!), wo Hagen den Helden meuchelte. Info: www.nibelungenfestspiele.de, www.nibelungen-siegfriedstrasse.de, www.nibelungenmuseum.de, www.nibelungenlied-gesellschaft.de.

holzderber.de. Leckereien aus hochwertigen Rohstoffen (Mo–Fr 9–18.30, Sa 9–12.30 Uhr), Verkauf von Domtrüffeln zugunsten des Wormser Dombauvereins. **Pfingstmarkt:** Seit über 750 Jahren; Festplatz am Rhein, Mo–Sa 14–21, So 11–21 Uhr.

Spiel- und Festhaus (Theater): Infos unter www.worms.de (auch LincolnTheater). **Kinder- und Familientheater:** Infos während des Umbaus des Spiel- und Festhauses bei der Tourist-Info. **Jazz and Joy:** Open Air Festival im Juni/Juli, Publikumsmagnet, Info: Kulturbüro, Tel. 062 41/8 53 40 01, www.jazzand joy.de. **Nibelungen-Festspiele:** s. S. 37.

Backfischfest: Ende Aug., Anfang Sept., größtes Wein- und Volksfest am Rhein zu Ehren der ältesten deutschen, 1106 gegründeten Fischerzunft. 9 Tage auf dem Festplatz, Umzug am ersten So. Vor dem abschließenden Feuerwerk gibt es noch das ›Fischerstechen‹, ein Turnier mit jeweils zwei von Ruderern angetriebenen Kähnen und zwei stehenden Wettkämpfern, die sich mit Lanzen gegenseitig ins Wasser zu stoßen versuchen.

Tiergarten: Hammelsdamm 101, Tel. 062 41/2 72 05, Nov.–Feb. 9–16, März–Okt. tgl. bis 19 Uhr. Das »kleine Paradies mit Storchennest und Bauernhaus« in der Bürgerweide setzt auf die heimische Tierwelt. **Spectaculum:** Mittelalterliche ›Kurzweyl‹ im Wormser Wäldchen, Stände, Bardentreffen, Armbrustschießen, Theater, Spiele. Info: Kulturbüro, Tel. 062 41/8 53 40 01, www.specta culum-worms.de. **Nibelungenlauf:** Lauf-Event mit Rahmenprogramm, Sept.

Bahn: Hbf Worms: ICE-Halt, IC und Regionalbahn. **Bus:** Stadtbusse, Spätlinien, Ruftaxi (Tel. 31 41 und 64 00). **Ausflugsschiffe:** Tel. 062 41/93 39 83.

Speyer

Das über 2000 Jahre alte Speyer liegt auf einer Niederterrasse, die es vor dem Hochwasser in den Auen schützt, an einer strategisch günstigen Stelle. Die west-östlichen Pfade zwischen Odenwald und Pfälzerwald und die wichtige Nord-Süd-Handelsstraße durch das Rheintal nutzten Kohorten, Kleriker, Kaufleute, Könige, Kaiser – und neuerdings tun es auch viele Touristen.

Speyer gilt als älteste geplante Stadt des Mittelalters auf deutschem Boden. Die um 1030 geschaffene Anlage fußt auf keltisch-römisch-fränkischen Siedlungen, war aber letztlich ein Gründungsakt des Saliers Kaiser Konrad II., sowohl in der Platzierung der Mauern und Tore als auch des riesigen Grabs seines und der folgenden Herrschergeschlechter, des Doms nämlich, auf den alles zuläuft. Von daher erklärt sich die als Straßenmarkt ausgelegte, enorm breite Maximilianstraße vom Stadttor Altpörtel zur Basilika. Auf dieser *via triumphalis* ritten die Könige und Kaiser in ihre Freie Reichsstadt ein und steuerten auf das Monument ihrer vergänglichen Herrlichkeit zu.

Die größte Kathedrale der Christenheit sollte der **Kaiser- und Mariendom** 1 werden, über römischen Fundamenten den Anspruch des Kaisertums auf die Universalherrschaft untermauern. Mehrere Generationen bauten an der kreuzförmigen Basilika, seit Konrad II. anno 1030 den Grundstein, Kaiser Heinrich III. weitere Bausteine und der junge Heinrich IV. mit der Weihung 1061 den vorläufigen Schlussstein zu Bau I setzte. Beim Gang durch den Domgarten lassen sich die einzelnen Phasen ablesen, etwa die Epoche machenden Zwerggalerien aus der zweiten Bauperiode 1082–1106, als Heinrich IV. den späteren Bischof Otto von Bamberg mit einem drastischen Umbau betraute und hierfür lombardische Steinmetze engagierte, die besten Handwerker der Welt. Damals erhielt der Dom seine vieltürmige Form, wenn auch nicht sein endgültiges Aussehen. In der Intention von Kaiser und Baumeister geleitete die Vorhalle des Westwerks von der irdischen in die nach Osten hin ›orientierte‹ himmlische Stadt. Gerüttelt viel Zahlensymbolik war im Spiel: zwölf Fensterpaare erleuchten die Gläubigen, zwölf Pfeilerpaare des Mittelschiffs stehen für die zwölf Apostel, das Fundament der Kirche. Sieben Rundbogen-Nischen in der Apsis wachen anstatt der sieben Engel der Apokalypse über das Allerheiligste. Die magische Zahl Sieben ergibt sich aus drei plus vier, aus Dreifaltigkeit und irdischem Leben, den vier Elementen. Zwei Türme flankieren den Chor, wie die zwei Engel die Bundeslade in Jerusalem. Über der Vierung wölbt sich eine achteckige Kuppel als Symbol des auferstandenen Christus, der Unendlichkeit und der am achten Tag beginnenden himmlischen Zeit, der Ewigkeit.

Im pfälzischen Katastophenjahr 1689 wurde das Westwerk stark beschädigt, 1773 dank einer barocken ›kleinen‹ Lösung Franz Ignaz Neumanns wieder funktionsfähig, 1794 erneut schwer heimgesucht, 1854–58 neuromanisch rekonstruiert. 1957–66 klopften Restauratoren die Bischofskirche innen und außen auf ihre romanische Urform hin ab. Der Zierrart vergangener Epochen,

Das Alte Rathaus, ein Werk des Hofbaumeisters Johann Adam Breunig, 1712–1726

Reiseatlas: S. 239

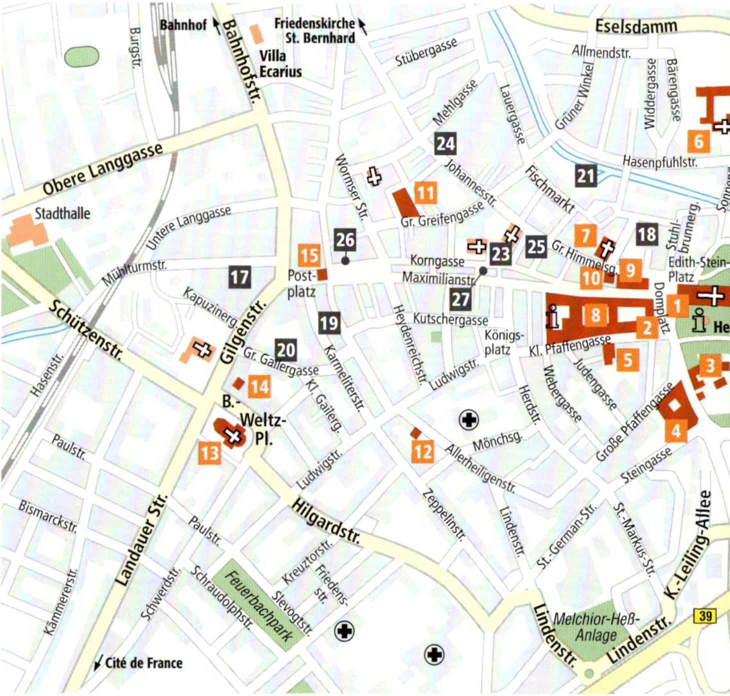

auch die von König Ludwig I. finanzierte Ausmalung im 19. Jh., wurde bis auf 24 Gemälde Johannes Schraudolphs (Münchner Nazarenerschule) entfernt. Auf reine Architektur reduziert, präsentiert sich der Dom seither sehr nüchtern – und sehr majestätisch. In diesem Zentrum imperialer Macht forderte der hl. Bernhard von Clairvaux zu Weihnachten 1146 mit ›Gott will es‹ die Christenheit zum 2. Kreuzzug auf, worauf der bis zuletzt widerstrebende Stauferkaiser Konrad III. ebenfalls das Kreuz nahm.

In die 1041 geweihte Krypta ist die mehrfach baulich veränderte Kaisergruft integriert. Am 7. August 1106, dem Gedenktag der hl. Afra und dem Geburtstag des späteren Kaisers Heinrich V., starb sein päpstlich gebannter Vater Heinrich IV.; er wurde in der noch ungeweihten Afrakapelle an der Domnordseite provisorisch und erst fünf Jahre später in der Gruft beigesetzt. Die Taufkapelle an der Südseite enthält eine Gedenkstätte für die hl. Edith Stein. Anlässlich ihrer Seligsprechung 1987 würdigte Papst Johannes Paul II. den Dom: »In den mehr als neunhundert Jahren seines Bestehens hat er die großen Zeiten einer gemeinsamen Kul-

tur Europas im Bereich des Glaubens, der Wissenschaft und der Kunst erlebt. Er hat aber auch Zeiten endloser Kriege mit ihren Zerstörungen, Zeiten der Zerrissenheit Europas miterlitten« (Apr.–Okt. 9–19, sonst bis 17 Uhr, nicht während der Gottesdienste).

Der Papst predigte auf dem Domplatz, wo der Domnapf die Domimmunität markiert, die früher allen Missetätern und Verfolgten Zuflucht vor der weltlichen Macht bot. Zu des Papstes Ehren wurde die Schale mit Pfälzer Wein gefüllt, der kostenlos in die Kehlen der Gläubigen rann, wie bei der

Sehenswürdigkeiten
- 1 Kaiser- und Mariendom
- 2 Bischöfliches Palais
- 3 Sitz des Protestantischen Landeskirchenrats
- 4 Historisches Museum der Pfalz
- 5 Judenhof
- 6 St. Magdalena
- 7 Dreifaltigkeitskirche
- 8 Altes Rathaus
- 9 Stadthaus
- 10 Sophie-La-Roche-Gedenkstätte
- 11 Hans-Purrmann-Haus
- 12 Feuerbachhaus
- 13 Gedächtniskirche
- 14 Archäologisches Schaufenster
- 15 Altpörtel
- 16 Technik-Museum

Übernachten
- 17 Hotel Goldener Engel
- 18 Hotel Domhof
- 20 Hotel Alt Speyer
- 22 Kurpfalz-Jugendherberge

Essen und Trinken
- 19 Backmulde
- 21 Kutscherhaus
- 23 Klosterstübchen
- 24 philipp eins
- 25 Zweierlei
- 26 Weinstube Schwarzamsel
- 27 Weinstube Rabennest

2000-Jahr-Feier der Stadt und natürlich der Investitur des Nachfolgers des 95. Bischofs von Speyer Anton Schlembach. Vom Dom aus erstreckt sich linker Hand ein ›geistliches Viertel‹, das **Bischöfliche Palais** 2 gegenüber und diverse Behörden in der Kleinen Pfaffengasse. Der Präsident der Evangelischen Kirche der Pfalz residiert am Domplatz 5 im schmucken Dienstsitz des **Protestantischen Landeskirchenrats** 3. Das ehemalige Konsistorium wurde kurz nach 1900 während der pfälzisch-bayerischen Ära erbaut, zeitgleich mit dem **Historischen Museum der Pfalz** 4, dessen Dauerausstellungen auch das Wirken beider christlichen Kirchen in Speyer beleuchten (s. S. 142). Zeitgleich auch mit dem auf der mittelalterlichen Domschule und der Ratsschule von 1540 basierenden Gymnasium am Kaiserdom nebenan, das damit eines der ältesten des Landes ist. Eine eigene Welt waren ab 1084 Speyers jüdische Viertel, deren Bewohner Bischof Rüdiger als Garanten für die Reputation der Stadt ausersah und denen er – von Kaiser Heinrich IV. 1090 bestätigt – außerordentliche Privilegien gewährte (u. a. Handelsfreiheit, eigene Gerichtsbarkeit und das Recht auf Grundbesitz). Dessen ungeachtet gab es wiederholt Pogrome gegen die Speyerer Juden als Sündenböcke des wachsenden Konflikts zwischen kirchlicher Gewalt und aufmüpfigem Bürgertum der freien Reichsstadt. Erhalten sind im **Judenhof** 5 Mauern der mittelalterlichen Synagoge und als kostbarstes Kulturgut die 1110–1120 vermutlich von der Dombauhütte errichtete Mikwe, ein von einem Kreuzgratgewölbe überspanntes Ritualbad (April–Okt. 10–17 Uhr).

Nach der Gemeinschaft der ›Stuhlbrüder‹, die in salischer Zeit an den Kaisergräbern im Dom in ihren Stühlen für Kaiser und Reich beteten, ist die Gasse zur mittelalterlichen Sonnenbrücke benannt, die in die ehemalige Vorstadt ›Überm Hasenpfuhl‹ jenseits des Speyerbachs führt, in das einstige Armeleuteviertel der Fischer und Schiffer an den Seitenarmen des Stroms, nun eine gutbürgerliche Adresse mit pittoresken Winkeln. Am Dominikanerinnenkloster **St. Magdalena** 6 macht eine Gedenktafel auf die hl. Edith Stein aufmerksam, die in den 1920er-Jahren hier als Lehrerin wirkte. Bis zum Fischmarkt, der wie der Holzmarkt ab dem 13. Jh. als Stapel-, Umschlag- und Marktplatz diente, reicht das Areal des alljährlichen Altstadtfests. 1689 in die dem Erdboden gleichgemachte Heimat zurückgekehrt, erbauten die Lutheraner ihrem Gott die **Dreifaltigkeitskirche** 7, deren mit biblischen Motiven ausgemalte Holzdecke durch eine Glastür einsehbar ist. (Ins Innere der Kirche kommt man nur mit Führung.) Den frei stehenden Läutturm aus dem 14. Jh. entlieh der barocke Bau der zerstörten St. Georgenkirche. Die Fassade mit Volutengiebel und Dachreiter gibt dem ›Geschirrplätzel‹ gegenüber ein attraktives Gesicht.

»Zu Speier im Saale, da hebt sich ein Klingen, mit Fackeln und Kerzen ein Tanzen und Springen«, dichtete einst Ludwig Uhland. Auch heutzutage gibt es zahlreiche städtische Events, ob nun unter freiem Himmel als ›Kaisertafel‹ oder im Gebäudekomplex des **Alten Rathauses** 8 mit dem Historischen Ratssaal, dem Alten Stadtsaal und dem Kulturhof Flachsgasse mit Kunstverein, ›Winkeldruckerey‹ und Städtischer Galerie (Di–So 11–18 Uhr). In unterirdischen Gewölben gelegene Lokale wie etwa der tiefe Ratskeller sind nicht ungewöhnlich in einer Stadt mit Weinhändlertradition. Im **Stadthaus** 9 öffnet sich in der Vorweihnachtszeit allabendlich punkt 18 Uhr das Eingangstor zu einem ›lebenden Adventskalender‹.

Juwel mittelalterlicher Profanarchitektur – das Altpörtel

Die **Sophie-La-Roche-Gedenkstätte** 10 ist im spätbarocken Hohenfeldschen Haus eingerichtet, wo die Romanautorin und Großmutter Clemens Brentanos und Bettina von Arnims 1783/84 die erste deutsche Frauenzeitschrift ›Pomona‹ publizierte (Mo–Fr 10–17, Sa bis 16 Uhr). Martin Mayers bronzenem Jakobspilger folgend, schlendern wir die Maximilianstraße entlang, das südländische Flair der Straßencafés und der nach 1689 entstandenen bunten Häuser einer gebildeten Bürgerschicht genießend. Diesund jenseits erstreckten sich die mittelalterlichen Handwerkerviertel, was an den Straßennamen noch ablesbar ist. Speyers lebendige Kunstszene wurzelt in großen Namen wie **Hans Purrmann** (1880–1966), dessen **Geburtshaus** 11 in der Kleinen Greifengasse rund 70 Werke des Künstlers zeigt (Di–Fr 15–17, Sa, So 11–13 Uhr). Im **Feuerbachhaus** 12 in der Allerheiligenstraße wurde der Maler Anselm Feuerbach (1829–1880), Neffe des Philosophen Ludwig Feuerbach, geboren. Inmitten von Kunst und Familiengeschichte werden kleine Ge-

Strahlende Neogotik: das Dach der Gedächtniskirche

richte serviert (Di–Fr 16–18, Sa/So 11–13, Weinstube Mo–Fr ab 18 Uhr).

Die neugotische **Gedächtniskirche** 13 konnte 1893–1904 großenteils durch Spenden von Emigranten realisiert werden. Das mit einem bunt glasierten Ziegeldach versehene Gotteshaus erinnert an die Speyerer Protestation von 1529. Durch den mit 105 m höchsten Kirchturm Speyers reflektiert es auch die Konkurrenz von Katholiken und Protestanten im 19. Jh. (So 14–17, Mo–Sa auch 10–12 Uhr). In der Gilgenstraße zeigt die Denkmalpflege im **Archäologischen Schaufenster** 14 pfälzische Vor- und Frühgeschichte (Di–So 11–17; Gläserne Werkstatt Di, Do 11–16.30 Uhr). Von einst über 60 Mauer- und Tortürmen ist das **Altpörtel** 15 original erhalten (Apr.–Okt. Mo–Fr 10–12, 14–16, Sa, So 10–17 Uhr). Im 13. Jh. erbaut, im 16. bis 18. Jh. auf 55 m aufgestockt, entging es der Sprengung 1689 nur dank der Einquartierung französischer Militärs nebenan. Zwei Zifferblätter zeigen Stunden und Minuten getrennt an. Von hier oben hat man einen fantastischen Blick, auch auf die Vorstadtviertel.

Ein Zeichen der Versöhnung legten Franzosen und Deutsche 1953 mit dem Grundstein für die katholische **Friedenskirche St. Bernhard**. In der pax-christi-Kapelle der Krypta ist in einer Nische Erde aus Orten eingelassen, deren Namen zum Gedenken mahnen: Nagasaki, Verdun, Kursk – und seit 2007 ein Kästchen aus Auschwitz (Mo 18, Mi 17 Uhr zu Gottesdiensten). Im Südwesten entwachsen der **Cité de France** und dem Quartier Normand seit 1998 in geglückter Konversion Wohnungen, Lofts und Stadtvillen. In den Industriegebieten haben sich Weltunternehmen angesiedelt. Die in der ersten Globalisierungswelle von Schließung bedrohten Pfalz-Flugzeugwerke im Südosten wurden dank einer beispiellosen Solidarität der Bürger gerettet und haben wieder volle Auftragsbücher. Nicht weit davon steht das **Technik Museum** 16 nicht nur für Freizeitvergnügen (9–18 Uhr), sondern auch für das moderne Speyer.

Tourist-Information: Maximilianstr. 13, Tel. 062 32/14 23 92, www.speyer.de. Infos zu Stadtführungen. Domführungen bucht man im **Dompavillon**, Am Domplatz, Tel. 062 32/7 71 70.

Hotel Goldener Engel 17**:** Mühlturmstr. 5–7, Tel. 062 32/1 32 60, www.goldener-engel-speyer.de, DZ ca. 90–125 €. Mit Restaurant Zum Alten Engel: Tel. 7 09 14, regionale Küche und Kulturveranstaltungen im Kellergewölbe, Schweinerückensteak 13 €.

Hotel Domhof 18**:** Bauhof 3, Tel. 062 32/1 32 90, www.domhof.de, DZ ca. 115 € auf dem historischen Boden des ehemaligen Reichskammergerichts. Mit Domhof Hausbrauerei: Große Himmelsgasse 6, Tel. 062 32/6 77 40, Domhoftopf ca. 14 € zum unfiltrierten Bier! Schöner Biergarten.

Backmulde 19**:** Karmeliterstr. 11–13, Tel. 062 32/7 15 77, www.backmulde.de, DZ 70–85 €. Di–So edle Menüs ab 42 €.

Hotel Alt Speyer 20**:** Große Gailergasse 1a, Tel. 062 32/6 02 80, www.hotelaltspeyer.de, DZ ab 72 €. Mit Weinstube Kleine Zisterne: Tel. 28 98 35, Mi–Mo, Flammkuchen im Altstadt-Kellergewölbe.

Kutscherhaus 21**:** Am Fischmarkt 5a, Tel. 062 32/7 05 92, www.kutscherhaus-speyer.de, DZ 65 €. Fr–Di Fischspezialitäten um 17 €, Biergarten mit Open-Air-Küche.

Kurpfalz-Jugendherberge 22**:** Jugendgästehaus Speyer, Geibstr. 5, ab 18 €, Tel.

EIN MUSEUM DER EXTRAKLASSE

Wer das Historische Museum der Pfalz in Speyer von früher her kennt – eine der üblichen Sammlungsammelsurien eben, vollgepropft mit Exponaten, Gemälden, schlecht beleuchtet, belüftet und beschriftet, inklusive einem gruftigen Winkel mit vorgeschichtlichen Gebeinen –, der staunte Anfang der 1990er-Jahre nicht schlecht: Die Generalsanierung des 1910 von Gabriel von Seidl errichteten schlossähnlichen Gebäudes, die Erweiterung durch einen lichtdurchfluteten Neubau und die Auslagerung der platzzehrenden Depots und Werkstätten in die Baumwollspinnerei hatten wahre Wunder vollbracht. Schon die große Ausstellung von 1992 ›Das Reich der Salier‹, die wegen mehrfachen Terminverzugs und damit einhergehender Ein- und Ausladungen des Bundespräsidenten zunächst bespöttelt und dann ein Riesenerfolg des neuen Direktors Meinrad Maria Grewenig wurde, offenbarte eine zeitgemäße Konzeption des Museums. Aufmerksamkeit erregen, mit Events Museumstouristen anlocken, Hemmschwellen abbauen – und Hunderttausende kamen seither zum Zarenschatz, zu Leonardo da Vinci, Napoleon ...

Noch mehr staunte man, als nach Teddys und Puppenstuben Ende 2003 die kleinen Playmobilmännchen die heiligen Hallen für die Kinder eroberten, die nach Herzenslust damit spielen durften. Neben den spektakulären Sonderausstellungen, die nach Grewenig und seiner Nachfolgerin Cornelia Ewigleben auch der jetzige Chef Alexander Koch in die Domstadt holt, ist das 1999 als Pilotprojekt gestartete Junge Museum die eigentliche Erfolgsstory. Ob ›ZDF tivi‹, ›Die Ritter‹, ›Am Ball der Zeit‹ oder der im Rhein versunkene ›Barbarenschatz‹ – Jung und Alt ohn' Unterschied der Person sind eingeladen, und auch Schulklassen werden fest eingebunden ins Konzept anspruchsvoller Freizeitgestaltung im ersten Kinder- und Jugendmuseum des Landes.

Sicher, die einstigen Stars sind noch da – der ›Goldene Hut von Schifferstadt‹ aus der Bronzezeit etwa oder der ›Römische Wein von Speyer‹, der älteste Traubenwein der Welt – und das Museum braucht sie auch, fürs Renommee und für Zeiten zwischen den Shows, wenn die große Stunde der Schausammlungen aus den Epochen Vorgeschichte, Römer, Franken und Neuzeit schlägt. Diese sind wie das Weinmuseum, die Domschatzkammer und die Dauerausstellung zur Geschichte der Evangelischen Kirche der Pfalz modern präsentiert und didaktisch geschickt aufgearbeitet.

Just als die 2006er Ausstellung zum 900. Todestag des Salierherrschers Kaiser Heinrich IV. bis Ende 2007 verlängert wurde, ›enterten‹ wilde Piraten, ›Herrscher der sieben Weltmeere‹ das Museum. Wetten, dass sie sich auf Anhieb vertrugen? Info: Historisches Museum der Pfalz, Domplatz, Speyer, Tel. 06232/1 32 50, www.museum.speyer.de, Di–So 10–18 Uhr. Eröffnungen, Vorträge, Lesungen im Forum, dem durch eine Glaskonstruktion überdachten Innenhof (mit integriertem Café). Junges Museum: Tel. 06232/62 02 22. Workshops, Aktionstage, Kindergeburtstage.

062 32/6 15 97, speyer@diejugendherbergen.de. Sehr beliebt, optimale Ausstattung. In der Umgebung: **Salischer Hof:** Burgstr. 12–14, Schifferstadt, Tel. 062 35/93 10, www.salischer-hof.de, DZ um 105 €. Mo–Sa Feinschmeckerisch-Mediterranes ab 16 €, Filet von der Dorade 23 €.

Klosterstübchen 23: Korngasse 31, Tel. 062 32/7 01 14, So–Fr, rustikal-gemütlich. Tipp: Rumpsteak 14,90 €.
philipp eins 24: Johannesstr. 19, Tel. 062 32/7 84 00, Di–Sa. Reichstags-Absteige Philipps von Hessen 1526/1529, lauschiger Garten, Theater-, Musikbühne, Tanztees, saisonale Speisen ab 10 €.
Zweierlei 25: Johannesstr. 1, Tel. 062 32/ 6 11 10, kreativ-ausgezeichnete Küche im Restaurant und preislich abgespeckten Bistro, vegetarische Krautwickel 13,50 €.
Weinstube Schwarzamsel 26: Korngasse 18, Tel. 062 32/7 74 03, Di–So, urig-pfälzisch unter Jagdtrophäen.
Weinstube Rabennest 27: Korngasse 5, Tel. 062 32/62 38 57, Mo–Sa, Flammkuchen und Pfälzer Gerichte ab 6 €.
Straßencafés und Bistros: Auf Speyers Maximilianstraße verlagert sich ab der ersten Frühlingssonne das Leben. Alle Lokalitäten sind empfehlenswert.

Domhof: s. o., Krüge, Gläser, Bierkannen aus der Hausbrauerei.
Dombausteine: Domsanierungsartikel im Dompavillon zu Domöffnungszeiten.

Kinder- und Jugendtheater: Okt.–Juni im Alten Stadtsaal. Festival Kindertheater International, Jugendtheaterwoche und Kulturbeutel, s. u. Kleine Pfaffengasse 8, Tel. 062 32/2 89 07 50, www.kinderundjugendtheaterspeyer.de.
Zimmertheater Speyer: winzig-intim im Alten Rathaus. Infotelefon Tourist-Information, s. o., www.zimmertheater-speyer.de.
Kult(o)urnacht: Anfang Juni, Entdeckung der vielfältigen Kunst- und Kulturstadt von 19–2 Uhr, Info Tourist-Information, s. o.
Kulturbeutel: Juni, Zeltfestival im Domgarten, Theater, Kabarett, Musik für Jung und Alt, Info Kinder- und Jugendtheater, s. o.
Speyerer Literaturtage: seit 1996 alle zwei Jahre Anfang Mai, mit Handpressenmarkt. Organisator ist Artur Schütt, Dichter, Mentor und Schwarzkünstler (siehe Winkeldruckerey im Kulturhof, S.139, Info Tourist-Information).

Brezelfest: im Juli, Jahrmarkt für Speyers angestammtes Laugengebäck auf dem Festplatz und drumherum; Festzug und Feuerwerk; **Kaisertafel:** Aug., kulinarischer Open- Air-Schmaus in der Maximilianstraße; **Altstadtfest:** Sept., stimmungsvolles Straßenfest; **Herbstmesse:** Okt./Nov., Festplatz-Rummel, verkaufsoffener ›Mantelsonntag‹; **Weihnachtsmarkt:** Alter Marktplatz, erleuchteter Dom.

Imax Dome: Wissenschaftlich fundierte Filme mit hohem Unterhaltungswert im einzigen deutschen Filmtheater mit Kuppelprojektion. Am Technik Museum 1, Tel. 062 32/6 70 80, www.technik-museum.de. **Sea Life:** Vom Rhein über die Nordsee bis in die Tiefen des Atlantik: Aquarien zeigen den Lebensraum von ca. 3000 Tierarten; SOS-Artenschutzraum, Kooperation mit Greenpeace. Im Hafenbecken 5, Tel. 062 32/6 97 80, www.sealifeeurope.com. **Pfälzer Jakobsweg:** Pilgerroute Süd von Speyer nach Hornbach, Buchung Tourist-Information.

Bahn: Bahnhof Speyer, zwei S-Bahn-Haltepunkte. **Bus:** Shuttle vom Bahnhof zur Innenstadt bis Festplatz/ Stadtbad; Buslinien in die Außenbezirke. **Ausflugsschiffe:** MS Sea-Life, Hafenstr. 22, Tel. 062 32/62 21 95; MS Pfälzerland, Rheinufer beim Café Hammer, Tel. 87 53.

Sonnenland Weinstraße

Pfälzische Weinkönigin beim Weinlese-fest in Neustadt

Reiseatlas S. 234, 238

DIE DEUTSCHE WEINSTRASSE

Rund 85 km zieht sich die Deutsche Weinstraße von Bockenheim im Norden bis nach Schweigen im Süden. Eine abwechslungsreiche Landschaft mit zahlreichen Ausblicken in die Rheinebene öffnet sich. Häufig wird diese Landschaft mit der Toskana verglichen. Eigentlich aber ist sie für sich selbst so einzigartig, dass sie eines solchen Vergleichs gar nicht bedarf.

Einzigartig ist das Wechselspiel zwischen sanft sich wölbenden Bergrücken, steil aufragenden Hügeln, schroffem Fels und tief eingeschnittenen Bachtälern, einmalig schön die Perlenschnur anmutiger Dörfer und Städte. Einzigartig das Licht – von sagenhafter Leuchtkraft, wenn an heißen Sommertagen die Erde dampft und die Luft über der Rheinebene flimmert. Mediterran ist die Vegetation, die Parks der Kurorte und die Villen der großen Weingüter offenbaren sich als üppige südländische Gärten. Die mit den Römern eingewanderte Edelkastanie fühlt sich am Rand des Pfälzerwaldes gleichfalls heimisch. Das Sonnenland bringt eine Vielfalt exotischer Pflanzen hervor: Hibiskus- und Oleanderbüsche, Maulbeer-, Mammut- und Ginkgobäume; auch Aprikosen, Pfirsiche und Feigen gedeihen hier vortrefflich. Und natürlich Weinreben, so weit das Auge reicht. In den Gehöften setzen Zitronen- und Orangenbäume Farbakzente. Ende März erstrahlen Alleen und Wiesen in der weißen und rosafarbenen Blütenpracht der Mandelbäume.

Den von Buntsandsteinschichten dominierten Gebirgsstock des Pfälzerwalds hat man entlang der Haardt von Neuleiningen bis Albersweiler und südlich des Queichtals am Ostrand des Wasgaus im Rücken. Nördlich von Grünstadt bestimmt die geologische Struktur des Rheinhessischen Tafel- und Hügellandes mit seinen Kalk-, Ton- und Lössböden das landschaftliche Erscheinungsbild der Region.

Durchs Leiningerland nach Bad Dürkheim

Bockenheim

Reiseatlas: S. 234, B 2

In Bockenheim beginnt (oder endet) die Deutsche Weinstraße. Das einem Römerkastell nachempfundene **Haus der Deutschen Weinstraße** markiert seit 1995 als Gegenstück zum ›Deutschen Weintor‹ im südpfälzischen Schweigen den nördlichsten Punkt der 1935/36 propagandawirksam eingeweihten Touristikroute. Der Weinbau hat hier eine lange Tradition. Nicht zuletzt deshalb rissen sich die Grafen von Leiningen das ursprünglich fränkische Königsgut Bockenheim unter den Nagel. Auf fruchtbaren Lössböden gedeihen seit mehr als 1000 Jahren beste Rieslinge. Kein Stilbruch daher, dass sich alljährlich während des Winzerfests im Oktober Pfälzer Mundartdichter im Wettstreit dem Votum von Jury und Publikum stellen (s. S.175). Nicht zuletzt stimmt in der Pfarrkirche St. Lambert die gotische Traubenmadonna auf eine Reise ein, in der Wein das Herz aller Dinge ist (Schlüssel: Stiegelgasse 2, Tel. 063 59/42 23).

Historisch orientierte sich der Norden der Weinstraße schon immer mehr zu Rheinhessen als zur Kurpfalz hin. Über Jahrhunderte hinweg prägten die Grafen von bzw. zu Leiningen die Geschicke der Region. Im 12. Jh. ließ Emich II. die Burg Altleiningen als Stammsitz des neuen Geschlechts erbauen. Von da aus verzweigte es sich durch Heirat, Erbteilung oder Annektion von Lehen in der Pfalz und weit darüber hinaus.

Grünstadt

Das alte Herz des Leiningerlandes schlägt in Grünstadt. Zahllose Kriege ließen allerdings von der historischen Substanz des im Jahre 875 erstmals urkundlich erwähnten Ortes kaum etwas übrig, wenig auch aus der Glanzzeit als Residenz der Leininger Grafen ab 1700. 1942 fielen Bomben auf die Innenstadt und setzten die Martinskirche, einen der frühen Siedlungskerne, in Brand. Grünstadt empfiehlt sich heute als lebhafte Kleinstadt mit hervorragender Infrastruktur, als Einkaufszentrum für die Region und als Ausgangspunkt für konditionell und kulturell ergiebige Wander- und Radtouren, u.a. ins Eckbach- und Eistal. So sollte man unbedingt den Ortsteil **Asselheim** mit seinem pittoresken Dorfkern und dem außergewöhnlichen romanischen Rundturm der Kirche aufsuchen – und im Sommer zu der von Winzern bewirtschafteten Weinwanderhütte hochpilgern (April–Okt. Sa ab 14, So ab 10 Uhr), um sich zu weinseligen Blicken ins Glas, in die Wingerte und ins Rheintal verführen zu lassen.

Neuleiningen

Alljährlich beim Weinwettstreit am Jakobimarkt küren die Grünstädter eine Weingräfin des Leiningerlandes. Sylvia Benzinger aus Kirchheim machte daraufhin sogar einen Karrieresprung zur Deutschen Weinkönigin 2005/2006. Das historische Vorbild für das erfolgreiche Marketing, Gräfin Eva zu Leiningen-Westerburg, lebte 1481–1543 auf der Burg Neuleiningen und sicherte sich im Bauernkrieg dauerhaften Ruhm: Ob sie nun aus List die Eindringlinge verköstigte oder zu Magddiensten gezwungen wurde – die Bauern zogen jedenfalls friedlich ab. Die um 1240 von Graf Friedrich III. von Leiningen nach burgundisch-orientalischen Vorbildern erbaute Kastellburg blieb unversehrt. Die Generäle des Sonnenkönigs Ludwig XIV. hingegen hatten keine Skrupel, 1690 im Pfälzischen Erbfolgekrieg die Burg und die Ortschaft in Brand zu setzen.

Die Burg blieb Ruine. Die Bewohner des zum Dorf herabgestuften Neuleiningen aber schufen ein Kleinod, das in den 1980er-Jahren als Denkmalzone eine zusätzliche Aufwertung erhielt. Die mutige Investition in die Erhaltung eines geschlossenen Ortsbilds zahlt

Die Klosterruine Limburg bietet im Sommer eine großartige Kulisse für Konzerte und Theateraufführungen

sich aus. Bezaubernd das Ambiente aus schmuckem Fachwerk, engen Gassen, Ringmauer, Diebsturm, Nikolauskirche, Treppenwinkeln, kombiniert mit einem malerischen Terrassenweg ins Tal! Zu Recht regnete es Preise auf das Burgdorf herab, mehrmals empfahl es sich als Filmkulisse. Neuleiningen – einfach bildschön! Und eine Adresse für exzellente Gastronomie!

Freinsheim und die drei am Berg

Ein Besuch der Chocolaterie Stoffel in **Bobenheim am Berg** ist ein Muss für alle Liebhaber erlesener Pralinés. **Weisenheim am Berg** hingegen serviert geistliche Nahrung: Hier liest zum Wein- und Heimatfest (Mai) und zur Dorfkerwe (September) Pfarrer i. R. Otmar Fischer, als »de Parre mit de Peif in den Kärch«, seinen Schäfchen in einer Mundartpredigt humorvoll die Leviten. In **Herxheim am Berg** lohnt sich nach Durchquerung des Pfaffenhofs, der mittelalterlichen Keimzelle mit dem prachtvollen Renaissancetor, ein Besuch des Kirchgartens hinter dem prot. Gotteshaus. Hier blickt man auf die berühmten Weinlagen, auch aufs fest in der Erde wurzelnde ›Herxheimer Himmelreich‹. Großartig die Sicht in die Ebene, hin zu den großen Städten der Metropolregion!

Freinsheim fließt laut Hermann Sinsheimers liebevoller Beschreibung »über von Geschichte, Wein und Obst. Eine schwere, dunkle Stadtmauer panzert um versonnene alte Häuser«. Die kleine Stadt mit ihren Türmen, dem Hain- und dem Eisentor, den malerischen Winkeln, den die Stadtmauer überbrückenden Häuschen, dem barocken Zentrum mit der Pfarrkirche St. Peter und Paul (um

1780), der prot. Kirche (15./17. Jh.) und dem von einer überdachten Freitreppe beschützten Rathaus (1750) umgibt eine besondere Aura. Seit den 1970er-Jahren hob eine stilsichere Sanierung viele verborgene Schätze. Nicht nur repräsentative Gebäude wie der Von-Busch-Hof profitierten davon, sondern der gesamte alte Kern, wo sich seither eine vorzügliche Gastronomie etablierte.

Bad Dürkheim

Reiseatlas: S. 234, B 3

Laut einer Umfrage fühlen sich 95 % der rund 20 000 Einwohner sehr wohl in Bad Dürkheim. Wein, Wald und Wohnwert – die vielen Vorzüge ließen sich auf diese Schlagworte reduzieren, vielleicht noch ergänzt durch den Wurstmarkt als viertes ›W‹, stellvertretend für die Lust am Feiern. Jahr für Jahr heimsen Winzer aus der Stadt und dem eingemeindeten Umland nationale und internationale Auszeichnungen ein und machen den Wein zum Exportartikel Nummer 1. Zahlreiche markierte Wander- und Radwege erschließen die Natur durch Wald und Flur. Rechtzeitig hat man sich hier nicht mehr allein auf Krankenkassen und Kurgäste gestützt, sondern den Tourismus dank einer vorbildlichen Innenstadtsanierung (seit 1989) angekurbelt. Eine großartige Leistung umso mehr, als im März 1945 alliierte Bomben so manchen romantischen Winkel des alten Dürkheim ausradiert hatten – nicht die erste Drangsal, denn solch ein paradiesisches Fleckchen Erde lockt willkommene und ungebetene Gäste an. Die Kelten hinterließen einen Fürstensitz, die sog. Heidenmauer. Die Römer betrieben auf Gütern bei Ungstein und Wachenheim Weinbau und Landwirtschaft und beuteten einen Steinbruch aus, der seit dem 14. Jh. Kriemhildenstuhl heißt. Die Franken kamen nach den Kelten und Römern und siedelten im heutigen Stadtteil Pfeffingen. Kaiser Konrad II., der Vater der Salierdynastie, beschenkte 1035 das hoch über dem Isenachtal gelegene Kloster Limburg mit ›Thuringeheim‹. Die Grafen von Leiningen-Hardenburg annektierten den Ort, die Kurpfälzer zerstörten ihn 1471, ebenso die Franzosen (1689, 1794). Ab 1725 war man leiningische Residenz, ab 1794 französisch-revolutionär, 1816 bayerische Provinz. Seit 1969 ist Bad Dürkheim Kreisstadt.

Vom **Kurhaus,** das zwischen 1822 und 1826 auf den Grundfesten des 1794 abgebrannten leiningischen

Der Dürkheimer Wurstmarkt

Weinseliges Zentrum des über 590 Jahre alten Fests in Bad Dürkheim sind die überdachten Stände der ›Schubkärchler‹. Aus Wallfahrten zur Michaelikapelle und dem per Schubkarren beschickten, mittelalterlichen Markt entstand das größte Weinfest der Welt, auf dem hochwertige Produkte Dürkheimer Winzer ausgeschenkt werden. 2. und 3. Wochenende im Sept., Fr–Di und Fr–Mo, mit Jahrmarkt, Live-Musik, Feuerwerk. Info: Tourist-Information Bad Dürkheim, www.duerkheimer-wurstmarkt.de.

JUNGE WILDE DES WEINS

Wein ist Kult – nicht nur als beliebtes Getränk, dessen Konsumkurve stark nach oben zeigt, sondern auch im ursprünglichen religiösen Sinne als Teil der Liturgie. In den Kirchen wird grundsätzlich ›reiner Wein eingeschenkt‹, was nach Meinung vieler Liebhaber edler Tropfen auch für weltliche Orte gelten sollte. Ein wahres Horrorszenario daher, künftig in fröhlicher Runde einen in der chemischen Hexenküche erzeugten, auf die erwünschte Geschmacksrichtung getrimmten Mix aus Traubenwein, Enzymen, Aromahefen und Eichenholzchips (als Illusion von Barrique) im Glas zu haben. Wie Goethes Zauberlehrling sehen wir uns der Gefahr gegenüber, die Geister, die die Oenologie (Weinkunde) nach guter Forscher Sitte rief, nicht mehr loszuwerden. International agierende Konzerne werfen unter Ausnutzung des Booms schon jetzt geglättete, flauschige, im Keller ›weichgespülte‹ Weine auf den Markt, die trendy sind und letztlich langweilig.

Dagegen setzen die ›Jungen Wilden des deutschen Weins‹ auf Qualität und Klasse. Bewusst grenzt sich eine ambitionierte, im pfälzischen Neustadt, rheinhessischen Oppenheim und Geisenheim im Rheingau bestens ausgebildete Winzerschaft gegen den scheinbar übermächtigen Zwang zur Massenproduktion ab und kombiniert die Tradition der Väter mit neuer Technik und der Wiederentdeckung regionaler Identität. Hangneigung, Kleinklima und Boden (in der Pfalz vor allem Löss & Lehm, Buntsandstein, kalkiger Mergel) bestimmen die Wahl der Rebsorte und regeln die Bearbeitung des Wingerts im Einklang mit der Hege der Natur. In der Pfalz verpflichten sich immer mehr Betriebe zu Kriterien, die für den VDP (Verein der Prädikatsweingüter) und ökologische Verbände wie Naturland und ecovin selbstverständlich sind: Verzicht auf Massenerträge durch rigorosen Rebschnitt, Lese nur der besten Trauben, ruhige Reifung der Weine im Fass, Nützlinge im Weinberg, Begrünung, organische Düngung. Im Zusammenspiel mit handwerklichem Können, Kreativität und Kunst des Winzers entsteht so ein spezifischer, für das Terroir charakteristischer Wein.

Dass Pfälzer Winzer bei Wettbewerben immer öfter ganz oben stehen, wirkt sich ungemein positiv auf das Selbstbewusstsein der Region aus. ›Fünf Winzer – Fünf Freunde‹ aus der Südpfalz leisteten Anfang der 1990er-Jahre Pionierarbeit als Team von »Individualisten, die ihre Kraft aus enger Zusammenarbeit und offener Diskussion« schöpfen. Junge Kollegen folgten ihrem Vorbild, etwa ›SüdpfalzConnexion‹, ›Junge Pfalz‹, ›pfalz rotweiss‹ – alle voller Energie und Originalität. Einige nahm der VDP bereits als ›Junge Talente‹ auf. Wie auch die rheinhessische ›Vinovation Worms‹ bekennen sie sich zu Erfahrungsaustausch statt Abschottung. Nur so, wissen sie, ist die globale Herausforderung zu meistern, denn dort sitzen die Konkurrenten – nicht im Weinkeller des Nachbarn. Info: www.fuenf-winzer.de; www.suedpfalz-connexion.de; www.pfalz-rotweiss.de; www.vinovation-worms.de.

Schlosses zunächst als Rathaus im klassizistischen Stil erbaut wurde, gelangt man in den lauschigen Kurpark und zu zwei Highlights am Rande des Wurstmarktgeländes: Das **Dürkheimer Riesenfass,** 1934 von Fritz Keller aufgeschlagen und als Gaststätte genutzt, versinnbildlicht die immense Bedeutung des Weins für das Städtchen. Das Fass könnte 1,7 Mio. l aufnehmen, wollte man es je füllen. Traubenkuren kamen im 19. Jh. in Mode, die gesundheitsbewusste Hautevolee trank im Kurpark frisch gepresste Säfte. Solch entwässernde Trinkkuren bietet das Staatsbad noch heute während der Weinlese in der **Brunnenhalle** an.

Sieben Heilquellen verhalfen Dürkheim 1904 zum Titel ›Bad‹ und 1965 zur Klassifizierung als Staatsbad. Zudem nutzt die Kurstadt das schon im Mittelalter bekannte Phänomen der Thermalsolen, die aus dem Oberrheingraben hier artesisch aufsteigen. Die kurpfälzischen Herren betrieben die Salzgewinnung im 18. Jh. im großen Stil mit Gradierwerken. Die 333 m lange **Saline,** die Bayerns König Ludwig I. anlässlich der Ernennung Dürkheims zum Solbad 1847 sanieren ließ, wurde Ostern 2007 zum zweiten Mal nach der Brandstiftung 1992 ein Raub der Flammen. Bis zum von der Stadt forcierten Wiederaufbau – auch des integrierten Salinenmuseums – rieselt keine Sole mehr die Heckenreiser herab, um gegen Erkrankung der Atemwege Meeresklima zu simulieren. Das Kurzentrum hat sein Programm um moderne Wellness-Angebote erweitert.

Der Wurstmarkt steht bei allen Generationen hoch im Kurs

Die neue Klientel genießt die Schönheiten des Städtchens, regeneriert sich auf dem idyllischen Römerplatz, besucht das Heimatmuseum **Haus Catoir** in der Römerstraße (Di–So 14–17 Uhr) und die **Schlosskirche** (1335/1866) mit der Renaissance-Grabkapelle Graf Emichs XI. von Leiningen (Mo–Fr 9–12 Uhr).

Hoch über dem Isenachtal und dem gleichnamigen Ortsteil erhebt sich die **Hardenburg,** die sich die Leininger 1317 zum Stammsitz erkoren. 1794 von Revolutionstruppen zerstört, ist sie eine der größten Burgruinen der Republik (April–Sept. Di–So 10–18, sonst bis 17 Uhr, Dez. geschl.). Nach einem herzhaft-appetitlichen Stopp an und in der idyllischen Lindenklause (Mi, Sa, So 9–19 Uhr) empfiehlt sich ein schöner Wanderweg zur Klosterruine **Limburg** oberhalb des Ortsteils Grethen. Die Stammburg der Salier, Benediktinerabtei von 1034–1574, zeitweise Hüterin der Reichsinsignien, war zur Ruine verfallen, als Dürkheim sie im 19. Jh. kaufte und sich seit 1976 um die Erhaltung kümmert (Nov.–März 9–17.30, sonst mind. bis 20 Uhr; Info: Klosterschänke Limburg, Tel. 063 22/79 17 72).

Das **Pfalzmuseum für Naturkunde** in Grethen informiert u. a. über die heimische Tier- und Pflanzenwelt, Geologie und Ökologie, ergänzt durch museumspädagogische Angebote (Di–So 10–17, Mi 10–20 Uhr). Ein Saal ist Dr. Georg von Neumayer (1826–1909) gewidmet, dem Initiator der Südpolarforschung. Die nach dem Pfälzer Wissenschaftler benannte Forschungsstation in der Antarktis wird alljährlich zu Silvester auf Staatskosten mit Pfälzer Wein beliefert.

Kallstadt und die Dürkheimer Ortsteile **Leistadt** und **Ungstein** schmücken sich mit prächtigen Winzerhöfen in anheimelnden Gassen und Winkeln. Die Sommerhitze staut sich in den typischen Weinbergsmauern auf den Sonnenterrassen der Haardt und gibt in Kombination mit mineralreichen Lehm- und Kalkböden dem Ungsteiner Honigsäckel, Leistadter Kalkofen und Kallstadter Saumagen den unverwechselbar aromatischen Riesling-Geschmack. Auf 20 n. Chr. lässt sich das **Römische Weingut Weilberg** oberhalb Ungsteins datieren, das um 350 Alamannenüberfällen zum Opfer fiel. Bei der Flurbereinigung wurde 1981 eine Kelteranlage, bei weiteren Grabungen eine *villa rustica* freigelegt, die sukzessive vorbildlich restauriert wird und einen herrlichen Blick auf Bad Dürkheim gewährt.

Tourist-Information Grünstadt: Weinstraßencenter, Tel. 063 59/93 73 20, www.gruenstadt.de. **Tourist-Information Grünstadt-Land:** Haus der Deutschen Weinstraße, Bockenheim, Tel. 063 59/8 00 18 20, www.leiningerland.com. **i-Punkt Kallstadt:** Weinstr. 111, Tel. 063 22/66 78 38. **i-Punkt Freinsheim:** Hauptstr. 2, Tel. 063 53/98 92 94, www.freinsheim.de. **Tourist-Information Bad Dürkheim:** Kurbrunnenstr. 14, Tel. 063 22/9 56 62 50, www.bad-duerkheim.de.

Hotel-Restaurant Alte Pfarrey: Untergasse 54, Neuleiningen, Tel. 063 59/8 60 66, www.altepfarrey.de. DZ 95–165 €. Mi–So, Feinstes in gemütlicher Atmosphäre, 3-Gang-Menü 53 €. **Freinsheimer Hof:** Breite Str. 7, Freinsheim, Tel. 063 53/5 08 04 10, www.restaurant-freinsheimer-hof.de. DZ 110–150 € im kleinsten Hotel des Ortes. Fr–Di, pfälzisch-

norddeutsche Kreationen, Gemüsesaumagen 16 €, Menüs ab 40 €.
Landhotel Hofgut Battenberg: Battenberg, Tel. 063 59/96 10 03, www.HofgutBattenberg.de. DZ 80 €; Burgschenke Mi–So.
Pfalzhotel Asselheim: Holzweg 6–8, Tel. 063 59/8 00 30, www.pfalzhotel.de. DZ in der Kappelmühle ca. 70 €; kinderfreundliche Events. Sonntagsbrunch ca. 24 €.
Landhaus Heinrich: Kirchstraße 12, BD-Ungstein, Tel. 063 22/6 70 57, www.landhaus-heinrich.de. DZ ab 78 €. Molekulare Küche und Schokolade aus eigener Produktion.
Admiral: Leistadter Str. 6, Weisenheim am Berg, Tel. 063 53/41 75, www.restaurant-admiral.de. Pavillon-Romantik DZ 75 €. Mi–So Gourmetküche.
Hotel-Café Speeter: Leistadter Str. 11, Weisenheim am Berg, Tel. 063 53/9 36 60, www.speeter.de. DZ ab 80 €. Deftiges aus eigener Metzgerei, freitags ›Dampfnudle mit Grumbeersupp‹.
Sommerresidenz 7 Raben: Jägerthal 8, BD-Hardenburg, Tel. 063 29/17 24, www.sieben-raben.de. DZ 67 € im gräflichen Forsthaus. Di–So, Flammkuchen ab 6,90 €.
Hotel-Restaurant Jakobslust: Jakobstr. 15, Grünstadt, Tel. 063 59/92 46 00, www.hotel-jakobslust.de. DZ 60–72 € im Traditionshotel, Sa–Do gutbürgerliche Küche.

Liz' Stuben: Am Goldberg 2, Neuleiningen, Tel. 06359/53 41. Von Slow Food empfohlene italienische Küche, untermalt von Klaviermusik!
Am Bienenbrunnen: Hintergasse 2, Grünstadt-Sausenheim, Tel. 063 59/81 09 25, Di–So. Mediterranes Ambiente, Seeteufelmedaillons 20 €.
Von-Busch-Hof: Freinsheim, Tel. 063 53/77 05. Mi–So. Volker Gilchers Kochkunst aus regionalen Produkten. Fleisch und Gemüse ca. 19 €.
Forsthaus Weilach: BD-Leistadt, Tel. 063 22/45 05, Fr–So. Ein immer-wieder-kommen-Lokal, am Fuß des Peterskopfs.
Café Rathaus: Hauptstr. 4, Freinsheim, Tel. 063 53/20 05, Di–So, Jazz, Ausstellungen.
Petersilie in der Tenne: Römerplatz 12, BD, Tel. 063 22/43 94, Fr–Mi, südländische und Pfälzer Kost, prämierter Saumagen 10,80 €.
Weinstube Im Kitzig: Freinsheim, Tel. 063 53/83 37, Mi–Mo, winzig-gemütlich, Dachterrasse, eingelegter Handkäse 6 €.

Chocolaterie Stoffel: Leininger Str. 19, Bobenheim, Tel. 063 53/9 30 62. Exquisite Schokoladen. Sept.–Mai, Fr 14–18, Sa 8–12 Uhr, vor Ostern, Nikolaus Mo–Sa; Laden in Mannheim O7, 9.
Galerie Zulauf: Gottfried-Weber-Haus, Freinsheim, Tel. 063 53/35 87, www.moderne-kunst.de – im Barock-Ensemble.

Mundarttage: Mai, Bockenheim. Preis der Emichsburg, Matinee u. a.; **Pfälzischer Mundartdichterwettstreit:** Okt., Bockenheim, Info: Tourist-Information Grünstadt-Land, s. o. **AG Neue Musik:** hochkarätiges Schülerensemble am Leininger-Gymnasium Grünstadt seit fast

Kultursommer Rheinland-Pfalz

1992 rief die Landesregierung diese ›Bürgerbewegung für Kultur‹ ins Leben, die vom 1. Mai bis 3. Oktober kulturelle Projekte aus allen Landesteilen finanziell und werbemäßig unterstützt. Neben Festivals (wie Nibelungen-Festspiele) und Reihen (wie Internationale Musiktage Dom zu Speyer) werden jedes Jahr unter einem anderen Motto – 2007 z. B. Rebellen, Reformer, Revolutionäre – auf Antrag Einzelprojekte gefördert. Info: Broschüren, www.kultursommer.de.

40 Jahren. **Haus Catoir:** Bad Dürkheim, Tel. 063 22/93 51 40. Kleinkunst. **Von-Busch-Hof**: Freinsheim, Infos, auch für die Konzertreihe ›Von-Busch-Hof Konzertant‹, beim i-Punkt s. o. **Klosterruine Limburg:** BD-Grethen, allerlei Kulturevents, Info Tourist-Information Bad Dürkheim s. o.

Stabausfest: 3. Sonntag vor Ostern (Lätare). **Fest an der Römerkelter:** Ende Juni, BD-Ungstein. **Weinwettstreit am Jakobimarkt:** Juli, Grünstadt, mit Krönung der Weingräfin des Leiningerlandes. **Stadtmauerfest:** Juli, Freinsheim, stimmungsvoll trotz großen Andrangs. **Asselheimer Weintage:** August, Asselheim, mit ›Schubkarchrennen‹. **Saumagenkerwe:** Sept., Kallstadt. **Mittelalterfest auf der Hardenburg:** Sept., Info Tourist-Information s. o. **Wurstmarkt:** Sept. Bad Dürkheim, größtes Weinfest der Welt, s. S. 149.

Bahn: Bahnhöfe Grünstadt, Kirchheim, Herxheim, Bad Dürkheim, Freinsheim. **Zellertalbahn:** Mitte April–Mitte Okt., Anschluss an **VRN** in Hochspeyer. **Eistalbahn:** Grünstadt-Ramsen, So bis Eiswoog; **Stumpfwaldbahn:** April–Okt. So, Feldbahn Eiswoog-Kleehof. **Straßenbahn: Rhein-Haardt-Bahn** (RHB) Bad Dürkheim-Mannheim. **Bus:** Stadtbusse in Bad Dürkheim; Linienbusse nach Leistadt, Ungstein, Kallstadt, Bobenheim, Weisenheim am Berg, Forst.

Von Wachenheim nach Neustadt

Wachenheim, Forst und Deidesheim

Reiseatlas: S. 234, B 3–B 4

Wachenheim, Forst und Deidesheim begründeten im 19. Jh. den Ruhm des Pfälzer Rieslings. Die drei großen ›B‹ – Bassermann-Jordan, Buhl und Bürklin-Wolf – hatten nach 1797 ihren Besitz um beste Lagen erweitert, auch im benachbarten Ruppertsberg. Gleich den Sibens, Deinhards und Wolfs bauten sie den Wein selbst aus, pflegten weltweite Handelskontakte und nahmen an internationalen Wettbewerben teil. Der Volksmund nannte sie ›Flaschenbarone‹. Nicht alle Weingüter sind noch in Familienbesitz. So gehören Reichsrat von Buhl und Bassermann-Jordan zum Imperium des Neustadter Unternehmers Achim Niederberger, der unter dem Signum ›Ketschauer Hof‹ das Bassermann-sche Anwesen mit gehobener Gastronomie bereichert hat; zudem soll hier in naher Zukunft ein Luxushotel eröffnen.

Das Dreigestirn Wachenheim, Deidesheim und Forst stand bei hohen Herrschaften wegen der hervorragenden Weine von jeher hoch im Kurs. Die Römer hatten sowieso ein feines Gespür für Siedlungsplätze, wovon die optimal restaurierte *villa rustica* bei **Wachenheim** zeugt. Über dem Städtchen erhebt sich die Wachtenburg, um 1160 zum Schutz pfalzgräflichen Eigentums erbaut, seit dem 17. Jh. Ruine und heute wegen der fantastischen Aussicht auf die Rheinebene gerne auch als ›Balkon der Pfalz‹ bezeichnet. Nicht zuletzt die Burgschänke lockt viele Besucher an (Tel. 063 22/6 46 56, Mai–Okt. Mi–Fr ab 16, Sa ab 12, So ab 10 Uhr, sonst Fr–So). Das Ortsbild selbst prägen elegante Villen, die Simultankirche St. Georg und der imposante Gebäudekomplex der 1888 gegründeten Sektkellerei Schloss Wachenheim mit Gourmet-Restaurant,

Pittoreske Gasse in Deidesheim

kulturell genutztem Marmorsaal und riesigen Gewölbekellern (Infos, Kellereiführung: Tel. 063 22/9 42 74 00).

Restaurierte Bausubstanz, schöne Torbögen, das Grün der Feigenbüsche und Reben brachten dem schmucken Dorf **Forst** so manche Auszeichnung ein. Die köstlichen Weine lassen Kenner genüsslich mit der Zunge schnalzen, nicht nur Fürst Bismarck schmeckte der »Forster Ungeheuer ganz ungeheuer«. Der früher in die Wingerte ausgebrachte Tuff vom vulkanischen Pechsteinkopf, dem einzigen Basaltvorkommen in der Pfalz, gibt dem Riesling seine besondere Note.

Deidesheim entzückt Gourmets aller Herren Länder mit exquisiten Weinen und einer exzellente Gastronomie, etwa im Gasthaus zur Kanne, dem ältesten der Pfalz (um 1160), oder im Deidesheimer Hof, dessen Restaurant ›Schwarzer Hahn‹ auch nach Manfred Schwarz' Weggang weiterhin zur Spitzenklasse zählt. Weltweit Schlagzeilen aber machte das Städtchen nicht mit Haute Cuisine, sondern mit bodenständigem Saumagen, Lewwer- und Grieweworscht (Leber- und Blutwurst), womit Altkanzler Helmut Kohl in den 1980ern Staatsgäste verköstigte. Seit der Verlegung der B 271 hat der Marktplatz mit der spätgotischen kath. Pfarrkirche St. Ulrich und dem Rathaus des 16./18. Jh. erheblich an Attraktivität gewonnen. Im Innern des Gebäudes mit der prächtigen Freitreppe ist das Museum für Weinkultur untergebracht (März –Dez. Mi–So 15–18 Uhr), im ehemaligen Bürgerhospital ein paar Schritte weiter das Deutsche Film- und Fototechnik Museum (Mi–Fr 16–18.30, Sa, So ab 14 Uhr). Ein eigenes Flair vermittelt ein Gang durch den Schlossgraben, Überbleibsel einer Wasserburg, mit der die Bischöfe von Speyer um 1100 ihr nördlichstes Territorium sicherten. Anstelle der 1794 in den Revolutionskriegen zerstörten Anlage entstanden im 19. Jh. großbürgerliche Gründerzeit-Gutshöfe, darunter das Weingut Dr. Kern. In einem Turm des Schlossgartens residiert alle zwei Jahre ein Turmschreiber.

Der ›Neie‹

Mit Beginn der Lese wird der ›Neie‹ (neuer Wein) Kult! Ein geselliges Völkchen trifft sich in Mußbach ›beim Winzer‹ (Hof der Winzergenossenschaft Mußbach) oder auf der ›Schoppenwiese‹ (Hof des Winzervereins Meckenheim). Hier kostet man den ›Neien‹, aber auch ›alten‹ Wein, wobei das Essen mitgebracht und nach einheimischer Sitte gern geteilt oder getauscht wird. Der Pfälzer Schoppen, ein halber Liter, kreist in der Runde. Bis Allerheiligen täglich geöffnet, An der Eselshaut 57 und 76.

Neustadt an der Weinstraße

Reiseatlas: S. 234, B/C 1
Im Schutz der mächtigen Bergkuppen Wolfsberg, Weinbiet, Nollenkopf und Hohe Loog entfaltet sich in und um Neustadt an der Weinstraße eine üppige mediterrane Vegetation, ein riesiges Plus für das Image der kreisfreien Stadt – und ein Problem. Just an dieser Stelle

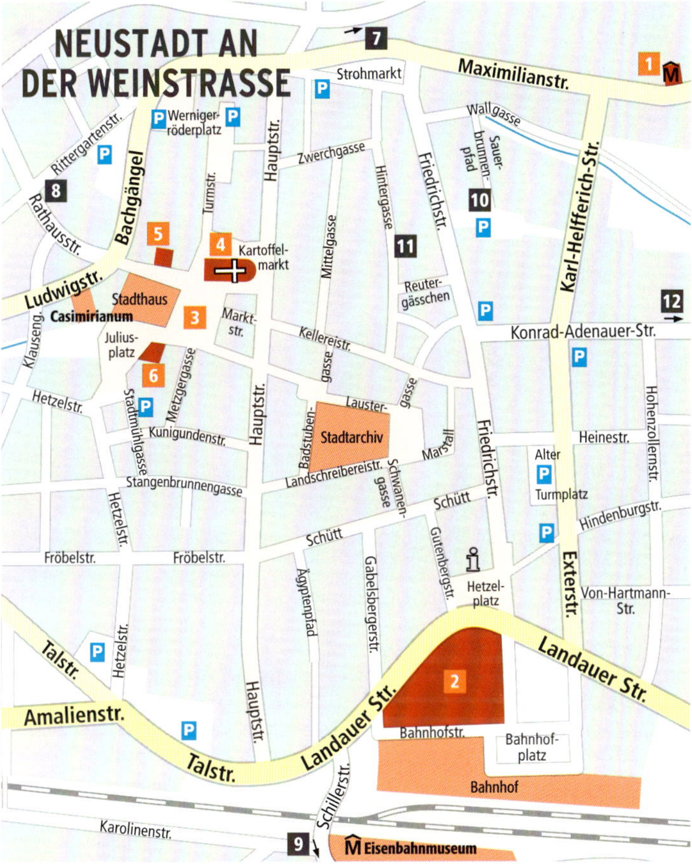

Sehenswürdigkeiten

1 Stadtmuseum Villa Böhm
2 Saalbau
3 Marktplatz
4 Stiftskirche
5 Haus des Weines
6 Haus Zur Brücke

Übernachten

7 Starman's Mandelhof

Essen und Trinken

8 Restaurant Brezel
9 Becker's Gut
10 Konfetti
11 Backblech
12 Neustadter Brauhaus

In vino veritas – auf dem Weinlesefest in Neustadt

engt der Pfälzerwald das Tal des Speyerbachs stark ein, Straße und Bahnlinie müssen sich die einzige Ost-West-Verbindung von alters her teilen. Kurz vor dem drohenden Verkehrsinfarkt zog man 1967 die Notbremse. Die Altstadtsanierung verbannte Autolärm und Abgase weitgehend aus den engen Gassen, historische Bausubstanz wurde freigelegt, so manche aus heutiger Sicht leider auch niedergelegt. Neustadt punktet als Sitz diverser Landesbehörden, mit der Ansiedlung großer und mittelständischer Betriebe und einer hervorragenden Infrastruktur. An den Hängen gesellen sich viele neue Siedlungen zu den Gründerzeit-Villen und schrauben die Einwohnerzahl mit Eingemeindungen auf rund 54 000 hoch. Eine ausgesprochen sympathische Atmosphäre, zu der die neun ›Weindörfer‹ sehr viel beitragen, macht die Weinmetropole auch touristisch interessant.

Die lokale Geschichte thematisiert eine multimediale Dauerausstellung im **Stadtmuseum Villa Böhm** 1, Maximilianstr. 25: Sa/So 11–13, 15–18, Mi, Fr ab 16 Uhr. Sie informiert auch über hier gebürtige Promis wie die Erfinder Hans Geiger (Geigerzähler), Walter Bruch (PAL-Farbfernsehen) und den Kardiologen Albert Fraenkel sowie über zugezogene wie der Polarforscher Dr. Georg von Neumayer. Bürger waren auch der Maler Otto Dill (Otto-Dill-Museum: Tel. 063 21/39 83 21) und die

Opernsängerin Erika Köth. Um 1160 gegründet, 1275 mit Stadtrechten privilegiert, war ›Niuwenstat‹ bis ins 18. Jh. kurpfälzisch, dann französische Kantons- und nach 1815 bayerische Bezirksstadt. Im 16. Jh. konnte man sich sieben Jahre lang dank Pfalzgraf Johann Casimir mit dem Status einer Universitätsstadt schmücken, ehe ›der Jäger aus Kurpfalz‹ Vormund des künftigen Kurfürsten in Heidelberg wurde.

Im **Saalbau** 2 unweit des Bahnhofs werden zum Weinlesefest eine pfälzische und eine deutsche Weinkönigin gekrönt. Ausnahmsweise erfolgte die Wahl der deutschen Majestät 2006 in Dresden, wo Katja Schweder aus dem südpfälzischen Hochstadt die Juroren mit Sachkunde, Intelligenz und Charme als Botschafterin des Weins überzeugte – ein toller Erfolg, denn nach der Kirchheimerin Sylvia Benzinger, der deutschen Weinkönigin 2005/06, kam der Titel zum zweiten Mal in Folge in die Pfalz!

Neustadt ist aber eigentlich eine urdemokratische Stadt. Am **Marktplatz** 3 formierten sich 1832 tausende Bürger und Freiheitskämpfer zu einer Demonstration des Volkswillens und zogen hinauf zum Hambacher Schloss (s. S. 27). Die teilrestaurierte Ruine sitzt so exponiert auf dem Bergkegel, dass sie selbst von der Brüstung des Südturms der **Stiftskirche** 4 gut zu erkennen ist. Das gotische Gotteshaus, das Wahrzeichen der Stadt, wird seit 1707 von Protestanten und Katholiken simultan genutzt. Es verfügt über ein hörenswertes Geläut, darunter die Kaiserglocke im Nordturm, die weltweit größte Gussstahlglocke (Führung: Sa 12 Uhr, Treffpunkt: Turmstraße).

Mit Wein ist man immer auf Tuchfühlung in dieser Stadt, sogar wenn es um den schönsten Tag im Leben geht: Im **Haus des Weines** 5, einem Gotik- und Renaissancekomplex mit wunderschönem Innenhof, wird auch geheiratet! Im **Haus Zur Brücke** 6 wacht die Weinbruderschaft der Pfalz mit Ordensmeister Dr. Fritz Schumann an der Spitze als ›Weingewissen‹ über die Qualität heimischer Tropfen. Beim Bummel durch die Fußgängerzone wird man leicht malerische Winkel entdecken, wo man in einer gemütlichen Weinstube den Tag ausklingen lassen kann.

Neustadts ›Weindörfer‹

Die neun Ortsteile sind fast alle älter als Neustadt – und großenteils einfach schön. Platz also für romantische Empfindungen im Park des **Haardter Schlosses** mit der Ruine von Burg Winzingen, in **Gimmeldingens** malerischem Ortskern, in **Königsbach** mit der kath. Pfarrkirche St. Johannes und dem berühmten Tafelbild des 15. Jh. **Hambach** besitzt Flair rund um die gotisch-barocke kath. Jakobuskirche und das Schloss. **Mußbach** trumpft mit dem mittelalterlichen Johannitergut, dem als Kulturzentrum genutzten ›Herrenhof‹ auf.

Tourist-Information Wachenheim: Weinstr. 15, Tel. 063 22/95 80 32, www.wachenheim.de. **Tourist-Information Deidesheim:** Bahnhofstr. 5, auch Infos für Forst. Tel. 063 26/9 67 70, www.deidesheim.de. **Tourist-Information Neustadt:** Hetzelplatz1, Tel. 063 21/92 68 92, www.neustadt.pfalz.com.

Starman's Mandelhof 7: Neustadt-Haardt, Mandelring 11, Tel.063 21/8 82 20, www.mandelhof.de, DZ 70–90 €, Do–Di, Roeland Starmans malt, liebt Feigen und kocht ein Menu Surprise, ca. 22 €.
Restaurant Brezel 8: Rathausstr. 32, Neustadt, Tel. 063 21/48 19 71, www.brezel-restaurant.de. DZ 95 € im Fachwerkhaus. Do–Mo, ›Frischeküche‹ ab 9 € in der Otto-Dill-Stube.

Becker's Gut 9: Weinstr. 507, NW-Diedesfeld, Tel. 063 21/21 95, Mi–So. Harry Becker zaubert Rehnüßchen (22,50 €) und zuweilen ›wie aus Großmutters Küche‹ (Termine erfragen).
Gasthaus Zur Kanne: Weinstr. 31, Deidesheim, Tel. 063 26/9 66 00, Mi–So. Florian Winter kocht ökologisch-pfälzisch ab 12 €, Donnersberger Stubenküken 18 €.
Gutsausschank Spindler: Weinstr. 44, Forst, Tel. 063 26/58 50, Di–Sa. Forster Winzerteller ca. 11 € – auch im bezaubernden Garten.
Hofgut Ruppertsberg: Gutsausschank Dr. Bürklin-Wolf, Obergasse 2, Ruppertsberg, Tel. 063 26/98 20 97, Fr–So. Schönes Ambiente mit historischem Teehaus, Entenkeule in Rotweinsoße 11,50 €.
Restaurant Luginsland: Weinstr. 2, Wachenheim, Tel. 063 22/86 35, Mi–Mo. Hervorragende gutbürgerliche Küche, Pfälzer Teller ca. 10 €.
Nett's Restaurant und Weinbar: Peter-Koch-Straße, NW-Gimmeldingen, Tel. 063 21/6 01 75, Mi–So. Feinschmeckerisches, auch Saumagen ca. 12 €.
Zum Schockelgaul: Weinstr. 96, Forst, Tel. 063 26/56 69, gemütlich bei Cordon Bleu um 10 €.
Wirtshaus Konfetti 10: Friedrichstr. 36, Neustadt, Tel. 063 21/35 55 45, Mo–Sa, feine Bio-Bratkartoffelgerichte ab 7,70 €, Biergarten, Wespennest-Kulturprogramm (Infotel. 063 21/3 50 07).
Wirtshaus Backblech 11: Hintergasse 18–24, Neustadt, Tel. 063 21/8 12 50 (unbedingt reservieren), köstliche Flammkuchen.
Neustadter Brauhaus 12: Martin-Luther-Str. 60, Neustadt, Tel. 063 21/18 51 55, www.brauhaus-neustadt.de.

J. Biffar: Niederkirchener Str. 15, Deidesheim, Tel. 063 26/9 67 60, www.biffar.com. Kandierte Früchte aller Art; Aloe Vera in Kooperation mit dem Kakteenland (s. S. 174). **Haus des Weines** 5: Rathausstr. 6, Neustadt. 28 Winzer verkaufen hier ihre Weine. **Metzgerei Hambel:** Hintergasse 1, Wachenheim, Tel. 063 22/46 13. Exzellente Saumagen und weitere pfälzische ›Schweinereien‹.

Badehaisel: Waldstraße 103, Wachenheim, Tel. 063 22/6 68 30. Di–So, Musik-, Kleinkunstkneipe, mit Terrasse, kleine Speisen. **Café Kulturey:** Burgstr. 9c, Wachenheim, Infos/Karten: Tel. 063 22/9 21 77. Fr–So Ausstellungen, Kleinkunst. **Wachenheimer Serenade:** Konzerte im Sekt-Schloss; Touristinfo Wachenheim, www.wachenheimer-serenade.de. **Villa Böhm:** Freilichttheater im Park, Tourist-Information Neustadt. **Neustadter Gauklerfest:** Improvisationstheater, Comedy, Straßenkunst, alle zwei Jahre, www.kulturverein-wespennest.de. **Puppentheater Dornerei:** Herrenhof, Mußbach Tel. 063 21/96 37 22. Große künstlerische Klasse – für Jung und Alt! **Hambacher Musikfest:** siehe Tourist-Information Neustadt, S. 159.

Hansel Fingerhut: Forst, 3. So vor Ostern, alter Frühlingsbrauch. **Mandelblütenfest:** Gimmeldingen, erstes Weinfest der Saison, meist im März. **Geißbockversteigerung:** Di nach Pfingsten, Deidesheim. **Eselshautfest:** Herrenhof in Mußbach, Juli. **Weinkerwe beim Ungeheuer:** Forst, August. **Burgfest:** Wachtenburg über Wachenheim, August. **Deut-**

sches Weinlesefest: Neustadt, Ende Sept.–Mitte Okt., Erntedank mit Weinköniginnen-Krönung, Winzerfestumzug, Weindorf-›Haiselscher‹ am Saalbau, Jahrmarkt.

Kurpfalz-Park: Rotsteig bei Wachenheim, Tel. 063 25/95 90 10, www.kurpfalzpark.de, Mitte April–Okt. 9–17/18 Uhr, Piratennest, Streichelzoo, u. a. **Kuckucksbähnel:** Dampflokfahrten vom Eisenbahnmuseum am Bahnhof Neustadt ins Elmsteiner Tal. April–Okt. 2. So im Monat, Nikolausfahrten im Dez. **Wandertipps:** 1. Von der Dr.-Welsch-Terrasse in Neustadt-Haardt zur Ruine Wolfsburg. 2. Von Frankenstein zum Seehaus Forelle am Eiswoog (Tel. 063 56/6 08 80). Weiter mit der Eistalbahn, s. S. 154. 3. Vom Waldhaus Lambertskreuz (063 21/18 88 47, Di–So, ca. 4 km nördl. Neidenfels im Pfälzerwald) zum Drachenfels oder zur Rotsteig und zurück.

Bahn: Bahnhöfe Wachenheim, Deidesheim, Mußbach, Neustadt. **Bus:** Linienbusse nach Forst, Haardt, Königsbach, Gimmeldingen, Hambach.

Von Edenkoben nach Annweiler

Edenkoben

Reiseatlas: S. 238, B 1–A 2

Pons Salutis nannten die Zisterzienserinnen 1262 das Kloster, das später zu ›Heilsbruck‹ eingedeutscht wurde. Welch passender Name für den Gebäudekomplex am westlichen Ortsende, denn von hier aus erhielt der Weinbau in der Pfalz wichtige Impulse! 1648 kam **Kloster Heilsbruck** zur Kurpfalz, heute ist das Weingut mit dem historischen Keller, dessen Holzfässer eine halbe Million Liter fassen können, in bürgerlicher Hand. Am Eingang zum Edenkobener Tal konkurrieren das private Herrenhaus und das landeseigene Künstlerhaus auf künstlerischer Ebene miteinander.

›Brücke des Heils‹ und ›Eden‹-koben korrespondieren vom Namen her bestens, mit dem Paradies vor der Haustür

Die engen Gassen von Edenkoben lassen sich am besten per pedes erkunden

wird denn auch kräftig für das Städtchen geworben. Ein Bummel durch die Altstadt auf den ›Pädel‹ genannten Gassen, vorbei am Lederstrumpfbrunnen, könnte im Museum für Weinbau und Stadtgeschichte enden, wo sich auch das Lederstrumpf-Rätsel lüften lässt (Weinstr. 107, Apr.-Okt. Fr 16–19, Sa 15–18, So 14–17 Uhr, Nov.–März nur So). Mittelständische Industrie, Handwerksbetriebe und ein hervorragendes Ausbildungsangebot in allen Schulsparten sorgen für Investitionen in die Zukunft. Das große Waldgebiet ist ökologisches Kapital und touristisches Plus, das **Edenkobener Tal** ein Paradies für Wanderer und Radler, die es zum Hilschweiher (Kiosk/Bootsverleih Apr.–Okt. ab 9 Uhr), zur Siegfriedschmiede (Mi–So), zur Hütte des Pfälzerwald-Vereins (PWV) Hüttenbrunnen (Mi–Mo), zum Naturfreundehaus (NFH) im Sauermilchtälchen (Di–So) und zum Forsthaus Heldenstein (Di–So) zieht.

Maikammer und St. Martin

Maikammer ist in mehrfacher Hinsicht bemerkenswert. Auf dem Marktplatz steht das Denkmal des hier geborenen

Generals Jakob Michael Freiherr von Hartmann, der als von Franzosen und Deutschen gleichermaßen geschätzter Militär 1871 an der Kaiserproklamation in Versailles teilnahm. Die Brüder Ullrich erfanden in Maikammer den Klappmeter und optimierten ihn 1886 durch ein Federgelenk. Die Firma expandierte in Annweiler zu einem weltweit führenden Messgeräte-Betrieb (heute Stabila). Oberhalb Maikammers erinnert Daniel Lehrs Skulptur ›Klappmeter‹ an die Urheber. Zudem laden Winzergehöfte des 16.–18. Jh. zum Bummeln ein. Die Kapelle im Ortsteil Alsterweiler birgt einen

Südgärten

Maikammer machte 1999 den Anfang mit dem ›Mediterranen Garten‹, einer Idee der Landschaftsarchitektin Gabi Westermann aus Minfeld. Im heimatlichen St. Martin legte im Jahr 2000 der Winzer Peter Straub einen ›Bibelgarten‹ an. Den neuesten Coup, einen ›Südfrüchtegarten‹ in Rhodt, realisierten sie gemeinsam. Infos bzw. Führungen: Peter Straub, Tel. 063 23/98 02 66.

der seltenen spätgotischen Flügelretabeln der Pfalz. Und seit einigen Jahren gibt es hinter dem Hotel Immenhof ein kleines Paradies (s. Tipp).

Egal in welchem Winkel der Republik der Name **St. Martin** fällt: Der Bekanntheitsgrad des schmucken Orts etwas abseits der Weinstraße ist enorm. Die intensive Pflege baulicher Juwelen wie des ›Alten Schlösschens‹, der ›Alten Kellerei‹ oder des ›Briefmarkenecks‹ zahlt sich in touristischer Münze aus. Sichtlich steht man hier unter dem Schutz der vielen Hausmadonnen und des fränkischen Heiligen St. Martin, nach dem auch die katholische Kirche benannt ist. Um das Gotteshaus herum hat der Winzer Peter Straub einen Bibelgarten angelegt und damit eine weitere Attraktion für die Region geschaffen. Die rein private Kropsburg über St. Martin ergänzt das malerische Bild.

Weinberghäuschen bei Maikammer

Wahrlich eine königliche Residenz – Schloss Ludwigshöhe

Villa Ludwigshöhe und Rhodt

1852 bezog der bayerische König Ludwig I. **Schloss Villa Ludwigshöhe** oberhalb Edenkobens, eine nach seinen Plänen errichtete Villa ›italienischer Art‹. Nach der Affäre mit Lola Montez zur Abdankung gezwungen, erholte er sich fern von München auf der ›schönsten Quadratmeile‹ seines Königreiches und schwärmte: »Welch milde Luft weht da! Dass mit süßen Früchten bedeckte Kastanien meine Villa umgeben, südlichen Klimas beste Zeugen!« Heute wird das Schloss für Konzerte und Ausstellungen genutzt, eine Dauerausstellung zeigt Werke Max Slevogts (s. S. 40). Fester Bestandteil der Führungen durch das Schloss sind natürlich die Gemächer König Ludwigs I. und seiner Gemahlin Therese, die er nach seinem Seitensprung reumütig als »beste aller Frauen« pries (April– Sept. 10–18, sonst bis 17 Uhr; Führung Tel. 063 23/9 30 16).

Da Therese im Unterschied zu Ludwig evangelisch war, rollte ihre Equipage in **Rhodt unter Rietburg** die nach ihr benannte Theresienstraße (mit der herrlichen Kastanienallee) hinab, um Gottesdienste in der ev. Georgskirche zu besuchen. Vom 14. bis zum 18. Jh. eine rechtsrheinische Enklave der Württemberger und derer von Baden-Durlach, genoss Rhodt die Gunst des Schicksals, kaum Kriegsschäden zu erleiden, wovon prächtige Weingüter mit üppig bepflanzten Innenhöfen, alten Torbögen und der älteste Weinberg der Welt zeugen. Ganz jung ist ein Südfrüchtegarten in der Ortsmitte. Rhodt ist einfach zauberhaft, und das nicht nur am autofreien Tag der Deutschen Weinstraße Ende August – die Dampfnudeln mit Woisoß sind immer ein Genuss, besonders natürlich bei einem frischen Schoppen.

Ausflüge in die Umgebung

Das **Friedensdenkmal** (1871) auf dem Werderberg, eine Jugendstilanlage aus dem Jahr 1899, ist in einer Reihe zu sehen mit all den nach der Reichsgründung 1871 entstandenen Monumenten. Man erreicht es zu Fuß von St. Martin, per Auto bzw. Fahrrad von Edenkoben aus – und kann sich in der Waldgaststätte nebenan bei ebenso delikaten wie preisgünstigen Speisen (Di–So, Tel. 063 23/98 06 84) prächtig erholen. Einem Initiationsritus in die Reihen der Pfälzer Tourenfahrer gleich kommt eine Bezwingung der **Kalmit** per Rad. Steil geht es von Maikammer-Alsterweiler auf die mit 673 m höchste Erhebung des Pfälzerwalds, sanft rollt man die Totenkopfstraße hinab nach St. Martin (PWV-Kalmithaus, Tel. 063 24/8 02 63, Mai–Okt. Mi, Sa, So 9–18, sonst Sa/So).

Da Michael Jacksons Pläne mit **Schloss Edesheim** zum Glück nur ein Gerücht waren, kann man bei den Schlossfestspielen im Park der ehemaligen Wasserburg weiterhin viele kulturelle Highlights genießen. Im idyllischen **Modenbachtal** oberhalb Hainfelds sprudelt der gleichnamige Bach und trieb einst Mühlen wie die Buschmühle und die Burrweiler Mühle an (s. S. 167).

Den Annaberg, einen Hangvorsprung des Teufelsbergs, besetzt weithin sichtbar die **St.-Anna-Kapelle** über Burrweiler, zu der alljährlich von Juni bis August Pilger wallfahren, schon beim steilen Aufstieg büßend. In **Gleisweiler** schließlich vermittelt der Park der Privatklinik eine Ahnung des Gartens Eden. Der Prießnitz-Schüler Ludwig Schneider, 1843/44 Erbauer des Sanatoriums nach Plänen Leo von Klenzes, ließ einen herrlichen Park mit exotischen Pflanzen anlegen. Vom Sonnentempel aus sieht man bei klarem Wetter bis zum Schwarzwald und den Vogesen.

Im Doppelsessel nach oben

Von der Talstation der Rietburgbahn nahe Schloss Villa Ludwigshöhe schwebt man, 220 m Höhenunterschied überwindend, zur Ruine Rietburg und genießt den Panoramablick von der bewirtschafteten Burgterrasse auf die Rheinebene. Für Kinder attraktiv ist auch das Damwildgehege oberhalb der Ruine. Die erste und einzige pfälzische Sesselbahn fährt im März sonntags 9–17, ansonsten Karfreitag – 1. Nov. Mo–Fr 9–17, Sa/So bis 18 Uhr. Info: 063 23/18 00.

Annweiler und Burg Trifels

Den mittelalterlichen Herrschern diente **Burg Trifels** oberhalb von **Annweiler** als strategischer Posten für den Westen des Reichs. Nicht selten beherbergte die Burg unfreiwillige ›Gäste‹,

Der Essig-Doktor

In den 1980er-Jahren war Georg Heinrich Wiedemann einsamer Pionier köstlicher Essigkreationen aus besten Essenzen in mundgeblasenen Flaschen. Heute ist das auch baulich geschmackvolle Gut Doktorenhof das Mekka für Freunde edler Essig-Unikate: Aperitifs, Digestifs, Heil- und Badeessig, Konfitüren, Senf, Pralinen usf. Der Mentor der Köche der ›Kurpfälzer Landpartie‹ veranstaltet Degustationen, Inhalationen, Events. Raiffeisenstr. 5, Venningen, Tel. 063 23/55 05, www.doktorenhof.de.

deren prominentester sicher Richard Löwenherz war. Um die Geiselhaft des englischen Königs rankt sich manch romantische Legende. Das Museum der im Dritten Reich zur ›nationalen Weihestätte‹ verunstalteten Burg stellt Kopien der Reichskleinodien aus, die im 11./12. Jh. auf dem Trifels verwahrt wurden (April–Sept. 10–18, sonst bis 17 Uhr).

Annweiler identifiziert sich stark mit den Staufern, immerhin verdankte es Kaiser Friedrich II. den Status einer freien Reichsstadt. Im verheerenden Bombenangriff 1944 ging der fachwerkreiche Stadtkern unter, wurde glücklicherweise aber wieder aufgebaut. Malerische Winkel am Marktplatz, in der Wassergasse und am Schipka-Pass sind zu entdecken. Vier Tunnel leiten die B10 endlich an der Altstadt vorbei, die jahrelang unter dem Brummi-Transitverkehr zu leiden hatte. Wie sehr Annweilers Wohlstand mit der Lederverarbeitung zusammenhing, veranschaulicht eine Gerberwerkstatt im Museum in der Quodgasse (April–Okt. Di–So 10–17 Uhr, Mitte Nov.–März Sa, So 13–17 Uhr). Heute lebt das Städtchen von mittelständischer Industrie, der Weltfirma Stabila (s. S. 163) und den Touristen, die von hier aus in den Pfälzerwald und den Wasgau ausschwärmen.

Sportklettern auf bizarrem Buntsandsteinfels im Annweiler und Dahner Felsenland, Gleitschirmfliegen, Erlebnisse im Biosphärenhaus bei Fischbach oder Wandern auf tausenderlei Pfaden – spätestens auf dem Gipfel des 576 m hohen Rehbergs weiß jeder, warum er in dieser Gegend Urlaub macht.

Büro für Tourismus: Poststr. 23, Edenkoben, Tel. 063 23/95 92 22, www.garten-eden-pfalz.de. **Büro für Tourismus:** Meßplatz 1, Annweiler, Tel. 063 46/22 00, www.trifelsland.de.

Hotel-Restaurant Schloss Edesheim: Luitpoldstr. 9, Edesheim, Tel. 063 23/9 42 40, www.schloss-edesheim.de. DZ 95–160 €. Im schlosseigenen ›Da Nico‹ Fischspezialitäten ca. 24 €, Krimidinner und Kellerzauber im Winter.
Hotel-Restaurant Haus am Weinberg: Oberst-Barrett-Straße 1, St. Martin, Tel. 063 23/94 50, www.hausamweinberg.de. DZ ca. 100 €. Wildschweingerichte 9,50–14 €.
Gutshof Ziegelhütte: Luitpoldstr. 79, Edenkoben, Tel. 063 23/9 49 80, www.gutshof-ziegelhuette.de. DZ 83–120 € im umweltbewussten Hotel; Fleischknepp 7,50 €, König-Ludwig-Menü.
Hotel-Restaurant Sonnenhof: Mühlweg 2, Siebeldingen, Tel. 063 45/33 11, www.soho-siebeldingen.de. DZ um 75 €. Fr–Mi, Mat-

Hoch über Annweiler liegt die Burg Trifels, wo einst Richard Löwenherz gefangen gehalten wurde

thias Goldbergs Zauberküche im Jugendstilambiente! Degustationsmenüs ca. 12 €. **Restaurant Gutsweinschänke Sankt Annaberg:** St. Annastr. 203, Burrweiler, Tel. 063 45/32 58, www.restaurant-sankt-annaberg.de. DZ 60 €, FeWo 50 €. Mi–So, zauberhaft, auch der Garten, Winzersteak 8 €. **Gasthaus Zur Kalmit:** Mühlstr. 2, Alsterweiler, Tel. 063 21/50 54, FeWo 60 €. Di–So, Wild- und Pfälzer Gerichte, Schiefer Sack 7 €. **Burgschänke:** Kropsburg 5, St. Martin, Tel. 063 23/59 24, DZ 49 €. Mi–Mo, Wildspezialitäten ab 9 €. **Zur Alten Gerberei:** Am Prangertshof 11, Annweiler, Tel. 063 46/35 66, www.gerberei.de, FeWo 49 –70 €. Flammkuchen ab 6,50 €, Biergarten.

Weinstube Brand: Weinstr. 19, Frankweiler, Tel. 063 45/95 94 90. Christian Kneflers Stubenküken ist kein Geheimtipp mehr.

Gutsausschank Burrweiler Mühle: Modenbachtal, Tel. 063 23/98 07 51, Mi–So, Winter Fr–So. Regional-originell in 300 Jahre altem Gebäude, z. B. Dampfnudeln, Karpfen, idyllisch am Mühlenteich. **Weinstube Marienhof:** Bachstr. 16, Flemlingen, Tel. 063 23/50 09. Mediterran und pfälzisch; Fläsch-Knepp 7,70 €. **Am Bähn'l:** Eisenbahnstr. 24, Edesheim, Tel. 063 23/98 09 90. Gemütlich-modernes Bistro, Überbackenes um 5 €, Biergarten.

Gutting Pfalznudel: Hauptstr. 43/45, Großfischlingen, Information: 063 23/57 19, www.pfalznudel.de. Fantasievolle Nudelvielfalt im Laden und im Restaurant Nudelholz, Gruppenführung nach Vereinbarung.

Schloss Edesheim: Schlossfestspiele, Handwerkermarkt, Infos Ho-

tel-Restaurant s. o. **Künstlerhaus Edenkoben:** Klosterstr. 181, Info: Tel. 063 23/23 25, www.kuenstlerhaus-edenkoben.de. Literatur, Musik, Kunst, Stipendien; Übersetzerwerkstatt ›Poesie der Nachbarn‹; Artur & Jule Schütts Druckwerkstatt. **Herrenhaus Edenkoben:** Klosterstr. 175, Tel. 063 23/23 22, www.herrenhaus-edenkoben.de. Stipendien und Veranstaltungen in allen Bereichen der bildenden Kunst und Musik.

Martinusweinfest: St. Martin, um den 11. 11., mit Martinsmarkt. **Weinfest der Südl. Weinstraße:** Sept., Edenkoben, stimmungsvoll in Winzerhöfen.

Wandertipp: 1. Von der Talstation bei Schloss Villa Ludwigshöhe mit der Sesselbahn zur Rietburg, ins Edenkobener Tal zum Hilschweiher und zurück. 2. Von der Kletterhütte am Asselstein (hinter Bindersbach) zum Rehberg – und zurück zu deftiger Hausmannskost (Tel. 063 46/88 25, Di, Mi–So).

Bahn: Bahnhöfe Maikammer, Edenkoben, Edesheim. **Bus:** Linienbusse Rhodt, Hainfeld, Burrweiler, Gleisweiler, Venningen, Großfischlingen.

Von Landau nach Bad Bergzabern

Landau in der Pfalz

Reiseatlas: S. 238, B/C 2 – A/B 3

Die Statistik für 2005 brachte es an den Tag: Nicht mehr Neustadt, sondern Landau ist mit 2039 ha die größte deutsche Weinbaugemeinde. Die kreisfreie Stadt ist nicht nur in dieser Sparte ein wichtiger Wirtschaftsfaktor für die Südpfalz. Unter intensiver Bürgerbeteiligung wurde ein Marketingkonzept entwickelt, das der Verödung der Innenstadt entgegenwirken soll. Schon vor Jahren hat man sehr viel ins Zentrum rings um den Rathausplatz investiert. 2005 wurde der Landeswettbewerb ›Werkstatt Innenstadt‹ gewonnen, dank überzeugender Pläne zur baukulturellen Umgestaltung des östlichen Viertels. In der Ausstrahlung ist die ehemalige Reichsstadt (1291) jung und dynamisch, auch dank des Campus der Universität Koblenz-Landau (›KoLa‹), die 1990 aus der Erziehungswissenschaftlichen Hochschule hervorging.

Wie fast überall an den **Ringstraßen** und der **An 44** bestimmen historistische Villen und mehrstöckige Gebäude mit reichem Fassadenschmuck das Bild, Hinterlassenschaft jener Kaufleute, die im Gründerzeit-Boom weltweiten Handel betrieben. Dem Südpfälzer Wein öffneten vor allem jüdische Bürger Landaus die internationalen Märkte, bis 1933 die nationalsozialistische Rassenpolitik ihnen und damit auch den Kleinwinzern die Existenzgrundlage entzog. Das **Frank-Loebsche-Haus** in der Kaufhausgasse war bis 1940 im Besitz der Familie von Anne Frank. Heute ist das Kleinod mit den wunderschönen Holzgalerien Begegnungs- und Erinnerungsstätte (Di–Do 10–12, 14–17, Fr–So 11–13 Uhr), gibt der Universität Landau-Koblenz und einer Weinstube Raum – und alljährlich im Juni den ›Weintagen Südliche Weinstraße‹, ein Fest, das bildende Kunst mit dem Können einer ambitionierten

Die Mandelbäume auf dem Rathausplatz von Landau blühen bereits im März

Blick ins Musikzimmer des Slevogthofs

Winzerschaft verknüpft und in das zur Verkostung erstklassiger Weine auch das 1995 zum Kulturzentrum umgebaute **Alte Kaufhaus** (15./19. Jh.) eingebunden ist. Auf dessen Traufseite zeigt ein Gemälde den ›Landauer‹. Mit einer solchen Equipage reiste König Joseph I., Oberbefehlshaber der Rheinarmee, nach dem per Ilbesheimer Vertrag beendeten Spanischen Erbfolgekrieg 1702 triumphal nach Wien zurück. Damals lag die größte Katastrophe für die Bürgerschaft 13 Jahre zurück: Seit 1648 unter französischem ›Schutz‹ stehend, war Landau für den Sonnenkönig Ludwig XIV. das Faustpfand im Pfälzischen Erbfolgekrieg. Um Platz für »eine der stärksten Festungen der Christenheit« zu schaffen, setzte Marschall de Vauban 1689 ganze Viertel des mittelalterlichen Stadtkerns in Brand und ersetzte sie durch eine sternförmige Anlage. Beides ist im Modell im **Historischen Stadtmuseum** zu sehen (Marienring 8, Mo–Mi 8.30–12, 14–16, Do bis 18 Uhr, 1. So im Monat 14–17 Uhr). Im 19. Jh. wurden die Festungsmauern zugunsten eines Grüngürtels und der Ringstraßen geschleift.

Bis 1815 blieb Landau im Besitz des Nachbarlandes und hat unübersehbar einen französischen Touch. Ab 1816 bayerische Garnison, in den 1920er-Jahren wie die übrige Pfalz französisch besetzt, während des Dritten Reiches deutsche und nach 1945 wieder französische Garnison, wurde die Stadt

Slevogt, Lederstrumpf und Nibelungen

Der Slevogthof oberhalb von Leinsweiler bewahrt in Familienbesitz das Erbe des Impressionisten Max Slevogt, der hier ab 1914 lebte und 1932 im Kastanienwäldchen beigesetzt wurde. Faszinierend die Ausmalungen des Musikzimmers mit Motiven aus der ›Zauberflöte‹ und dem ›Ring der Nibelungen‹ sowie der Bibliothek, zauberhaft der Garten und der Blick vom Restaurant. Führung, Öffnungszeiten: März–Nov., Fr–Mi 10.30–18 Uhr.

erst 1999 endgültig in eine zivile Zukunft entlassen. Die Konversion läuft im Quartier Vauban an, das Quartier Chopin wandelte sich zum attraktiven Dienstleistungszentrum. In der lebhaften Fußgängerzone, den Straßencafés und der bunten Fülle des Wochenmarkts auf dem **Rathausplatz** ist von der militärischen Vergangenheit kaum mehr etwas zu spüren, selbst die **Rote Kaserne** wird zivil genutzt. Hier wurde 1840 Thomas Nast geboren, in den Vereinigten Staaten u. a. als Schöpfer der Santa-Claus-Figur berühmt, in Landau Namensgeber des Nikolausmarkts und eines Karikaturistenpreises.

Nahe der protestantischen **Stiftskirche** (1333/1490) und in weiten Teilen der Innenstadt fließt die kanalisierte Queich wieder oberirdisch. Auf dem Gelände des Überschwemmungskessels der ehemaligen Bastion wurde 1905–07 die frisch restaurierte **Jugendstil-Festhalle** erbaut, gestiftet von Dr. August Ludowici, einem Spross der Ludwigshafener Unternehmerfamilie, die Ziegeleien in der Chemiestadt und im südpfälzischen Jockgrim besaß. Sein Bruder Wilhelm erfand den Doppelfalzziegel, der bis heute Dächer in aller Welt schützt. August Ludowici schenkte dem Kreis Pfalz in den 1920er

Jahren auch den **Geilweilerhof** bei Siebeldingen, woraus wunschgemäß eine Forschungsanstalt für Rebenzüchtung wurde. Und bei **Nußdorf** fördert die BASF-Tochter Wintershall mitten in den Wingerten hochwertiges Erdöl.

Landau-Land

Die Stadt Landau weiß um die Attraktivität der in der Verbandsgemeinde Landau-Land verwalteten Orte und wirbt daher gern mit dem Slogan ›Tor zum Wasgau‹. Für intensive Berg- und Talbahn-Gefühle entlang des zerklüfteten Ostrands des Wasgaus sorgen alle, so auch **Birkweiler**, eines der schönsten Dörfer an der Weinstraße, das einen so unglaublich engen Ortskern besitzt, dass man das Auto gerne stehen lässt.

Die Entscheidung fällt schwer, welcher Blick zu bevorzugen ist, der von den durchweg pittoresken Dörfern entlang der Weinstraße auf die **Kleine Kalmit** oder umgekehrt. Über **Ilbesheim** mit seinen Winzerhöfen, Obstplantagen und Destillatdüften erhebt sich der 270 m hohe Kalkhügel, der nie bewaldet war und der den Menschen bereits in der Steinzeit als Ausguck diente. Von hier genießt man die atemberaubende Sicht auf die Wasgau-Hügel mit der **Ruine Madenburg** oberhalb von Eschbach und der fast zerfallenen **Ruine Neukastel** oberhalb von Leinsweiler, der der **Slevogthof** zu Füßen liegt (s.S. 170).

Bad Bergzabern

Staubfreie, emissionsarme Luft, mildes Klima, durch die Hausberge vor Kaltfronten geschützt – all das spricht für eine Kur im Kneippheilort Bad Bergzabern mit den Therapieschwerpunkten Herz und Kreislauf, Stoffwechselerkrankungen, Rheuma und chronische Katarrhe. Seit 1975 darf das Städtchen den begehrten Titel eines Staatsbads führen, fast 50 Jahre nach der erfolgreichen Bohrung einer Natrium-Chlorid-Therme und 30 Jahre nach dem Ende eines Albtraums. Im Dritten Reich war das Grenzgebiet zum Elsass ›Rote Zone‹, d. h. als Teil des Westwalls vermint, unterbunkert und mehrmals evakuiert. Zuvor hatten in Bergzabern verschiedene Wittelsbacher Linien das Sagen, zeitweise sogar schwedische Könige. In deren Auftrag sanierte der Architekt Jonas Erikson Sundahl zwischen 1720 und 1730 das **Schloss** (heute Sitz der Verbandsgemeinde) mit den zwei mächtigen Renaissance-Rundtürmen und lieferte die Pläne für die evangelische **Bergkirche** mit dem prächtigen Rokoko-Interieur. Inmitten einer farbenfrohen, insgesamt aber eher kleinstädtischen Architektur sticht das historische **Gasthaus Zum Engel** hervor, einer der schönsten Renaissancebauten der Pfalz, heute u. a. Museum der Stadt mit Martha-Saalfeld-Gedächtnisstätte (April–Dez. Mi, Fr, Sa 16–18, So 14–18 Uhr).

Bad Bergzaberns Reiz erklärt sich nicht zuletzt aus der einladend restaurierten **Südpfalztherme** des Staatsbads und dem Park im **Kurtal** mit dem Schwanenweiher. Hier erinnert ein Gedenkstein an Jacob Theodor, den berühmten Kräuter- und Heilwasserkundigen des 16. Jh., der sich nach seinem Geburtsort Tabernaemontanus nannte.

Schweigen – Ende und Anfang

Die anmutige Muskatellerhochburg **Gleiszellen** und **Dörrenbach**, das ›Dornröschen der Pfalz‹ mit der Wehrkirche und dem reichverzierten Renaissance-Rathaus, bereichern die Reiseroute. Zahllose Wanderwege geleiten tief hinein zu den Höhen des Wasgaus und ins Elsass. Nach Wissembourg ist es nur ein Katzensprung. Unter dem PAMINA-Dach (**Pa**latinat-**Mi**ttlerer-Oberrhein-**N**ord-**A**lsace) wächst wieder

Blick über die Weinberge bei Birkweiler

zusammen, was in europäischen Dimensionen gesehen kulturell schon immer zusammengehörte. Das war in den Jahrhunderten der vielen Grenzkriege fast vergessen. Noch 1936 setzte die Einweihung des **Deutschen Weintors** in Schweigen ein chauvinistisches Signal gegenüber dem Nachbarstaat Frankreich. Längst ein ›Tor des Friedens‹, beherbergt es nun als deutliches Aussöhnungszeichen ein deutsch-französisches Touristikbüro.

Südliche Weinstrasse e.V.: An der Kreuzmühle 2, Landau, Tel. 063 41/94 04 07, www.suedlicheweinstrasse.de. **Bad Bergzabern:** Kurtalstr. 27, Tel. 063 43/98 96 60, www.bad-bergzabernerland.de. **Deutsch-französische Touristikinformation:** Büro im Weintor, Schweigen-Rechtenbach, Tel. 063 42/63 21, www.schweigen-rechtenbach.de.

Hotel-Restaurant Soho: Marie-Curie-Str. 9, Landau, Tel. 063 41/14 19 60, www.soho-landau.de. DZ 95–110 €. **Weingut Ackermann:** Oberdorfstr. 40, Ilbesheim, Tel. 063 41/3 06 64, www.weingut-ackermann.de. Freundliche FeWo 43 €.

Beat Lutz: Bahnhofstr. 28, LD-Godramstein, Tel. 063 41/6 03 33, Mi–So; Tagesmenüs, je nach Saison ab 19 €.
Landauer Brauhof: Industriestr. 10, Tel. 063 41/8 50 09, naturtrübes Bier.
Gasthaus Zum Engel: Königstr. 45, Bad Bergzabern, Tel. 063 43/93 48 43, Fr–Mi. Bauliches Kleinod (s. o.), Frikadellen ab 6,50 €, schöner Garten.
Café Rosinchen: Weinstr. 39, Klingenmünster, Tel. 063 49/33 93, köstliche Kuchen, schöner Innenhof!
Weinstube Zum Spundloch: Übergasse 4, Dörrenbach, Tel. 063 43/83 32, Mi–So, Flammkuchen ab 5,40 €.

Restaurant St. Hubertushof: Arzheimer Str. 5, Ilbesheim, Tel. 063 41/93 02 39, Di–So, lauschiger Biergarten. Lamm 9,60 €.

Kakteenland Steinfeld: Tel. 063 40/12 99, www.kakteenland.de, März–Okt. Mo–Fr 8-18, Sa/So 9–17 Uhr. Tausende Kakteen, Palmen, Aloe Vera, Steine, Mineralien.

Altes Kaufhaus: Rathausplatz 9, Landau, Infos Tel. 063 41/95 94 62. **Musikantebuckl:** Herrengasse 5, Oberotterbach, Tel. 063 42/2 40, www.musikantebuckl.de. Sept.–Juni, freitags Musik und Kleinkunst im ehem. Zehntkeller, Sa/So Flammkuchen. **Chawwerusch-Theater:** Bayerischer Hof, Herxheim, Tel. 072 76/59 91, www.chawwerusch.de. Preisgekröntes freies Theater in Fortentwicklung der sozialkritischen Volkstheatertradition. **Haus am Westbahnhof:** AN 44, Nr. 40a, Landau, Tel. 063 41/8 64 36. Kleinkunst, Kindertheater, Workshops, Tanz, Vorträge.

Zoo Landau: Hindenburgstr. 12–14, www.zoo-landau.de. **Weintage Südliche Weinstr.:** Tel. 063 41/94 04 14, Info s. o. Im Juni im Alten Kaufhaus und Frank-Loebschen Haus das Südpfalz-Wein-Spektrum verkosten – mit einer Prise Kunst! **Thomas-Nast-Nikolausmarkt:** In der Vorweihnachtszeit auf dem Rathausplatz Landau. **Südpfalztherme:** Staatsbad Bad Bergzabern, Kurtalstr. 27, Tel. 063 43/93 40 10,www.suedpfalztherme.de.

Wild- und Wanderpark Südliche Weinstraße: Silz, Tel. 063 46/55 88, www.wildpark-silz.de, März–Nov. tgl. ab 9, sonst ab 10 Uhr.

Bahn: Bahnhöfe Landau, Bad Bergzabern. **Bus:** Linienbusse zwischen Birkweiler und Bad Bergzabern.

PFÄLZER MUNDART

Wie hat Volker von Alzey gesprochen? Wie hat sich der Schwabe Friedrich Schiller mit seinen bäuerlichen Gastleuten im pfälzischen ›Exil‹ in Oggersheim verständigt? Wie viel Einfluss hatte das pfälzische Idiom des Reformators Philipp Melanchthon auf die Bibel-Übersetzung seines Freundes Martin Luther? Fragen über Fragen … da es nur wenige frühe schriftliche Zeugnisse gibt, lassen sich die meisten von ihnen nicht beantworten. Nachprüfbar ist jedoch, wie sehr Liselotte von der Pfalz, für viele wohl der Inbegriff von Pfälzer Humor und Schlagfertigkeit, ihrem Dialekt verhaftet war: In den vielen Briefen, die sie von Versailles aus schrieb, können wir sehr oft mundartliche Redewendungen in ihren Schilderungen des höfischen Lebens entdecken. Unzählige Reiseberichte und volkskundliche Abhandlungen aus dem 19. Jh. schildern die Menschen am oberen Neckar, in der Rheinebene und in der ›Weinpfalz‹ als »flink mit der Zunge« und wach im Geiste. Der Volkskundler Wilhelm Heinrich Riehl etwa schreibt in seinem Buch ›Die Pfälzer‹ (1857): »Man braucht nur die Eisenbahnfahrt eines Tages durch Bayern, Schwaben und die Pfalz zu machen, um am Morgen, Mittag und Abend ein dreifach ansteigendes Kreszendo des Redetones bei den drei Stämmen wahrzunehmen. Der Bayer verstummt, wenn ein Fremder neben ihm sitzt; der Schwabe spricht schon offener; der Pfälzer aber redet die wildfremde Reisegesellschaft am liebsten gleich im ganzen an …«

Von den Anfängen der Mundartdichtung bis heute rühmen Dialektdichter ihre Landsleute mit diesen von Riehl und anderen einst konstatierten Eigenschaften … Trotzdem: Laut einer vor einigen Jahren durchgeführten Umfrage rangiert das Pfälzische als wenig ›sexy‹ auf den unteren Rängen der Beliebtheitsskala. Es gilt heute längst nicht mehr als so gewitzt und schlagfertig, man stuft den Dialekt als eher behäbig und betulich ein. Die Nachwehen der langen Regierungszeit Helmut Kohls? Vielleicht. Eine größere Rolle beim Verdrängen, nicht nur der pfälzischen Mundart, spielt jedoch das Fernsehen. TV-Kommissarin Lena Odenthal und ihr italienischstämmiger Kollege reden zwar nach wie vor Hochdeutsch, sie kommunizieren aber mittlerweile mit der pfälzisch (bzw. rheinhessisch) sprechenden Sekretärin und ihrem gewieften, pfälzisch ›babbelnden‹ Kollegen von der Spurensicherung, immerhin …

Warum tut man sich relativ schwer, den hiesigen Dialekt zu ›fassen‹ und ihm einen angemessenen Raum im kulturellen Leben zu verschaffen? Das mag damit zu tun haben, dass alle Mundarten, wenn sie nicht für ein Millionenpublikum stehen, gern als provinziell abgetan werden. Zudem kann das Pfälzische weder durch klare sprachliche noch politische Grenzen definiert werden. Am ehesten lässt sich ein Zusammengehörigkeitsgefühl zu einer sprachlichen Gruppe anhand des Selbstverständnisses der Mundartsprecher ausmachen. Und da hat sich über die politischen Grenzen hinweg eine Gemeinsamkeit erhalten: Egal ob als Heidelberger oder als Neustädter, als Schwetzinger oder als Rheinhesse: Gefragt, welche Mundart man spricht, bekommt man unisono zu hören: Pfälzisch.

BROCULI
QUALITY

Die mediterrane Bergstraße und das Ried

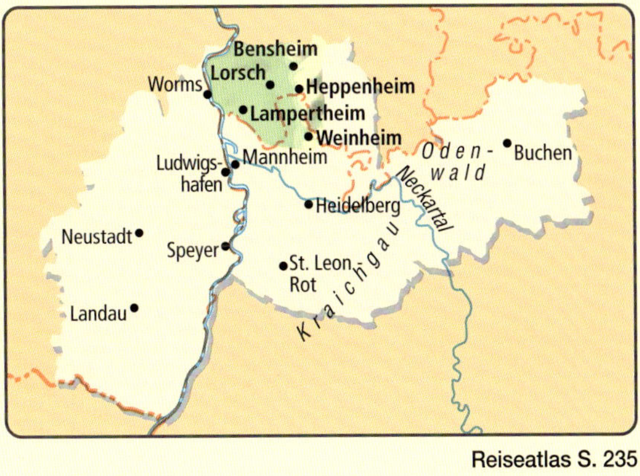

Bensheimer
Wochenmarkt

Reiseatlas S. 235

DIE BERGSTRASSE

Mehrere Wochen früher als anderswo in Deutschland hält der Frühling an der Bergstraße Einzug. Im milden Klima am Rande der Oberrheinischen Tiefebene gedeihen zwischen Wiesloch und Darmstadt neben den allgegenwärtigen Weinreben sogar Mandelbäume. Malerische Burgen und Schlösser locken auf der Route von Schriesheim über Weinheim und Heppenheim bis Bensheim und Zwingenberg zahlreiche Besucher an.

Maßgeblich prägte das mächtige Kloster Lorsch im frühen Mittelalter die Entwicklung der Region. So brachten die Klosterbrüder den Weinanbau hierher – und behielten zunächst das Privileg des Weinausschanks für sich. Mittlerweile hegen und pflegen über 1000 Winzer an der Bergstraße ihre Trauben, viele davon bearbeiten ihren Wingert allerdings eher als Freizeitwinzer. Die hessische Bergstraße im Norden zählt zu den kleinsten Weinbaugebieten Deutschlands. Die größten Anbaugebiete sind um Heppenheim und Bensheim-Auerbach zu finden. Absolut vorherrschend ist der Riesling. Jedes Jahr am 1. Septemberwochenende feiern Winzer und Besucher das Bergsträßer Winzerfest, das mit einer großen Weinprobe in Bensheim eröffnet wird.

Von Heidelberg kommend lässt sich Richtung Bergstraße rechts des Rheins noch eine gänzlich andere Landschaft erkunden: das Ried, eine weite Ebene mit reichhaltiger Landwirtschaft und bäuerlich geprägtem Brauchtum. Inmitten des Rieds liegt das Kloster Lorsch.

Schriesheim

Reiseatlas: S. 235, E 3
Die südlichen Eingangstore der Metropolregion zur Bergstraße sind **Dossenheim** und Schriesheim, etwa auf halbem Weg zwischen Heidelberg und Weinheim. Vom Ölberg blickt die Ruine der **Schauenburg**, einst Sitz der Edlen von Wolfsölden-Schauenburg, auf die Gemeinde Dossenheim herab. Unweit lockt mit dem fruchtbaren Rheintal, steilen Rebhängen und den waldigen Höhen des Vorderen Odenwalds **Schriesheim** besonders durch die Vielfalt der Natur. Seine Wälder sind durchzogen von einem Netz von Wanderwegen und zählen zu den größten Badens. Nach ausgedehnten Spaziergängen laden die gemütlichen Gasthäuser am Rande der Altstadt zum Schoppen. Am ersten Märzwochenende läutet der Mathaise-Markt als erstes großes Fest die Saison der Weinfeste an der Bergstraße ein. Besondere Highlights sind die Krönung der Weinkönigin und ihrer Prinzessinnen sowie der Festzug.

Weinheim

Reiseatlas: S. 235, E 2/3
Wenige Kilometer weiter findet man mit Weinheim ein besonderes Juwel der Bergstraße. Den Beinamen ›Zweiburgenstadt‹ trägt die malerische Kleinstadt an der Weschnitz nicht von ungefähr. Schließlich schauen von der einen Seite die Wachenburg und von der anderen die Burgruine Windeck auf den Ort hinunter. Doch auch der romantische Marktplatz mit seinem mediterranen Flair, das Gerberbachviertel mit den Fachwerkhäusern und die grünen Meilen im Herzen der Stadt mit Schlosspark, Exotenwald und dem Schaugarten Hermannshof locken jährlich tausende Besucher an. »Hier fängt Deutschland an, Italien zu werden«, schwärmte schon Kaiser Franz Josef im 17. Jh.

Anfangs gehörte ›Winenheim‹ zum neu gegründeten Kloster Lorsch. Nach Auflösung des Klosters in der ersten Hälfte des 13. Jh. erhoben gleich zwei Herren Anspruch auf Weinheim: der Erzbischof von Mainz und der Pfalzgraf bei Rhein. Durch den Hemsbacher Schiedsspruch fielen die Burg Windeck und die Neustadt an den Pfalzgrafen, die Altstadt blieb unter der Herrschaft des Erzbischofs. Lange existierten zwei getrennte Gemeinden Weinheim, die Altstadt und die Neustadt. Erst knapp 200 Jahre später wurden beide Teile wieder zu einer Stadt zusammengefasst. Daher treibt Weinheim ein kleines Verwirrspiel mit seinen Besuchern. Die historische Altstadt sucht man im Ortskern vergeblich. Erst abseits der Hauptverkehrsstraßen präsentieren sich die historischen Häuser in ihren verwinkelten Gassen. Wer den Wegweisern folgend zur Altstadt gefunden hat und einen Blick von oben auf die Stadt genießen möchte, wählt vom Marktplatz mit dem Alten Rathaus aus den Weg durch den Schlosspark. Dank der Initiative der Weinheimer Bürgerstiftung kann man bei diesem Spaziergang nicht nur die herrliche Umgebung und Aussicht genießen, sondern erhält zugleich wichtige Informationen zur Stadtgeschichte. Mit der 2006 enthüllten Infotafel am **Schlosspark** ist dieser nun offiziell ein ›Geopunkt‹ des UNESCO-Geoparks Bergstraße-Odenwald. Gute Beispiele machen zum Glück häufiger Schule, so auch hier. Die nächsten beiden Schautafeln werden 2007 im historischen Gerberbachviertel und auf der Burgruine Windeck aufgestellt. Auch die Stadt Weinheim selbst will weitere Geopunkte im Stadtgebiet installieren.

Marktplatz Weinheim

Das Herzstück der Weinheimer Altstadt – vom heimischen Wein bis zum italienischen Eis genießt man im Schatten japanischer Schnurbäume einfach alles, vor allem aber die Sonne und das Ambiente. Laue Sommerabende vor dem Alten Rathaus und dem Fachwerkbau der Löwenapotheke aus dem 17. Jh. dauern bis tief in die Nacht.

Schloss und Exotenwald

Ein besonderer Anziehungspunkt in Weinheim ist das **Schloss** an der Ober-

Heilpflanzen im Schlosspark

Der Heilpflanzengarten im Schlosspark ist in verschiedene Themenschwerpunkte gegliedert. Die etwa 200 Arznei-, Gewürz- und Duftpflanzen erstrecken sich über vier Terrassen. Eintritt frei, Führungen von Mai bis Oktober. Reservierungen für die circa einstündige Führung: Tel. 062 01/3 49 42.

torstraße auch dank seiner ungewöhnlichen Architektur. Mitten im Schlosspark gelegen und deutlich sichtbar aus drei Teilen zusammengewachsen, beherbergt es heute das Weinheimer Rathaus. Wie bei manchen exotischen Masken, die vorne ein völlig anderes Gesicht zeigen als auf der Rückseite, zieren hier Stilelemente aus unterschiedlichen Epochen das Antlitz des herrschaftlichen Baus. Die Durchfahrt zum Obertorturm zählt zum ältesten Bauteil (um 1400), hieran schließt sich der Renaissancebau des kurpfälzischen Schlosses an. Längere Zeit lebten hier Mitglieder der kurfürstlichen Familie. So verlegte etwa Kurfürst Johann Wilhelm 1698 für einige Zeit seine Residenz von Düsseldorf nach Weinheim. Geprägt vom barocken Stilempfinden, ließen die Ulners von Dieburg 1725 den südlichen Teil des Schlosses errichten. In der zweiten Hälfte des 19. Jh. ergänzte Freiherr Christian von Berckheim den neugotischen Schlossturm und den Nordflügel.

Ein weiteres Kleinod ist der das Schloss umgebende **Park**, angelegt im englischen Stil, an den sich der Exotenwald anschließt. Am Rande des Parks findet man den Heilkräutergarten.

Im ehemaligen Schlosspark beansprucht die mächtige Libanonzeder, die um 1730 gepflanzt worden sein soll, die älteste Zeder Deutschlands zu sein. Den **Exotenwald** verdankt Weinheim ebenfalls dem Edelmann von Berckheim. Aus dem Ausland orderte er Samen und Setzlinge, die er in Weinheim anpflanzte. Zur Überraschung aller gediehen viele der Bäume auch in diesem Klima prächtig. Heute kann man auf dem rund 60 ha großen Waldareal auf drei beschilderten Rundwegen unter anderem chilenische Andentannen, japanische Magnolienbäume und kalifornische Flusszedern bestaunen. Verlässt man den Park durchs Obertor, schimmern zwischen den Bäumen die Ruine Windeck und die Wachenburg hindurch.

Um seine Besitzungen zu sichern, ließ der Abt des Klosters Lorsch um 1130 hier eine Burg errichten. Vom hohen Bergfried aus ließ sich die wichtige Handels- und Heerstraße im Tal gut beobachten und im Notfall frühzeitig verteidigen. Im ausgehenden 17. Jh. zerstörten französische Truppen die Burg Windeck, anschließend nutzten die Weinheimer die Ruine als Steinbruch. Seit 1978 gehört die Ruine der Stadt Weinheim, die sie nun erhalten will. Vergleichsweise jung ist dagegen die Wachenburg. Sie entstand ab 1907 als Gedenk- und Begegnungsstätte des Weinheimer Senioren-Convents und der im studentischen Corps Akti-

Häuserzeile in Weinheims Altstadt

Café am Markt
Bitburger
Restaurant
La Cantina
Eichbaum Biere
Kugelofen

ven. Heute noch treffen sich hier am Himmelfahrtswoche die WSC-Herren aus ganz Deutschland.

Durch die Altstadt ins Weinheim von morgen

Im **Weinheimer Museum**, seit 2006 auch Infostelle des UNESCO-Geoparks Bergstraße-Odenwald (s. S. 193), werden die Besucher über wichtige Stationen der Stadtgeschichte anhand von Fundstücken aus ur- und frühgeschichtlicher Zeit sowie durch mittelalterliche Fresken (Amtsgasse 2, Di–Sa 14–17, So 10–17 Uhr, Tel. 062 01/8 23 34).

Der **Rote Turm** aus dem 14. Jh. in der gleichnamigen Straße war bis ins 19. Jh. besonders bei Recht und Ordnung liebenden Weinheimern beliebt, diente er doch als Gefängnisturm, in dessen acht Meter tiefem Verlies in früheren Zeiten das ›üble Gesindel‹ schmorte. Die am oberen Ende des Marktplatzes gelegene **Laurentiuskirche**, 1911 bis 1913 erbaut, birgt in ihrem Innern zahlreiche Grabdenkmäler aus dem 13. bis 18. Jh. sowie mittelalterliche Wandmalereien. Im **Gerberbachviertel** finden sich zahlreiche ehemalige Gerberhäuser und -werkstätten, etwa Gerbergasse 14 und Münzgasse 8. Die Münzgasse 13 hat für Weinheim eine besondere Bedeutung. Hier startet alljährlich Anfang August die **Weinheimer Kerwe**, eines der größten Volksfeste an der Bergstraße. Die grüne Meile Weinheims komplettiert seit 1983 der Schaugarten **Hermannshof** (Babostr., März, Okt. 10–18 Uhr, April–Sept. 10–19 Uhr, Nov.– Feb. 10–16 Uhr, Tel. 062 01/1 36 52). Mit dem neuen Einkaufszentrum **Dürreplatz-Carreé** soll die Fußgängerzone zwischen Marktplatz und neuem Dürreplatz in den nächsten Jahren zur Flaniermeile werden.

Auf der Weinheimer Kerwe, links der ›Rote Turm‹, im Hintergrund die Ruine Windeck

Stadt- und Tourismusmarketing Weinheim e.V.: Hauptstr. 47, Weinheim, Tel. 062 01/87 44-50, www.weinheim.de, Hilfe bei Zimmersuche, ÖPNV, Stadtpläne, Veranstaltungstipps, usw.

Hotel-Restaurant Fuchssche Mühle: Birkenauer Talstr. 10, Tel. 062 01/10 02 0, www.fuchssche-muehle.de. Mitten im Park liegen Hotel und Restaurant in der alten, 1563 erbauten Mühle. Das Restaurant lässt Feinschmeckerherzen höher schlagen. DZ ab 90 €.
Cross Country Hotel Waldschloss: Gorxheimer Talstr. 23, Tel. 062 01/10 72 00, www.cc-hotels.de, am Ortsausgang Weinheims, direkt am Wald. Reitställe, Freibad und Sportanlagen in unmittelbarer Nähe. Diverse Wanderwege, etwa zur Wachenburg oder zur Burgruine Windeck direkt vor dem Hotel. DZ ab 66 €.
Zur Burg Windeck: Müllheimer Talstr. 21, Tel. 062 01/12 23 8, www.zur-burg-windeck.de. Für Liebhaber historischen und rustikalen Ambientes, denn Gaststätte und Pension ›Zur Burg Windeck‹ befinden sich seit 1902, jetzt in der vierten Generation, im Familienbesitz. DZ ab 50 €. (alle Preise ohne Frühstück).

Schlosspark-Restaurant: Obertorstr. 9, Tel. 062 01/99 55 0, www.hutter-im-schloss.de, tgl. ab 11 Uhr, regionale Spezialitäten und Kulturveranstaltungen. Hauptgerichte abends ab 18 €.
Mediterranée am Waidsee: Hammerweg 57, Tel. 062 01/59 23 77, Mediterrane Küche, Fischspezialitäten, große Terrasse am Waidsee-Ufer. Hauptgerichte ab 13 €.
Burgruine Windeck: Bei der Burgruine, Alter Burgweg, Tel. 062 01/1 24 81, www.rohewo.de, Mo–Sa ab 17 Uhr, So, Fei 10–24 Uhr. Frische einfallsreiche Odenwaldküche. Hauptgerichte ab 11 €.
Woinemer Hausbrauerei: Friedrichstr. 23, Tel. 062 01/1 20 01, www.woinemerhausbrauerei.de, tgl. 10–24 Uhr. Saisonale Biere, zünftige Hausmannskost, ab 8 €.

Weinhaus Puppel: Marktplatz 18, Tel. 062 01/6 77 00, www.weinhaus-puppel.de, tgl. 11–24 Uhr, etwa 150 deutsche Weine, aber auch internationale Spezialitäten können hier käuflich erworben oder direkt genossen werden, dazu köstliche Kleinigkeiten. Montags Suppen- und Schmortag, Reservierung empfohlen.

Regie: Hauptstr. 108, Tel. 062 01/84 44 33, So–Do 12–1 Uhr, Fr–Sa 12–3 Uhr, preiswerte Cocktails, als Grundlage Flammkuchen, Salat oder Baguettes.

Muddy's Club: Schulstr. 3, Info Tel. 062 01/1 29 97, www.muddys-club.de, jährlich mehr als 100 Veranstaltungen, nationaler und internationaler Blues und Jazz. **Kulturbühne Alte Druckerei:** Friedrichstr. 24, www.altedruckerei.com, Karten unter Tel. 062 01/8 13 45, Kleinkunst, Musikkonzerte und Kabarett dort, wo einst Druckmaschinen rotierten.

Freizeitbad Miramar: Hammerweg 59, Tel. 062 01/6 00 00, www.miramar-bad.de. Riesenrutschen, Wellenbad und Saunaland mit verschiedenen Saunen und osmanischem Hamam. **Strandbad Waidsee:** Hammerweg 61, Tel. 062 01/5 32 70, www.weinheim.de, sehr schöner Badesee mit Strandbad, Möglichkeit zum Segeln, Surfen, Fischen, Tauchen; FKK im benachbarten Freizeitpark Miramar. Mai–Sept. **Minigolf am Schloss:** von Mitte März bis Ende September tgl. ab 11 Uhr, im Herbst ab 15 Uhr.

Sonntag Laetare: Sommertagszug der Weinheimer Kinder, Schneemannverbrennung (März). **Mühlentag im ›Sechs-Mühlental‹:** Am Pfingstmontag Tag der offenen Tür in den alten Mühlen, heute Industriedenkmäler. **Weinheimer Kultursommer:** Juli–Sept., Kabarett, vor allem aber Musik aller Stilrichtungen, von Jazz über Reggae bis Klassik, am Schloss; seit 2006 gibt es am Schlossparkweiher das **Theater am Teich** (3. Juli-Wochenende). **Altstadtfest Weinheimer Kerwe:** Großes Altstadtfest mit Riesenrad, Brauchtum und großer Straßenparty, im Gerberbachviertel viele Straußwirtschaften, Tanz des Kerwepaares (2. August-Wochenende). **Weinheimer Weinmeile:** Einzige gemeinsame Veranstaltung der badischen und hessischen Bergstraßen-Winzer (1. Wochenende im Okt.). Infos zu allen Veranstaltungen: www.weinheim.de.

Innerstädtisch verkehren **Busse**, in nachfrageschwachen Zeiten auf bestimmten Linien auch **Ruftaxis**. Die Deutsche **Bahn** fährt über Weinheim nach Mannheim/Heidelberg und in Richtung Darmstadt/Frankfurt. Mit der **Weschnitztalbahn** R 68 nach Fürth im Odenwald. Abfahrtszeiten und Tarife des ÖPNV unter www.vrn.de.

Geheimnisvolle Sagen am Laternenweg

Auf eigene Faust oder unter kundiger Führung taucht man auf dem Laternenweg in eine phantastische vergangene Welt ein. Von Straßenlaternen illuminierte Scherenschnitte, die von geheimnisvollen, tragischen, aber auch komischen Begebenheiten berichten, führen vom Marktplatz aus durch enge Gassen zu romantischen Ecken der Altstadt. In sommerlichen Nächten regelmäßig Führungen. Infos Touristinfo Heppenheim.

Heppenheim

Reiseatlas: S. 235, E 2

Weiter geht es die Bergstraße entlang Richtung Norden. Schon lange, bevor man Heppenheim erreicht, sieht man die **Starkenburg** auf dem Heppenheimer Schlossberg thronen. 1065 als erste Burg der Reichsabtei Kloster Lorsch errichtet, musste sie bereits ein Jahr später einer Belagerung standhalten. Auch in den folgenden Jahrhunderten ging es in Heppenheim nicht immer friedlich zu. Ende des 17. Jh. wurde der Ort von französischen Truppen geplündert und in Brand gesteckt. Noch heute ist das Antlitz der Altstadt stark geprägt vom anschließenden Wiederaufbau. Weit schweift der Blick von der Terrasse des Burgrestaurants, verweilt zunächst am Marktplatz. An dessen Vorzeigeseite bezaubert das Rathaus mit seinem barocken Fachwerk und dem Glockenspiel. Schräg gegenüber steht die Liebigapotheke, 1818 erbaut. Hier lernte und wohnte der berühmteste Sohn der Stadt: der Chemiker Justus von Liebig.

Ein weiterer berühmter Gelehrter machte den Ort zu seiner Wahlheimat: Martin Buber. Der jüdische Religionsphilosoph ließ sich 1916 in Heppenheim nieder, musste aber im März 1938 vor den Nationalsozialisten fliehen. Das frühere Wohnhaus der Familie Buber (Werléstraße/Ecke Graben, regelmäßige Veranstaltungen, Tel. 062 52/9 31 20, www.Martin-Buber-Haus.de) ist seit Ende der 1970er-Jahre Sitz des Internationalen Rates der Christen und Juden (ICCJ). In den ersten Jahrzehnten des 20. Jh. zeigte man sich sehr auf-

Barockes Fachwerk am Marktplatz von Heppenheim

geschlossen gegenüber neuen philosophischen und pädagogischen Ideen. So gründete im zu Heppenheim gehörenden Ober-Hambach Paul Gehub 1910 die Odenwaldschule, ein reformpädagogisch geprägtes Landschulheim. Auch für die Demokratie der heutigen Bundesrepublik ist Heppenheim bedeutsam. Am 11. Dezember 1948 schlug hier die Geburtsstunde der Freien Demokratischen Partei, zum ersten Vorsitzenden wählten die Delegierten damals den späteren Bundespräsidenten Theodor Heuss.

Zurück in die mittelalterliche Stadtgeschichte geht es vom Marktplatz aus. Trutzig beherrscht wenige Schritte von dort entfernt der **Dom St. Peter** die Szene. ›Dom der Bergstraße‹ wird er auch liebevoll genannt. Nur der Nordturm ist noch vom ehemaligen frühmittelalterlichen Kirchenbau erhalten. Die heutige Kirche entstand zwischen 1900 und 1904.

1846 begann für Heppenheim, das an einer wichtigen Nord-Süd-Achse lag, eine neue Zeitrechnung: das Eisenbahn-Zeitalter. Es wurde Station an der Main-Neckar-Bahnstrecke von Frankfurt nach Heidelberg. Für kleine und große Eisenbahnfans lohnt sich der Weg an der rechten Kirchenseite vorbei in die Altstadtgasse hinein. Nur wenige Fußminuten vom Dom entfernt, direkt vor dem Feuerwehrhaus, entführt ein großes **Eisenbahn-Modell** in die Welt der Züge von gestern und heute.

Heppenheim legt auch Wert darauf, lebendige Kulturstadt zu sein. Die Festspiele, die Gassensensationen und das **Museum** (Kurmainzer Amtshof, Tel. 062 52/6 91 12, Mi, Do, Sa 14–17 Uhr, So,

Fei 14–18 Uhr) bieten Kultur pur, im Museum besonders zur Bergsträßer und Odenwälder Festkultur. Nach Absprache kann man auch den Kurfürstensaal mit seinen gotischen Wandmalereien besichtigen. In der Kulisse des Kurmainzer Amtshofs finden außerdem von Mitte Juli bis Anfang September Theaterabende in mittelalterlichem Ambiente statt. Wie es der Name verspricht, sind die **Gassensensationen** auf Heppenheims Gassen zu bestaunen. Künstler aus aller Welt machen hier jeden Sommer Straßentheater. Nicht fehlen darf auch der Weingenuss, besonders Ende Juni beim Weinmarkt.

Touristinfo Heppenheim: Großer Markt 9, Tel. 062 52/13 11 71.

Hotel Villa Boddin: Großer Markt 3, Tel. 062 52/68 97-0, www.villa-boddin.de. Mediterranes Ambiente in einer stilvollen, ruhig gelegenen Villa im Herzen der Altstadt, DZ ab 99 € (ohne Frühstück). **Hotel Schlossberg:** Kalterer Str. 1, Tel. 062 52/2297, www.hp-hotel-schlossberg.de. Nur zwei Minuten vom Bahnhof entfernt, hier gastierten bereits so illustre Persönlichkeiten wie Maria Schell und Götz George, DZ ab 55 € (ohne Frühstück).

Goldener Engel: Großer Markt 2, Tel. 062 52/25 63 www.goldener-engel-heppenheim.de, tgl. 11–14, 17–23 Uhr. Weingenuss mit Blick auf Steillagen, Hauptgerichte ab 12 €.

Weingut Heinrich Freiberger: Hermannstr. 16, Tel. 062 52/24 57, www.weingut-freiberger.de. In aller Ruhe kann man hier Heppenheimer Tropfen verkosten, zum Teil bereits prämiert. (Das Heppenheimer **Weinfest** findet Ende statt.)

Bensheim

Reiseatlas: S. 235, E 1

Nur gut 5 km östlich von Heppenheim liegt mit Bensheim die größte Stadt des Kreises Bergstraße. Trotz aller Urbanität spielt die Natur hier eine große Rolle, besteht doch mehr als die Hälfte des Stadtgebiets aus Acker- und Waldflächen, Weinbergen und Streuobstwiesen. Im 13. Jh. erhielt Bensheim das Stadtrecht. Um bei den damals üblichen Zwistigkeiten wehrhaft zu sein, errichteten die Bensheimer starke Befestigungsanlagen. Diese Anstrengungen honorierte der Mainzer Erzbischof Peter von Aspelt und bestätigte 1320 die Stadtrechte. Einer seiner Nachfolger

Sehenswürdigkeiten

1 Marktplatz
2 Kirche St. Georg
3 Walderdorffer Hof
4 Rodensteiner Hof
5 Städtische Weingut
6 Dalberger Hof
7 Ehemalige Mainzer Domkapitelfaktorei
8 Mittelbrücke

Übernachten

9 Parkhotel Herrenhaus
10 Hotel Seeblick
11 Waldschlösschen

Essen und Trinken

12 Bacchus Keller
13 Alte Dorfmühle Auerbach
14 Burggraf Bräu
15 Poststuben
16 Kirchberghäuschen

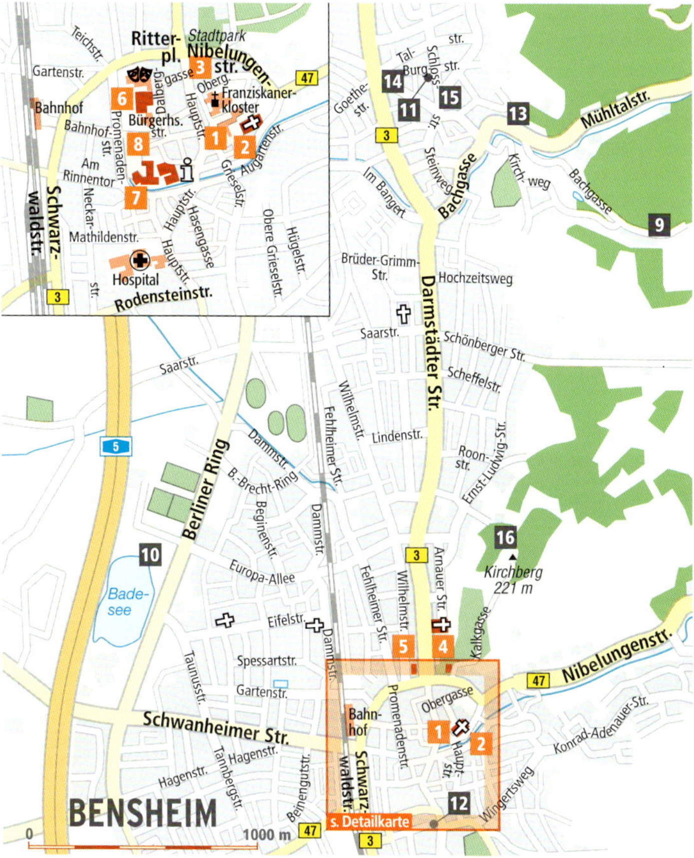

verpfändete die Bergstraße einschließlich Bensheim für 100 000 Goldgulden an den pfälzischen Kurfürsten. Allzu viel scheint den Kurmainzern zu der Zeit an der Gegend nicht gelegen zu haben – das Pfand wurde lange Zeit nicht eingelöst. Erst 1650 bekam Kurmainz die Stadt zurück.

Die Zeit des kurz zuvor beendeten Dreißigjährigen Kriegs war für Bensheim alles andere als rosig. Eine Allianz aus protestantischen Deutschen, Schweden und Franzosen überrannte 1644 die Stadt, zwei Wochen später metzelten die Bayern in einem neuerlichen Blutbad das gegnerische Korps nieder. Die ›Fraa vun Bensem‹, deren Brunnen in der Stadtmitte noch heute daran erinnert, soll der Legende nach den Bayern einen geheimen Weg in die Stadt gezeigt haben. Heute setzt man sich in Bensheim auch mit der weniger rühmlichen Historie auseinander. Ein Gedenkstein für ein furchtbares Ereignis ist der ›Stolperstein‹ bei der Alten Faktorei: Ende März 1945, drei Tage vor dem Einmarsch amerikanischer Truppen, ermordete hier die Gestapo zwölf Gefangene.

Größter und bekanntester Ortsteil ist Auerbach. Im 13. Jh. bauten die Grafen von Katzenelnbogen das Auerbacher Schloss, seit dem Ende des 17. Jh. ist es allerdings nur noch Ruine. Doch vom Turm oder der Terrasse des Restaurants genießt man einen großartigen Blick über die Bergstraße, den Odenwald und die Rheinebene. Die Landgrafen von Hessen-Darmstadt errichteten um 1790 in Auerbach ihre Sommerresidenz. Diese Gebäude im Fürstenlager rund um das Herrenhaus sind fast unverändert erhalten und liegen inmitten eines imposanten Parks mit exotischen Pflanzen und Bäumen. Wartet Weinheim mit der ältesten

Das Wachthaus im Staatspark Fürstenlager

Zeder Deutschlands auf, so schmückt sich Bensheim mit dem ältesten deutschen Mammutbaum. Bauerndorfidylle pur bietet Zell mit dem Meerbach und dem Zeller Mühlrad. Ein Stück stadtauswärts in Gronau steht sogar der gesamte alte Ortskern unter Denkmalschutz. Weiter östlich führt von Schönberg aus die Nibelungenstraße ins Lautertal zum Felsenmeer (s. S. 216, 217).

Neben der vielfältigen Natur punktet Bensheim auch als Kulturstadt. Das Parktheater bietet Gastspiele von Theaterensembles und Orchestern, Kleinkunst für Erwachsene und Kinder zeigt das PiPaPo-Kellertheater und in der alten Gerberei warten Künstler mit einem Varieté-Programm auf.

Weinlehrpfad

Vom Stadtpark aus gut zu erreichen, führt der rund 1,5 km lange Weinlehrpfad am Kirchberg durch die Weinberge hinauf zum Kirchberghäuschen. In dem Ausflugslokal (Mo. geschl.) kann man einige der Weine testen, über die man zuvor etwas gelernt hat. Zahlreiche Schautafeln liefern Infos zu Anbaugebieten, Rebsorten, Qualitätsstufen und zur Arbeit des Winzers – ein lehrreicher Rundgang mit herrlichem Blick auf Bensheim, die Rheinebene und die Bergstraße.

Durch die Innenstadt

Auf dem **Marktplatz** 1 bewahren restaurierte Fachwerkhäuser das Erbe der Vergangenheit, das Haus mit der Nr. 2 stammt noch aus der Zeit des Dreißigjährigen Kriegs. Seit 1960 befindet sich im Lorscher Klosterhof am Oberen Marktplatz das Museum der Stadt, dessen Sammlung fundierte Einblicke in die Stadtgeschichte bietet (Tel. 062 51/ 5 84 78 68, Do, Fr 16–20 Uhr, Sa, So, 11–18 Uhr). In der Mitte des Platzes ziert die Statue von St. Georg den Marktbrunnen. Der Drachentöter ist Stadtpatron und Namensgeber der großen **Kirche St. Georg** 2 am Kirchplatz, wohin man über eine Treppe zwischen Parkhaus und Museum gelangt. Georg Moller, Hofbaumeister bei Großherzog Ludewig I. in Darmstadt, baute den Vorläufer der katholischen Stadtpfarrkirche, indem er Teile der alten gotischen Kirche in den Neubau einbezog. Nachdem die Moller-Kirche 1945 ausgebrannt war, taten es ihm die Erbauer der heutigen Kirche gleich. Am Pfarrhaus vorbei führt der Weg durch den Pfarrhof in die Obergasse. Der **Walderdorffer Hof** 3 in der Obergasse 18 gehört zu den ältesten Fachwerkhäusern der Region. 1470 errichtet, beherbergt er heute eine urige Weinkneipe.

Hinter dem Haus Obergasse 6 erhascht man noch einen Blick auf die alte Stadtmauer, in die eine steinerne Kanonenkugel eingemauert ist, ehe es weiter über die Hauptstraße zur Darmstädter Straße geht. Im Stadtpark, dem ehemaligen Rodensteinschen Garten, liegt der 1732 von der Familie Überbruck von Rodenstein erworbene **Rodensteiner Hof** 4, in dem ab Mitte der 1940er bis Mitte der 1980er-Jahre das

Bensheimer Rathaus untergebracht war. Das **Städtische Weingut** 5 direkt am Ritterplatz lockt zum Verschnaufen. Wenige Schritte sind es nur durch die Dalberggasse bis zum Bürgerhaus. Am Turm des **Dalberger Hofs** 6 trafen ehemals die nördliche und westliche Stadtmauer zusammen. Heute residieren hier das Parktheater und das Bürgerhaus. Zurück auf der Hauptstraße folgt man dem Weg vorbei an der **Ehemaligen Mainzer Domkapitelfaktorei** 7 in der Hauptstraße 39 bis zur **Mittelbrücke** 8 über den Winkelbach. Parallel zum Bach verliefen früher auf beiden Seiten Stadtmauern, die Altstadt und Vorstadt voneinander abgrenzten. Die beiden Brückenheiligen Johannes von Nepomuk und Franziskus Xaverius stiftete ein Bensheimer Ehepaar, nachdem die Brücke im 18. Jh. durch ein Unwetter so stark beschädigt worden war, dass man sie abreißen musste. Von hier aus kann man in aller Ruhe durch die Fußgängerzone bummeln – oder vom Bahnhofsplatz aus für weitere Entdeckungen den Bus Richtung Fürstenlager und Schloss Auerbach nehmen: Wer in dieser herrlichen Landschaft länger unterwegs sein möchte, kann von Auerbach aus eine Tour zum Melibokus unternehmen.

Hinauf zum Melibokus

Mit 517 m ist der Melibokus der höchste Berg zwischen Odenwald und hessischem Ried. Den Gipfel krönt ein Aussichtsturm. Ein gut ausgebautes Wegenetz macht den Hausberg der Bergsträßer zum beliebten Ziel für Wanderer; Radsportler sollten über entsprechende Kondition verfügen: über 5 km ist durchschnittlich eine Steigung von 8% zu bewältigen. Von hier lohnt ein Abstecher auf die andere Bergseite, nach **Zwingenberg**. Die älteste Stadt an der Bergstraße und zugleich deren Endpunkt innerhalb der Metropolregion bietet schmuckes Fachwerk in einer historischen Altstadt und lukullische Gaumenfreuden im Gasthof ›Zum Bunten Löwen‹. Den schönen Urlaubstag lässt man passend mit einem Wein des Zwingenberger Winzerduos Simon-Bürkle ausklingen. »Hier findet man die feinsten trockenen Rieslinge im Gebiet«, lobte der Gault Millau Weinguide 2006 und zeichnete das Weingut erneut mit zwei Trauben aus.

Tourist-Information Bensheim: Hauptstr. 39, Fußgängerzone, Tel. 062 51/5 82 63 14, www.bensheim.de, zentral gelegen in der Alten Faktorei. Mo, Di, Do, Fr, 9–18, Mi 9–13, Sa 10–13 Uhr. **Verkehrsbüro des Kur- und Verkehrsvereins Auerbach:** Darmstädter Str. 166, Bensheim-Auerbach, Tel. 062 51/7 36 96, www.luftkurort-bensheim-auerbach.com, Fr 15–18, Sa 10–12 Uhr. **Altstadtführungen:** März–Okt., 1. und 3. Sa im Monat, Start: 11 Uhr am Marktplatz, Karten bei der Tourist-Information oder direkt beim Altstadtführer. **Führungen durch die Auerbacher Schlossruine:** Mai–Sept. 2. Sa. im Monat, Start: 11 Uhr am Schlosstor, Karten bei der Tourist-Information Bensheim od. beim Schlossführer. **Führungen im Staatspark Fürstenlager:** Infos unter Tel. 062 51/9 34 60. **Stadtarchiv:** Darmstädter Str. 8, kostenlose Führungen über die Tourist-Info, Tel. 062 51/5 82 63 14.

Parkhotel Herrenhaus 9**:** Im Fürstenlager, Tel. 062 51/7 09 00, www.parkhotel-herrenhaus.com. Fürstlich nächtigen in den Biedermeierzimmern eines ehemaligen Herrenhauses, ruhig, naturnah, DZ ab 145 €.

Hotel Seeblick 10: Berliner Ring 108, Tel. 062 51/1 75 72 10, www.seeblick-bensheim.de, direkt am Badesee, das Restaurant des Hotels besitzt ein gemütliches Kaminzimmer. DZ ab 75 €.

Waldschlösschen 11: Burgstr. 36, Auerbach, Tel. 062 51/7 13 24, www.waldschloesschen-auerbach.de. Café und Pension am Fuße des Schlossbergs, schöne Aussicht über die Rheinebene, idealer Startpunkt für Wanderungen. DZ ab 45 €. (Preise jeweils ohne Frühstück)

Bacchus Keller 12: Rodensteinstr. 30, Tel. 062 51/6 59 72, www.bacchuskeller-bensheim.de, Mi–Mo 18.30–1 Uhr. Variantenreiche französische Küche, Hauptgerichte ab 13 €.

Alte Dorfmühle Auerbach 13: Bachgasse 17, Tel. 062 51/78 84 96. www.dorfmuehle-auerbach.de, Mo–Fr ab 18, Sa. ab 15 Uhr (Feb. ab 17 Uhr). Selbstgebackenes Brot und Flammkuchen aus dem Holzofen, schöner Biergarten. Hauptgerichte ab 5 €.

Burggraf Bräu 14: Darmstädterstr. 231, Tel. 062 51/7 25 25. www.burggraf-braeu.de, Di–Sa 18–1 Uhr, selbstgebrautes Bier und kreative Odenwaldküche.

Poststuben 15: Schlossstr. 28–30, Tel. 062 51/7 29 87. www.poststuben.de, Di–Sa 11.30–14, 17.30–22, So, Fei 11.30–14 Uhr. Mediterrane Saisonküche, schöner Blick aufs Schloss.

Kirchberghäuschen 16: Das auf dem Kirchberg gelegene Lokal ist nur zu Fuß erreichbar; bei gehisster Fahne Gastbetrieb! Tel. 062 51/32 67,www.kirchberghaeuschen.de, Di–So ab 11 Uhr, abends je nach Witterung.

Bunter Löwe: Löwenplatz 6, Zwingenberg, Tel. 062 51/7 55 16, tgl. ab 11, Mi 11.30–14, 17.30–23 Uhr, Wild aus eigener Jagd, dazu hauseigene Simon-Bürkle-Weine. Hauptgerichte ab 15 €.

Zum Kirchberghäuschen gelangt man nur zu Fuß

Die Stimmung ist gut auf dem Weinfest in Zwingenberg

Woche junger Schauspieler: Ende Mai/Anfang Juni, Theaterfestival für talentierten Schauspielnachwuchs. **Bensheimer Bürgerfest:** Mitte Juni, internationales Fest der hiesigen Vereine unter Beteiligung zahlreicher ausländischer Initiativen und Freundeskreise; mit Kinderkarussell, Kasperletheater, Kindereisenbahn. **Bachgassenfest:** Mitte Juli, in Auerbach in den Höfen und Heckenwirtschaften entlang des Bachlaufs. **Bergsträßer Winzerfest:** 9 Tage dauert das jährlich Anfang Sept. stattfindende größte Weinfest Südhessens, mit Festumzug und Feuerwerk. Infos zu den Festen über die Tourist-Information oder unter www.verkehrsverein-bensheim.de.

PiPaPo-Kellertheater: Wambolterhof, Karten u. Tel. 062 51/61 05 40, www.kellertheater-bensheim.de, beliebte Kleinkunstbühne, Erwachsenen- und Kindertheater. **Parktheater:** Promenadenstr. 25, Karten u. Tel. 062 51/5 82 63 14, www.bensheim.de, einziges festes Theater der Bergstraße, seit 1968. **Varieté Pegasus:** Platanenallee 5, Karten u. Tel. 062 51/84 87 35, www.pegasus-bensheim.de, der Zauber des Varietés zum Greifen nah.

Basinus-Bad und Freibad: Spessartstr. 2, Infos unter Tel. 062 51/1 30 13 01; 65 m lange Riesenrutsche, separate Sport- und Familienbecken, Planschbecken mit Wassergrotte, Freibad. **Badesee:** Berliner Ring, gegenüber der Weststadthalle. Naturbadesee, Sandstrand, Liegewiese; 1.5. bis 30.9., zentral, Bus 673, Haltestelle Geschwister-Scholl-Schule.

Per **Bahn** mit dem IC, innerstädtisch per **Bus** oder, je nach Ortsteil, per **Ruftaxi**. Zum Schloss Auerbach die Buslinie 669 bis Haltestelle Burggraf, von dort ca. halbstündiger Spaziergang. Zum Fürstenlager Bus 669, Haltestelle Bürgerhaus, ca. 10 Min. Fußweg. www.vrn.de.

DER UNESCO-GEOPARK BERGSTRASSE-ODENWALD

Wer dichte dunkle Wälder scheut, ist im Odenwald bestens aufgehoben. Hier prägt der Wechsel von Wald und Feldern die Landschaft und verleiht ihr einen eher luftigen Charme. Die landschaftlichen Besonderheiten hat auch die UNESCO anerkannt: Seit 2002 gehören der Naturpark Bergstraße-Odenwald und Teile des Neckartal-Odenwalds zum ›UNESCO Global Network of Geoparks‹. Das Geopark-Konzept verbindet Landschaftsinformation und Umweltbildung und berücksichtigt auch die Interessen der regionalen Wirtschaft. Zwischen den Flüssen Rhein, Main und Neckar erstreckt sich das rund 3200 Quadratmeter große Gebiet des Natur- und Geoparks von der Rheinischen Tiefebene im Westen, über den Vorderen bis zum Hinteren Odenwald. Mit seinen unterschiedlichen Gesteinen im hessischen Ried, dem Kristallinen Odenwald im Zentrum bis zum Buntsandstein-Odenwald im Osten ist das Gebiet eine Art steinerne Bibliothek: Über 500 Millionen Jahre wechselvolle Erdgeschichte werden hier lebendig.

Geotope wie beispielsweise Steinbrüche, Bergwerke und Höhlen, aber auch Einschlagkrater von Meteoriten fungieren wie Fenster in die ferne Vergangenheit der Erde. Am dritten Sonntag im September, dem bundesweiten Tag des Geotops, prämiert der Geopark seit 2002 jedes Jahr das ›Geotop des Jahres‹. Gekürt wurden unter anderem das Felsenmeer im Lautertal, der Otzberg und die Tropfsteinhöhle Buchen. Rund um den Jahresgewinner bietet der Geopark jeweils eine themenübergreifende Geotop-Präsentation, Exkursionen und eine Kurzbroschüre.

Im Geopark-Erholungsgebiet gibt es ein dichtes Netz von Wanderrouten und etliche Natur- und Spielplätze. Gleichzeitig erklären Infozentren und Erlebnispfade, welche Abläufe das Gesicht des Planeten Erde geprägt haben und berücksichtigen dabei insbesondere die Wechselwirkung zwischen der Erdgeschichte, der einheimischen Tier- und Pflanzenwelt sowie dem Alltag und der Kulturgeschichte der Region. Das Jahresprogramm ›Landschaft erleben‹ bietet viele Informationen und zugleich aktives Landschaftserleben. Wer es noch genauer wissen möchte, kann auch spezielle Führungen bei den Geopark-Rangern mitmachen und sich von den ausgebildeten Biologen, Geologen oder Geographen Lernorte der Natur wie Steinbrüche, Stollen oder Natursteinklippen erklären lassen.

Information: Geo-Naturpark Bergstraße-Odenwald e.V., Tel.: 062 51/70 79 90, www.geo-naturpark.de.

Tipp: ›Geokids on Tour‹ – naturkundlich begeisterte Kinder können den Ausflug in den Geopark schon zuhause vorbereiten. Siggi, der Drache, der in einer Höhle im Odenwald wohnt, nimmt sie auf der Geokids-Route mit zu einem erdgeschichtlichen Ausflug mit kindgerechten Karten und Fragebögen. Dr. Jutta Weber, UNESCO-Geopark Bergstraße, Tel. 062 51/70 79 923, www.geo-naturpark.de, dann den Button ›Fenster in die Erdgeschichte‹ anklicken.

DURCHS HESSISCHE RIED

Das Flachland zwischen Rhein und Odenwald war früher häufig überschwemmt, bis durch die Flussregulierung fruchtbare landwirtschaftliche Flächen entstanden sind. Besonders gut gedeihen in dem milden Klima Spargel, Tabak, Salat und Gemüse.

Über Lampertheim nach Lorsch

Lampertheim

Reiseatlas: S. 235, D 2 – D/E 1/2

Über Viernheim, wohin Baden-Württemberger gerne feiertags zum Einkaufen fahren, während die hessischen Nachbarn mal wieder arbeiten müssen, erreicht man über die B44 Lampertheim. Das Städtchen in Süd-Hessen ist seit dem Ende des 19. Jh. ein wichtiges Spargelanbaugebiet. Rund 1500 Tonnen des empfindlichen Gemüses stechen Erntehelfer pro Jahr, bevor die Spargelköpfe aus den braunen Erdwällen hervorlugen. Die Ernte der weißen Stängel wird seit Anfang der 1930er-Jahre sogar mit einem Fest gefeiert, früher zunächst von den Spargelbauern als Saisonabschluss, heute als geselliges Volksfest. Dabei gibt es natürlich vielfältige, zum Teil auch ausgefallene Kreationen rund um das königliche Gemüse zu probieren. Auf dem Platz vor dem Dom herrscht dann buntes Jahrmarkttreiben.

Auch für Naturfreunde hat Lampertheim einiges zu bieten. Nahe der Stadt liegt das **Naturschutzgebiet Biedensand** (Biedensandstraße, Nähe Schulzentrum) mit zahlreichen Wandermöglichkeiten. Dieser Teil des Altrheins ist eines der bedeutendsten hessischen Altrheinschutzgebiete und mit 530 ha Fläche das drittgrößte hessische Naturschutzgebiet überhaupt. Entstanden ist die Schutzfläche durch ein Hochwasser. Im Mai 1802 schnitt das Wasser eine ausladende Rheinschlinge, die sich im Laufe von Jahrhunderten herausgebildet hatte, bei Lampertheim ab, und verkürzte so den Rheinverlauf beträchtlich. Erst knapp 80 Jahre später wurde der Rhein in der Nähe der Durchbruchstelle begradigt. Und verständlicherweise wurde die kürzere Strecke zum neuen Wasserweg, das Gebiet innerhalb der früheren Schlinge zum Naturschutzgebiet mit seltenen Pflanzen- und Vogelarten.

Auch das **Heimatmuseum** von Lampertheim birgt Schätze vergangener Jahrhunderte. Es ist in einem Bauerngehöft aus dem Jahre 1737 in der Mitte des Ortskerns untergebracht (Römerstraße, 1. und 3. So im Monat, April–Sept. 10–12.30, Okt.–März 14–17 Uhr, Tel., 062 03/93 53 21) – das einzige Fachwerkhaus mit vollständig erhaltenem Backhaus samt Backofen aus dem 18. Jh. In den Museumsräumen ist eine Wohnung so eingerichtet wie ehemals die alten Lampertheimer Bauernhäuser. Eine Abteilung zeigt ausführlich Tabakanbau und -verarbeitung, im Obergeschoss gibt es außerdem eine Ausstellung zum Spargelanbau in Lampertheim.

In der Nähe der katholischen Kirche in der Ortsmitte erinnert der **Pater-Alfred-Delp-Platz** an einen überaus mutigen Lampertheimer der jüngeren Geschichte. Das Elternhaus Delps, heute als katholisches Vereinsheim ›Zum Schwanen‹ genutzt, kennzeichnet eine Gedenkplatte für den Jesuitenpater, der gegen das NS-Regime Widerstand leistete, auf dem Lampertheimer Friedhof kann man Delps Grabstätte besuchen.

Lorsch

Nur wenige Kilometer auf der Nibelungenstraße, der B47, führen den Besucher zu gänzlich anderen Zeitzeugnissen. Hier in Lorsch schlägt noch das Herz der Kurpfalz. Der kurpfälzische Staat spielte während des Mittelalters über mehrere hundert Jahre eine bedeutende Rolle. Als Deutschland unter Napoleon neu geordnet wurde, verlor die Kurpfalz ihre Eigenstaatlichkeit und wurde aufgeteilt. Heute grenzt man sich im Rechtsrheinischen mit diesem Regionalbegriff gegen Baden und Württemberg ab. Lorsch mit rund 13000 Einwohnern ist vor allem durch das UNESCO-Welterbe seines Klosters (s.S. 199) bekannt. Doch auch über das karolingische Kloster hinaus mauserte sich die

Die Königshalle des Klosters Lorsch stammt aus dem 9.Jh.

Kleinstadt in den vergangenen Jahren. Im **Kallenbach-Haus**, direkt neben Königshalle (nur über das Museumszentrum, Tel. 062 51/10 38 20) und Altem Rathaus mit **Nibelungensaal**, den Gemälde zum Klosterbau und aus der Nibelungensage zieren (Besichtigung möglich, tgl. 10–18 Uhr, sofern frei, bei der Tourist-Info melden), ist seit 2002 der Sitz der **Kurpfalz-Bibliothek** (Schulstr. 16, Mi 9.30–12 Uhr, Tel. 062 51/58 29 19). Die Bibliothek soll die schriftlichen Zeugnisse der Region bündeln und eine Art historisches Gedächtnis schaffen. Naturschutzgebiete wie die ›Weschnitzinsel von Lorsch‹, vom Altmäander der Weschnitz durchzogen, sowie die ›Erlache‹ und ›Tongruben‹ sind **typische Riedlandschaften**, über deren Flora und Fauna man sich neuerdings auch im Naturschutzzentrum informieren kann (Beschilderung folgen, zwischen Bensheim und Lorsch, Richtung Erlache, Mo–Fr 8.30–12, Sa 14–18, So 10–18 Uhr, Winter Sa 14–16, So 13–17 Uhr, Dez./Jan. am Wochenende geschl.). Auch die Geschäftsstelle des Naturparks Bergstraße-Odenwald ist in Lorsch (Nibelungenstr. 41, Mo–Fr 8–12 Uhr, Tel. 062 51/70 79 90). Wer während all dieser Besichtigungen mal eine Pause braucht, den laden zahlreiche Straßencafés auf dem verkehrsberuhigten Benediktinerplatz und dem Marktplatz zum Verweilen ein.

Rathaus-Service: Domgasse 2, Lampertheim, Tel. 062 06/93 51 00, www.lampertheim.de. **Tourist-Info Nibelungenland:** Altes Rathaus, Lorsch. Mo–So 10–18 Uhr, Tel. 062 51/17 52 60 oder **Tourist-Info Stadt Lorsch:** Mo–Fr 8–12 Uhr, Tel. 062 51/1 75 26 21

Die ›Tabaknäherin‹ auf dem Marktplatz von Lorsch

Nibelungenstube: Justus-Liebig-Str. 25, Lorsch, Tel. 062 51/70 27 95, Mi–Mo 17–24, So 11.30–14.30, 17–22 Uhr, Di geschl. Deutsche Küche am Kloster. **Rathauscafé – Bistro:** Lorsch, Marktplatz 1, Tel. 062 51/58 74 20, www.rathauscafe-lorsch.de, Di–So 10–23 Uhr, deutsche u. italienische Küche, Hauptgerichte ab 6 €.

Minigolf Klosterspatzen: Im Rod, Lorsch, Tel. 062 51/5 55 41. Minigolfanlage, nur im Sommer geöffnet.

Lampertheim: 2. Juniwochenende Spargelfest mit Jahrmarkt und vielen Spargelgerichten. **Lorsch:** Ende Juni Johannisfest mit mittelalterlichem Kunsthandwerkermarkt.

Lampertheim: Auf der Strecke der Regionalzüge nach Biblis/Frankfurt und Mannheim. **Lorsch:** Mit dem Zug bis Bahnhof Bensheim, dann Bus nach Lorsch, Abfahrt ca. halbstündlich.

›Nibelungenkissen‹

Die Kräuter des Odenwalds, in dem der Nibelungenrecke Siegfried den Tod fand, inspirierten Gerda Schmitt zu einem wohlduftenden Mitbringsel. Die Besitzerin des Handarbeitsstübchens in Mörlenbach kreierte zwei Nibelungen-Kräuter-Kissen, die man in ihrem Geschäft und in der Tourist-Information ›Nibelungenland‹ erhält (Altes Rathaus, Lorsch, Mo–So 10–18 Uhr, Tel. 062 51/17 52 60).

UNESCO-WELTKULTURERBE: DOM ZU SPEYER – KLOSTER LORSCH – LIMES

Nur was einzigartig und von weitreichender kulturhistorischer Bedeutung ist, ernennt die UNESCO zum Weltkulturerbe. In der Metropolregion Rhein-Neckar errang diese Auszeichnung bisher drei Denkmäler. Der Schwetzinger Schlossgarten hat gute Chancen, ebenfalls bald dazuzugehören.

Der **Kaiser- und Mariendom zu Speyer** ist die größte erhaltene romanische Kirche der Welt und zugleich eines der größten Bauwerke aus dieser Epoche in Deutschland. Er steht für das mittelalterliche Kaisertum, in der Krypta liegen zahlreiche deutsche Kaiser und Könige begraben, u. a. der Grundsteinleger Kaiser Konrad II. (gest. 1039), Kaiser Heinrich IV. (gest. 1106) sowie die zweite Frau von Kaiser Barbarossa, Kaiserin Beatrix (gest. 1184), und König Philipp von Schwaben (gest. 1208), Sohn Barbarossas.

Besonders im Hauptschiff finden sich die charakteristischen romanischen Rundbögen. Mit dem Speyerer Dom wurde erstmals ein Kirchenraum dieser Größenordnung erfolgreich überwölbt. Nicht unbedingt Bescheidenheit und Demut gaben den Ausschlag für den Dombau. Den Grundstein legte Kaiser Konrad II. im Jahr 1031 n. Chr. in der Absicht, hier die größte Kirche des Abendlands zu bauen. Erst sein Enkel Heinrich IV. konnte den Bau 1061 n. Chr. einweihen. Um die benötigten Mengen an Steinen und Holz herbeizuschaffen, wurde eigens ein Kanal vom Pfälzerwald zum Rhein angelegt. Doch die Freude über den Prachtbau währte nicht lang. Knapp 20 Jahre später ließ Heinrich IV. den Dom zur Hälfte einreißen – um ihn noch größer wieder aufzubauen.

Mit einer Länge von 132 m und einer Breite von 33 m war der neue Dom im Jahr seiner Fertigstellung 1106 n. Chr. das größte Bauwerk Europas. Damals hatte Speyer rund 500 Einwohner. Dass Kaiser Heinrich IV. hier eine derart große Kirche bauen ließ, war auch eine klare Ansage Richtung Rom. Größe und Pracht des Speyerer Doms demonstrierte sowohl den weltlichen als auch den kirchlichen Machtanspruch, den die deutschen Kaiser damals erhoben und der schließlich in den Investiturstreit zwischen Kaiser und Papst mündete. Wechselvoll waren die folgenden Jahrhunderte der Domgeschichte, geprägt von Besetzung und Zerstörung durch Feuer, bis er 1806 schließlich abgerissen werden sollte. Das verhinderte der Mainzer Bischof Joseph Ludwig Colmar. Nicht verhindern konnte er allerdings die zweckfremde Nutzung: für Napoleons Truppen wurde der Dom Viehstall, Futter- und Materiallager. Erst nach dem Abzug der Franzosen wurde das Gotteshaus grundsaniert und diente seit 1818 als Bischofskirche. Nach einer ausgeprägten Re-Romanisierung Mitte des 20. Jh. wird der Dom nun voraussichtlich bis 2010 saniert. Weitere Zeugnisse zur Domhistorie finden sich mit dem sog. Ölberg, dem Mittelpunkt des ehemaligen Domkreuzgangs, und dem Domnapf auf dem Domplatz westlich der Kathedrale. Der Domnatz wird noch heute zu besonders feierlichen Anlässen mit Wein gefüllt.

Seit 1980 veranstalten das Domkapitel Speyer, der SWR und die Stadt Speyer gemeinsam jährlich von August bis Oktober die Internationalen Musiktage ›Dom zu Speyer‹. Kernstück ist ein Orgelwettbewerb, daneben gibt es Sinfoniekonzerte, Kammermusik und Konzerte mit geistlicher Musik. Information: Tourist-Information Speyer, s. S. 141, www.musiktage-speyer.de oder www.dommusiktage.de.

Das **Kloster Lorsch** wurde 1991 in die UNESCO-Liste aufgenommen. Im frühen Mittelalter war es eines der bedeutendsten Klöster in Mitteleuropa und zugleich als Königskloster und Reichsabtei ein wichtiges politisches Zentrum. Vor mehr als 1200 Jahren vom fränkischen Gaugrafen Cancor als Abtei gegründet, wurde hier später die ostfränkische Karolingerdynastie zu Grabe getragen. Heute sind von der ehemaligen Klosteranlage, die 764 n. Chr. erstmals urkundlich erwähnt wurde und sogar im Nibelungenlied vorkommt, neben der Königshalle nur noch der Torso der einstigen Klosterkirche und Teile der Klostermauer erhalten. Auch die Werke der sehr bedeutenden Klosterbibliothek sind über die Welt verstreut. Die karolingische Königshalle zählt jedoch zu den besterhaltenen frühmittelalterlichen Gebäuden. Das restaurierte Obergeschoss in der Königshalle ist nach Anmeldung zu besichtigen. Außerdem lockt in der Klosteranlage ein Kräutergarten, angelegt nach dem Lorscher Arzneibuch, einer Handschrift aus dem 8. Jh. Nur einen kurzen Fußweg entfernt informiert im nahe gelegenen Museumszentrum eine Dauerausstellung über das Mönchstum und dessen Voraussetzungen im Mittelalter. Information: Kloster Lorsch, Nibelungenstr. 32, 64653 Lorsch, Tel. 062 51/10 38 20. Klosteranlage: tgl. bis Einbruch der Dunkelheit, Museumszentrum: Di–So 10–17 Uhr.

Lediglich Überreste zeugen von einem weiteren historischen Bauwerk. Die Grenzbefestigung des **Neckar-Odenwald-Limes** bestand vom Ende des 1. Jh. n. Chr. bis zum Jahre 159 n. Chr., als sie unter Kaiser Antonius Pius durch neue Grenzverläufe abgelöst wurde. Als Grenzwall oder Überwachungsanlage an den Reichsgrenzen markierte der Neckar-Odenwald-Limes über eine Länge von etwa 70 Kilometern das römische Gebiet entlang des Rheins zwischen Mainz und Straßburg. Er begann südlich des Kastells Obernburg und endete gegenüber von Bad Wimpfen am Neckar. Mehrere Dutzend Wachtürme sicherten die Strecke, wenige kleinere Kastelle lagen direkt im Odenwald, beispielsweise in Oberscheiden/Mudau und Neckarburken/Elztal. Der Odenwald-Limes lässt sich gut zu Fuß erkunden. Einige der Wachtürme sind in ihren Fundamenten heute noch erhalten, ebenso das rekonstruierte Süd-Tor am Kastell Oberscheidental.

Im September 2006 eröffnete in Osterburken im Hinteren Odenwald das neue Römermuseum. Es ist eines von vier überregionalen Informationszentren und zugleich Erlebniswelt zum Limes, der 2005 zum UNESCO-Weltkulturerbe ernannt wurde. Das Museum informiert über die Lebensweise der Menschen an den Grenzen des römischen Reichs. Information: Römermuseum, Römerplatz 2, 74706 Osterburken, Di–So 10–17 Uhr, Tel. 062 91/41 52 66.

Der Osten und Südosten

Die sanfte Mittelgebirgslandschaft des Odenwalds

Reiseatlas S. 235, 236–237, 238–239

KRAICHGAU, NECKARTAL, ODENWALD

Die Kulturlandschaften im Osten und Südosten der Region an Rhein und Neckar bergen eine ganze Reihe reizvoller Orte, die sich mühelos mit Tagesausflügen erreichen lassen. Ob Heldensagen und Mythen, Begegnungen mit dem Weltkulturerbe am Limes oder Weinproben im Kraichgau – diese Landschaften mit ihren Burgen, Marktflecken und Weingärten werden alle Besucher schnell in ihren Bann ziehen.

Durch den Kraichgau zum Neckar

Reiseatlas: S. 239, E–F 3–4
Sanfte Hügellandschaften bestimmen die Szenerie bei einer Ausflugsfahrt, die südlich von Heidelberg in Wiesloch beginnt, um einige Besonderheiten der Region zu streifen und im Neckartal zu enden. Wer die schönen Bilder der ›badischen Toskana‹ intensiver aufnehmen möchte, bewegt sich hier zwischen Rheinebene (Westen), Odenwald (Norden), Stromberg/Heuchelberg (Osten) und Schwarzwald (Süden) am besten mit dem Fahrrad. Da das Gebiet arm an Bodenschätzen, aber sehr fruchtbar ist und zudem über ein fast mediterranes Klima verfügt, haben Adelsgeschlechter, Bauern und Winzer das Siedlungsbild geprägt. Landschlösser, Weingüter und Kunstsammlungen bilden die Stationen, an denen ein Aufenthalt lohnt.

Wiesloch liegt ca. 15 km südlich von Heidelberg und gefällt vor allem wegen seines hübschen Stadtkerns, der mit einigen mittelalterlichen Zeugnissen, Geschäften und Cafés zum Bummeln und zum Besuch des Städtischen Museums in einem mittelalterlichen Wehrturm einlädt (Röhrbuckel, Tel. 062 22/8 43 05, So 14–16 Uhr). Das älteste Gebäude der Stadt, der **Freihof** mit seinen gotischen Treppengiebeln, bietet sich als Hotel und Restaurant für alle an, die bei einem Besuch der Region gerne außerhalb großer Städte wohnen. Sehenswert ist auch die ›Kunstsammlung Kurt und Gertrud Lamerdin‹. Sie zeigt Werke namhafter Künstler, die in der Pfalz und Nordbaden gelebt haben. Dazu gehören Otto Dill, Albert Haueisen und Max Slevogt (Kulturforum im Alten Schlachthof, Ringstr. 6, So 14–16 Uhr).

Eine kuriose Geschichte weiß die Stadtapotheke in der Hauptstraße zu erzählen: Hier ›tankte‹ Berta Benz 1888 bei ihrer ersten Überlandfahrt mit dem vom Gatten entwickelten Automobil drei Liter Reinigungsbenzin. Ein Auftanken ganz anderer Art empfiehlt sich im **Winzerkeller Wiesloch**. Die Genossenschaft und zweitgrößte badische Kellerei unterstreicht die Bedeutung des unterbadischen Weinbaus und hält gute Tropfen zu fairen Preisen bereit.

Über Mühlhausen geht es auf der B 39 tiefer in den Kraichgau. Nach 12 km erwartet den Besucher in der Ortsmitte von **Angelbach/Eichtersheim** ein idyllisch gelegenes Wasserschloss aus dem 16. Jh. Im großen Schlosspark lässt sich der alte Baumbestand ebenso bewundern wie die Plastiken von Jürgen Goertz, der mit dem ›S-Printing-Horse‹ auf dem Vorplatz der Print Media Academy in Heidelberg der Welt die größte Pferdeskulptur schenkte. Der berühmteste Sohn des Ortes ist Friedrich Hecker. 1811 in Eichtersheim geboren, wusste er seine ganze Heimat für die Freiheitskämpfe der Märzrevolution von 1848/49 zu begeistern.

Mit großem Enthusiasmus verfolgt das Weingut Reichsgraf und Marquis zu Hoensbroech im benachbarten **Angelbachtal/Michelfeld** die Arbeit auf dem Weinberg und im Keller. Entsprechend gut sind alle angebotenen Burgundersorten, die auf den Lössböden des Kraichgaus beste Anbaubedingungen finden. Nach 5 km auf der B 292 kommt man nach **Östringen**. Besonders breit hat sich dort die Pfarrkirche St. Cäcilia gemacht. Mit dem gelben Sandstein der Region 1895 errichtet, wird der Bau wegen seiner beachtlichen Ausmaße auch ›Dom des Kraichgaus‹ genannt. An Sonntagnachmittagen lohnt ein Blick in die **Gustav-Wolf-Kunstgalerie**. Sie zeigt das Lebenswerk des 1887 im Kraichgau geborenen jüdischen Malers und Grafikers (Am Leiberg III/2, So, Fei 15–18 Uhr). Dann geht es ein paar Kilometer auf der B 3 in Richtung Süden, um bei Ubstadt-Weiher Richtung **Gochsheim** abzubiegen. Der barock geprägte Ort verdient wegen zweier Besonderheiten einen kleinen Aufenthalt, möglichst an einem Sonntag. Im **Graf-Eberstein-Schloss** sind neben einer Werkschau des Karlsruher Künstlers Karl Hubbuch die weltgrößte Bügeleisen-Sammlung sowie ein Küfereimuseum zu sehen (Hauptstr. 89). Das **Zuckerbäcker-Museum** zeigt so ziemlich alles, was an Gussformen und Gerät zur Herstellung von Schokoladenfiguren nötig ist. Umgeben von Nikolaus-, Osterhasen- und Spekulatiusformen erfährt man, dass die Herstellung von Zuckerzeug in Europa bis ins 13. Jh. eine Sache der Heilkundler war und der Konditor als solcher erst durch den Kakao aus Übersee im 17. Jh. sein Handwerk entwickelte (Hintere Gasse 2), Schloss und Museum sind jeweils So 14–17 Uhr zu besichtigen.

15 km weiter nördlich lohnt ein Stopp im Östringer Ortsteil **Tiefenbach**. Am Kreuzbergsee gibt es schöne Spazierwege, Kuchen und Kaffee, und am anderen Ende des Ortes warten mit dem Weingut Heitlinger (Am Mühlberg) ein ausgezeichnetes Restaurant und Wein, für die es sich lohnt, eine Ecke im Kofferraum frei zu lassen. Nach Tiefenbach sind es etwa weitere 10 km bis zur **Burgruine Steinsberg** in Weiler. Die weithin sichtbare Anlage liegt auf einem Basaltkegel und repräsentiert eindrucksvoll den spätstaufischen Burgenbau. Schon für das frühe 12. Jh. urkundlich bezeugt, zeigen sich heute noch die Ringmauer, einzelne Wohnbauten, Zisterne und der 30 m hohe Turm. Im Ort Weiler ist das Restaurant ›Küferschenke‹ ein beliebtes Ziel. Der Schenkenwirt darf sich die Hände reiben, wenn er an seine wirtschaftliche Zukunft denkt –

Sonntagstour

Eine Besichtigungstour durch den Kraichgau und das Neckartal sollte man unbedingt auf einen Sonntag legen, haben doch viele der kleinen Museen und Kunstsammlungen, die es hier zu sehen gibt, die Woche über geschlossen und nur sonntags nachmittags geöffnet.

bald werden bei Heimspielen der TSG Hoffenheim bis zu 30 000 Zuschauer in ein Fußball-Bundesligastadion pilgern, das in der Nähe errichtet wird. Das seit 1192 mit Stadtrechten versehene **Sinsheim** gilt als Hauptort des Kraichgaus. Große Anziehungskraft übt hier das **Auto & Technik Museum** aus. Es liegt direkt an der Autobahn A6, und das große Freigelände entwickelt sich in jüngerer Zeit zu einem ›Parkplatz für Flugzeuge‹. Wer will, kann sich eine originale Concorde von innen ansehen (Obere Au 2, Tel. 072 61/9 29 90, www.technik-museum.de, tgl. 9–18, Sa, So, Fei bis 19 Uhr). Historisch interessierte Besucher erfahren im Stadtmuseum, dass Sinsheim ein kleines Zentrum der Märzrevolution von 1848 war (Hauptstr. 92, Tel. 072 61/40 49 50, So, Mi 14–17 Uhr), und im sogenannten Lerchennest im Stadtteil Steinsfurt lernt man das einzige Museum in Baden-Württemberg kennen, das sich dem Preußenkönig Friedrich dem Großen widmet. Er wurde 1730 als junger Mann in Sinsheim festgesetzt, als höfische Verpflichtungen und die strenge väterliche Erziehung ihn in die Flucht getrieben hatten (Museumshof Lerchennest, Lerchenneststr. 18, Tel. 072 61/39 34, So, Fei 14–17 Uhr). Von Sinsheim aus führt dann die B45 auf einer Strecke von ca. 20 km nach Neckargemünd. Auf dieser Strecke lohnt bei Meckesheim ein Abstecher zur idyllisch gelegenen **Klosterkirche Lobenfeld** (www.kloster-lobenfeld.com), die, 1145 erbaut, beeindruckende mittelalterliche Wandmalereien birgt. Wieder auf der B45 macht das **Urgeschichtliche Museum** von Mauer darauf aufmerksam, dass hier im Jahre 1907 mit dem **Homo Heidelbergensis** (s. S. 57) einer der wichtigsten archäologischen Funde der Neuzeit gemacht wurde (Rathaus Mauer, Heidelberger Str. 34, Tel. 062 26/9 22 00, www.gemeinde-mauer.de, Mo 8–12, 13.30–18, Di–Do 8–12, 13.30–16, Fr 8–12 Uhr, Sa, So geschl.). Nach Neckargemünd sind es von Mauer aus nur noch 7 km.

Touristikgemeinschaft Kraichgau-Stromberg: Melanchthonstr. 1, Bretten, Tel. 072 52/95 76 10, www.kraichgau-stromberg.de.

Hotel-Restaurant Freihof: Freihofstr. 2, Wiesloch, Tel. 062 22/25 17. www.restaurant-freihof-hotel.de, reizvolle Alternative zu den Stadthotels der Region, DZ ab 100 €. Restaurant mit gehobener Qualität.

Landgasthof Ritter Post: Hauptstr. 7, Angelbachtal-Eichtersheim, Tel. 072 65/2 88, www.ritter-post.de. Ein gemütliches, familienfreundliches Haus mit gutem Restaurant. DZ ab 70 €.

Kraichgaustube: Uhlandstr. 36, Mühlhausen, Tel. 062 22/6 07 09,

Di–Sa ab 17.30, So ab 11 Uhr. Ein beliebtes Restaurant mit eigener Schlachterei; der Wein stammt aus eigenen Weinbergen. Wildgerichte als Spezialität, Tellergerichte ab 12 €.
Villa Heitlinger: Am Mühlberg, Östringen-Tiefenbach, Tel. 072 59/91 12–0, www.villa heitlinger.de. Mi–Fr 11–14.30, 17–23 Uhr, Sa, So 11–23 Uhr. Mo, Do geschl. Feine Küche bei einem führenden Winzer. Hauptgerichte ab ca. 11 €. Weinverkauf Mo–So 10–20 Uhr.
Restaurant Küferschänke: Kaiserstr. 83–85, Sinsheim-Weiler, Tel. 072 61/24 18, www.kueferschaenke.de. Mo–Sa 17–23, So ab 12 Uhr. Deftige Hausmannskost in rustikaler Atmosphäre, Weine vom eigenen Weingut. Hauptgerichte ab ca. 10 €.
Café im Rathaus: Marktstr. 13, Wiesloch, Tel. 062 22/5 00 91, www.cafe-im-rathaus.de, Mo–Sa 8.30–18.30, So 10–18.30 Uhr. Café-Konditorei – alles aus eigener Herstellung (für Wiesloch s. a. ›Freihof‹, S. 204)

Zu den besten Adressen für den Einkauf von Wein gehören: Angelbachtal/Michelfeld: **Weingut Reichsgraf und Marquis zu Hoensbroech:** Herrmannstr. 12, Tel. 072 65/91 10 34, www.hoensbroech.eu. Mo–Fr 9–18, Sa 10–16 Uhr. Östringen-Tiefenbach: Weingut Heitlinger, siehe ›Villa Heitlinger‹. **Winzerkeller Wiesloch:** Bögnerweg 3, Tel. 0 62 22/9 27 30, www.winzerkeller-wiesloch.de. Weine direkt vom Erzeuger: Verkostung, Verkauf, Weinpräsente und Weinproben, Verkauf: Mo–Fr 9–17.30 Uhr, Sa 9–13.00 Uhr.

Angelbachtal: Schlossparkserenade am jeweils 4. Samstag im Juni. Regionale Orchester zeigen ihr Können vor der Kulisse eines schönen Parks, www.angelbachtal.de, Veranstaltungen. **Wiesloch:** Weinfestival Kraichgau/Bergstr., jeweils 14 Tage vor Ostern, So 11–19 Uhr, Tel. 062 22/5 82 62-0, mehr als 20 Winzer präsentieren ca. 200 Weine aus der Region.

Im Museum von Sinsheim kann man eine Concorde von innen besichtigen

Neckargemünd

Neckartal/Burgenstraße

Reiseatlas: S. 236–237, A 3–D 3
Oftmals verlieren Flüsse in ihren Mündungsgebieten an Schönheit – nicht so der Neckar, der zwischen Mosbach und Neckargemünd auf knapp 50 km ein romantisches Tal durchfließt und an seinen Ufern den warm-roten Sandstein des Odenwaldes steil emporragen sieht. In den vielen Windungen, die der Fluss auf dieser Strecke nimmt, haben sich kleine Städte um die stolzen Burgen herausgebildet. Sie markieren einen der attraktivsten Streckenabschnitte der ›Burgenstraße‹. Wer deren Schönheit vom Fluss aus näher genießen möchte, kann dies von Heidelberg aus bis Eberbach an Bord eines Ausflugsschiffs tun.

Von Neckargemünd bis Mosbach

Mit einem malerischen Stadtbild und viel Fachwerk präsentiert sich die ehemalige freie Reichsstadt **Neckargemünd**. In der Neckarstraße kann man eines der alten Fachwerkhäuser in der Weinstube ›Zur Stadt Athen‹ auch von innen besichtigen. Die populäre Stube verfügt auch über eine Terrasse mit schönem Blick auf den Neckar. Nach einem kleinen Altstadtbummel empfiehlt sich die Weiterfahrt auf der gleichen Neckarseite zur **Feste Dilsberg**, die als Ortsteil von Neckargemünd ca. 5 km weiter flussaufwärts hoch auf dem Berg liegt. Das Ensemble fand schon um 1200 urkundliche Erwähnung und ist in weiten Teilen sehr gut erhalten, etwa die Mantelmauer aus dem 14. Jh. und der Treppenturm des Palas (16. Jh.). War die Anlage einst ein Fluchtpunkt für den kurpfälzischen Hof, so entwickelt sich das kleine ummauerte Dorf in jüngerer Zeit zu einer Residenz für Künstler und Kunsthandwerker, die es aufgrund seiner Ruhe und Beschaulichkeit den nahen Neckarstädten vorziehen. Wer nach der örtlichen Chocolaterie fragt, findet an dem Kunsthandwerk sicher Geschmack.

Neckarsteinach, auf der anderen Seite des Neckars gelegen, lässt sich auch gerne **Vier-Burgen-Stadt** nennen. Das mit der ›Stadt‹ ist dabei ein bisschen übertrieben, das mit den vier Burgen nicht. Kurz vor dem Ortseingang sieht man am Hang das **Schwalbennest** als ehemals äußerste Bastion der Burganlage aus dem 13. Jh.

Neuerdings zeigt sich dem Betrachter vom Tal aus auch die lange von Bäumen verdeckte **Hinterburg**. 2006 wurde der Wald am Burghang abgeholzt und Platz für die Anpflanzung eines Niederwaldes geschaffen. Die heutige Ruine der Hinterburg war einst Wohnort des Minnesängers Bligger von Steinach, dessen Bild sich in der berühmten Heidelberger Manessischen Liederhandschrift findet. Zu dem Ensemble gehören außerdem die **Mittelburg** und die **Vorderburg**, die im 16. und 19. Jh. ausgebaut wurden. Die in einer Saison mehrmals stattfindende Vier-Burgen-Beleuchtung lockt jeden Sommer tausende von Besuchern in den Ort.

Die 8 km lange Strecke nach **Hirschhorn** verläuft auf der gleichen Neckarseite und zeigt sich als Abfolge landschaftlich reizvoller Panoramabilder. Als ›Perle des Neckartals‹ liegt das Städtchen in einer weiten Flussschleife und gehört zum Bundesland Hessen. Geführte Spaziergänge durch die mittelalterlichen Gassen werden zwischen Mai und September samstags von der Touristeninformation angeboten. Zu den Sehenswürdigkeiten gehören die oberhalb des Stadtgebiets gelegene, im 12. Jh. errichtete Burg Hirschhorn. Im 16. Jh. im Renaissance-Stil umgebaut, dient sie heute als Hotel. Von der Hotel-/Restaurant-Terrasse aus hat man einen wunderschönen Blick ins Neckartal. Wer in Hirschhorn den Hinweisschildern zur **Ersheimer Kapelle** folgt, kommt bald zu einem Kleinod der regionalen Gotik. Die schon 773 im Lorscher Codex erwähnte Kapelle gilt als älteste Kirche des Neckartals. Beachtung verdienen die figürlichen Grabmäler im Chor und die Wandmalereien.

Nach weiteren 11 km Fahrt ist **Eberbach** erreicht. Die alte Stauferstadt hat ebenfalls einen hübschen verwinkelten Kern mit vielen Fachwerkhäusern. Bei einem Altstadtspaziergang fallen die

Die schönste Jugendherberge

Imposanter gelegen ist wohl keine Jugendherberge in der Metropolregion Rhein-Neckar. Die Jugendherberge Dilsberg ist Teil der Stadtmauer und Idylle pur. Für Wanderer ein idealer Standort (Untere Str. 1, Neckargemünd-Dilsberg, Tel. 062 23/21 33, www.jugendherberge-dilsberg.de).

Reiseatlas: S. 236–237

Ecktürme der mittelalterlichen Stadtmauer ebenso auf wie das Thalheimsche Haus als ältestes Steingebäude der Stadt. Zu beiden Seiten des spätromanischen Bettendorfschen Tores finden sich besonders schön gestaltete Fachwerkhäuser: ›Der Hof‹ war einst ein kaiserliches Stadtschloss und später Adelssitz. Auch das daneben stehende Bettendorfsche Haus ist ein ehemaliges Herrschaftshaus mit fast 500-jähriger Geschichte. Wer in Eberbach Rast machen oder übernachten möchte, findet mit dem Hotel-Restaurant ›Altes Badhaus‹ einen besonders hübschen Ort. Wenn der ein oder andere Schoppen die Phantasie auf Reisen schickt, lässt sich in dem besterhaltenen mittelalterlichen Badhaus Baden-Württembergs (15. Jh.) leicht nachvollziehen, wie die Körperpflege zu Zeiten von Badezuber und Feuerraum gewesen sein mag. Das Stadtmuseum klärt den Reisenden sehr anschaulich über die Geschichte der Neckarschifffahrt auf. Außerdem lässt uns die Abteilung ›Mensch und Wald‹ wissen, dass im Eberbacher Stadtwald eine Douglasie 62,45 m an Höhe misst und von keinem anderen Baum in Deutschland überragt wird (Alter Markt, Tel. 062 71/16 64, Di, Fr 15–17, Sa, So 14–17 Uhr). Von der oberhalb der Stadt gelegenen dreiteiligen Burg Stolzeneck haben sich nur Reste erhalten. Sie war um 1200 errichtet und später mehrfach erweitert worden.

Nach weiteren 9 km Fahrt zeigt sich **Zwingenberg** als einer der schönsten und besterhaltenen Adelssitze des Neckartals. Das **Schloss Zwingenberg** entspricht noch heute dem Bild einer mittelalterlichen Burg. Von Kriegen und Zerstörungen weitgehend verschont, ist es Wohnsitz von Prinz Ludwig von Baden. Besichtigungen sind deshalb nur in Gruppen und nach Voranmeldung beim örtlichen Forstamt möglich (Tel. 0 62 63/41 10 10). Einen Augen- und Ohrenschmaus bieten die jährlich im August stattfindenden Schlossfestspiele, bei denen Aufführungen des ›Freischütz‹ von Carl Maria von Weber immer im Zentrum stehen. Vom Wehrgang der Anlage reicht der Blick über steile Felsen hinab in die Wolfsschlucht, den

Blick auf Hirschhorn

Ort, der zur Komposition einer entsprechenden Szene im ›Freischütz‹ führte.

Im weiter neckaraufwärts gelegenen **Mosbach** bezaubert nicht nur das 1610 errichtete Palsche Haus am Marktplatz mit seiner reichhaltigen Fachwerkverzierung. Auch die sich anschließenden Häuser zeugen in ihrer Bauweise beredt von den Handwerkskünsten des Mittelalters. Zur Römerzeit lag Mosbach an einem wichtigen Handelsweg. Im 9. Jh. entwickelte sich um das Benediktinerkloster ›Monasterium Mosabach‹ zu einem vitalen Handelsplatz, der sogar das Markt- und Münzrecht besaß. Im frühen 17. Jh. entstanden bereits die ersten eindrucksvollen Fachwerkhäuser in der befestigten Pfalzgrafenstadt – Zeichen der Wohlhabenheit der Bürger. Viele Zünfte waren vertreten: Weber, Bäcker, Gerber, Küfer, Müller, Färber. Noch heute findet man bei einem Rundgang durch die Altstadt an vielen Häusern Handwerkerzeichen, die darauf hinweisen. Auf dem mittelalterlichen Marktplatz wird wie eh und je der Wochenmarkt abgehalten.

Tourist-Information Neckargemünd: Bahnhofstr. 13, Tel. 0 62 23/ 35 53, Mo–Fr 9–13, 14–18 Uhr, Sa 9–13 Uhr, So geschl. **Hirschhorn:** Alleeweg 2,

Tel. 0 62 72/17 42, www.hirschhorn.de. Mai–Sept. Di–Fr 8–12, 14–17, Sa 9–15 Uhr, So, Mo geschl. Okt.–April Sa, So, Mo geschl. **Eberbach:** Kellereistr. 36, Tel. 0 62 71/48 99, www.eberbach.de. Nov.–April Mo–Do 8.30–12, 14–17.30, Fr 8.30–12 Uhr, Mai–Okt. Mo– Fr 8.30–12, 14–17.30, Sa 10–12 Uhr. **Mosbach:** Am Marktplatz 4, Tel. 0 62 61/91 88 11, Mo–Fr 9–13, 14–17 Uhr, Mai–Sept. zusätzlich Sa 9–13 Uhr.

Neckargemünd: Camping Friedensbrücke, Falltorstr. 4, Neckargemünd, Tel. 062 23/21 78 www.camping-am-neckar.de.
Eberbach: Campingplatz Eberbach, Alte Pleutersbacher Str. 8, Tel. 062 71/10 71. Der direkt am Neckar gelegene Platz hat in seiner Nachbarschaft auch ein Freibad und ein Hallenbad. Stellplatz PKW/Wohnmobil 5,90 €, Zelt 4,60 €, Person 4,90 €.
Eberbach: Hotel-Restaurant Altes Badhaus, Am Lindenplatz 1, Tel. 062 71/92 30-0, www.altes-badhaus.de. Ein romantischer Ort, um im Neckartal Station zu machen. DZ inkl. Frühstück 78 €.

Hotel und Restaurant Lindenhof: Martin-Luther-Str. 3, Mosbach-Neckarelz, Tel. 062 61/6 00 66, gepflegtes Hotel-Restaurant, familiäre Atmosphäre. Das Hotel verfügt über 40 Betten, DZ ab 60 €. Regionale Speisen- und Weinkarte, Schnäpse aus der Hausbrennerei, tgl. außer Mi, 7–24 Uhr, Küchenzeiten 11.45–14 Uhr, 18–22 Uhr.

Neckargemünd: ›Die Rainbach‹, Ortsstr. 9, Rainbach, Tel. 062 23/24 55, www.rainbach.de, tgl. 11–23 Uhr, mit Neckarterrasse. Seit langem zuverlässig gute Regionalküche. Hauptgerichte ab ca. 11 €. Griechische Weinstube ›Zur Stadt Athen‹, Neckarstr. 38, Tel. 062 23/22 85, Traditionslokal mit schöner Neckar-Terrasse, Hauptgerichte ab ca. 9 € .

Hirschhorn: Zur Burg Hirschhorn, Hauptstr. 10, Tel. 062 72/2 66 0, Küche: Di–So 12–14, 18–21 Uhr. Das kleine Restaurant gehört zu den Geheimtipps in der Region. Tellergerichte ab 10 €.
Mosbach: Zum Ochsen, Im Weiler 4 (Nüstenbach), Tel. 062 61/1 54 28, Mi–So 12–13.30, 18–22 Uhr, Mo, Di geschl. Feine bodenständige Küche; mit Antiquitäten eingerichtet, die gekauft werden können. Hauptgerichte ab ca. 13 €.

Aktionstag **Lebendiger Neckar:** Jährlich Mitte Juni veranstalten die am Neckar gelegenen Gemeinden zwischen Mannheim und Mosbach einen gemeinsamen Aktionstag, der den Fluss in den Mittelpunkt rückt. Die Aktionsformen reichen von Bootsfahrten bis zu Musikveranstaltungen auf den Uferwiesen. **Schlossfestspiele Zwingenberg:** Jedes Jahr im August sprechen diese Festspiele mit klassischer Musik und einem märchenhaften Ort der Inszenierung viele Besucher an: www.schlossfestspiele-zwingenberg.de.

Bus: Von Mai bis Sept. verkehrt ab Hauptbahnhof Heidelberg ein Linienbus der Deutschen Touring GmbH auf der Burgenstr. bis Rothenburg o. d. T. und zurück. Informationen sind bei den Tourist-Informationen Mannheim und Heidelberg erhältlich. **Schiff:** Wer sich das Neckartal mit seinen Burgen gerne vom Schiff aus anschauen möchte, findet dazu durch regelmäßige Ausflugsfahrten ab Heidelberg gute Möglichkeiten. Information Tel. 062 21/2 01 81, www.rnf-schifffahrt.de. **S-Bahn:** Die S-Bahn-Linien 1 und 2 haben auf ihren Strecken von Mannheim bzw. Heidelberg aus bis Mosbach im Neckartal u. a. folgende Haltestellen: Neckargemünd, Neckarsteinach, Hirschhorn, Eberbach, Zwingenberg und Mosbach.

Vom Hinteren zum Vorderen Odenwald

Auch wenn der Odenwald ein zusammenhängendes Naherholungsgebiet ist, zeigen sich doch gravierende Unterschiede zwischen den badischen und den hessischen Gebieten der Region, weshalb man das Mittelgebirge geologisch in zwei Teile unterteilt. Die Trennungslinie zwischen dem Hinteren und dem Vorderen Odenwald verläuft ungefähr von Weinheim an der Bergstraße in nordöstlicher Linie zum Main. Südlich und südöstlich dieser Linie liegt der Hintere Odenwald, nach dem hauptsächlich vorkommenden Gestein auch Buntsandstein-Odenwald genannt. Mit stolzen 626 m Höhe findet sich hier auch der **Katzenbuckel**, der höchste Berg des Odenwalds. Nördlich und nordwestlich dieser Linie heißt das Mittelgebirge ›Vorderer Odenwald‹. Da im Vorderen Odenwald an vielen Stellen die Deckgebirgsschichten abgetragen sind, sieht man hier oft das kristalline Grundgestein durchblitzen, hauptsächlich bestehend aus Schiefer, Diorit und Granit.

Durch Buchen und Walldürn in den Hinteren Odenwald

Nicht Spektakuläres auf den ersten Blick, sondern gemächliches Entdecken ist angesagt bei einem Ausflug in den Hinteren Odenwald. Die B27 zwischen Mosbach und Buchen führt durchs **Madonnenländchen**, so genannt wegen seiner vielen Madonnenstatuen. In dem staatlich anerkannten Erholungsort **Buchen** grüßt die Schutzpatronin Maria auf dem Platz am Bild am Anfang der Fußgängerzone bereits von weitem. Die Mariensäule wurde Mitte des 18. Jh. als Dank für die überstandene Pestepidemie errichtet.

Der Katzenbuckel – mit 662 m der höchste Berg des Odenwalds

Noch älter ist die Buchener Fastnacht. Am Mainzer Tor, dem heutigen Stadtturm, trifft man auf die mannsgroße Steinfigur des nackten Bleckers, Symbol der Buchener Fasenacht. Nach langen dunklen Nächten vertreiben die Buchener im Februar den Winter seit rund 500 Jahren in ihren traditionellen bunten Flickenkostümen. Am Marktplatz lässt sich die Barockfassade des Alten Rathauses bestaunen, in dem bis heute der Buchener Stadtrat tagt. Und in der ehemaligen Kurmainzischen Kellerei an der Kellereistraße versammelte sich während des Bauernkriegs 1525 der ›Helle Haufen‹ der Odenwälder Bauern unter dem Anführer Götz von Berlichingen. Als Rundgang lädt der gut beschilderte Stadtmauerrundweg zu einem Spaziergang um die historische Altstadt ein. Wer einen kleinen Schlenker nicht scheut, dem sei ein Abstecher in den Ortsteil **Eberstadt** empfohlen. In der 600 Meter langen **Tropfsteinhöhle** entführen prächtige Stalaktiten und Stalagmiten in eine farbig glitzernde, märchenhaft-bizarre Welt (März–Okt.10–16 Uhr, Nov.– Feb. und an Wochenenden 13–16 Uhr).

Auf Nebenpfaden geht es über die **Deutsche Limesstraße** durch Rinschheim und Hettingen nach **Walldürn**. Vom Schlossplatz, mit der zum Schloss umgebauten Burg aus dem 12. Jh. im Rücken, fällt der Blick auf die Wallfahrtsbasilika Zum Heiligen Blut. Die gleichnamige Wallfahrt verwandelt nach Pfingsten den beschaulichen Ort für einige Wochen in eine Pilgerstätte. Rund um die Basilika, im Barockstil zwischen 1698 und 1714 von Lothar Franz von Schönborn gebaut, ist der Ort mit Blumen geschmückt, überall stehen Altäre. Die Wallfahrt fußt auf einer Überlieferung aus dem 14. Jh. Damals soll ein unachtsamer Priester bei der heiligen Messe den Kelch mit dem gewandelten Wein umgestoßen haben; als sich der Wein über das darunterliegende Leinentuch ergoss, zeichnete er blutrot das Bildnis des Gekreuzigten nach. Seither kommen das Jahr über bis zu 200 000 Besucher zu Gottesdiensten und Lichterprozessionen nach Walldürn, die meisten von ihnen an Fronleichnam zum ›Großen Blutfeiertag‹. Der Heilig-Blut-Altar ist im Innenraum der Basilika zu bestaunen.

Auf den **Limes-Lehrpfad** trifft man nordöstlich von Walldürn, im Großen Wald. Der Odenwald-Limes entlang der Linie Wörth am Main – Bad Wimpfen war Grenzmarkierung des Römischen Reichs, bis 155 n. Chr. die Grenzlinie 30 km Richtung Osten auf die Linie Mil-

Skulpturenradweg im Hinteren Odenwald

Kunstgenuss für Radfahrer bietet der neue 77 km lange Skulpturenradweg zwischen Adelsheim, Osterburken, Ravenstein, Rosenberg und Seckach. Die 18 Skulpturen am Wegesrand entstanden im Rahmen eines Wettbewerbs an den Kunstakademien Karlsruhe, Stuttgart und Halle. Infos unter www.skulpturenradweg.de oder Zweckverband RIO, Tel. 062 91/4 01 24.

Buchen – Altes Rathaus und der Minnesänger Pilgrim von Buchheim

CAFE R

tenberg-Walldürn-Ostburken verlegt (s. S. 199) wurde. Text- und Kartentafeln entlang des Lehrpfads informieren beispielsweise über freigelegte Denkmäler wie die Kastelle Hönehaus und Haselburg, das Römerbad oder die sieben Wachtürme.

Im Walldürner Ortsteil **Gottersdorf**, schon fast an der bayerischen Grenze, befindet sich das nördlichste **Freilandmuseum** Baden-Württembergs (Weiherstr. 12, Mai–Sept., Di–So, Fei 10–18 Uhr, April/Oktober, Di–So, Fei 10–17 Uhr, Tel. 062 86/3 20, www.freilandmuseum.com). Odenwälder Idylle pur verströmen die bisher 17 Häuser aus dem 17.–20. Jh. – zumindest heute, da man sie restauriert und nur noch als historische Zeugen betrachten kann. In ihrer Verschiedenheit dokumentieren sie die ganze Bandbreite des früheren bäuerlichen Lebens, vom kargen Tagelöhnerhäuschen bis zum stattlichen Großbauernhof. Auch die dörfliche Postagentur und eine Landschusterei fehlen nicht.

Beim Museumsfest Mitte Juli gibt es eine örtliche Spezialität zu kosten, die einst aus der Not heraus entstand, in Zeiten bewusster und gesunder Ernährung mittlerweile aber wieder viele Freunde gefunden hat: den Grünkern.

Im Vorderen Odenwald

Über Birkenau und Lindenfels zum Lautertaler Felsenmeer

Reiseatlas: S. 235, E–F 1–2
Auch durch den Vorderen Odenwald verlaufen zahlreiche geschichtsträchtige Pfade. Mit **Mossautal-Hüttenthal**,

Das Odenwälder Freilandmuseum

knapp hinter der Grenze der Metropol-Region Rhein-Neckar Richtung Michelstadt, und dem nicht weit entfernten **Grasellenbach** erheben gleich zwei Orte den Anspruch, auf ihrem Gebiet entspringe die Quelle, an der der Nibelungenrecke Siegfried den Sagen nach durch Hagen von Tronje den Tod fand. Quer durch den Odenwald und weiter über Lorsch bis nach Worms verlaufen heute die den alten Sagen folgenden Straßen, die **Nibelungenstraße** und die **Siegfriedstraße.**

Wer von Weinheim aus über die B38 Richtung Mörlenbach fährt, erreicht schon wenige Minuten später **Birkenau**. ›Mach es wie die Sonnenuhr, zähl' die heit'ren Stunden nur‹ – in kaum einem anderen Ort ist dieses Leitmotiv so berechtigt wie hier. Denn im ›Dorf der Sonnenuhren‹ im hessischen Odenwald kann man bei einem Spaziergang durch den Ort über 100 der geräuschlosen Zeitmesser entdecken. Die Schmuckstücke zieren gleichermaßen Hauswände – etwa beim Rathaus an der Hombacher Straße oder bei der Schule an der Tuchbleiche – wie Gärten, beispielsweise im **Schlosspark**. Den ursprünglich nach französischen Vorlagen angelegten Park gestaltete Friedrich Ludwig von Sckell in einen Landschaftsgarten nach englischem Vorbild um. Das **Schloss**, ein spätbarocker zweigeschossiger Bau, wurde Ende des 18. Jh. durch den kurpfälzischen Hofbaumeister Franz Wilhelm Rabaliatti fertiggestellt. Da es heute im Privatbesitz der Familie Wamboldt von Umstadt ist, kann man es nur von außen besichtigen. Der Schlosspark ist für Besucher zugänglich.

Weiter geht es noch ein Stückchen entlang der Weschnitz durch **Fürth** hindurch, dann auf die B47 nach Lindenfels. Zur Sommersonnenwende Ende Juni feiern die Fürther ihren Johannismarkt mit buntem Festumzug und zahlreichen Trachten- und Musikantengruppen. Natur und Beschaulichkeit begegnet man hingegen im Bergtierpark in Fürth-Erlenbach, etwas abseits der Route gelegen (Beschilderung, tgl. ab 10 Uhr, Sommer bis 19 Uhr, im Winter wetterabhängig, Tel. 062 53/ 2 13 26). Hier leben über 200 Tiere aus fünf Kontinenten in landschaftlich schönen Gehegen.

›Perle des Odenwalds‹ nennen etliche Begeisterte liebevoll den heilklimatischen Kurort **Lindenfels**. Im Westen von Lindenfels über dem Dorf Schlierbach erhebt sich die Burg Lindenfels, heute allerdings nur noch als Burgruine. 1123 wird die Burg erstmals als Burg Lindenfels bezeichnet. Über Jahrhunderte hinweg war sie eine bedeutende Adelsburg, war unter anderem Heimat von Staufern und Welfen. 1728 zwangen leere Kassen die Pfälzer Verwaltung, den Bergfried abzureißen, 1779 folgten weitere Teile der Burg. Die Burgruine bietet einen schönen Blick über das Weschnitztal und die Berglandschaft mit ihren Wäldern ringsherum. Geht man von der Burg Richtung Fußgängerzone hinunter, führt der Weg an verschiedenen Sehenswürdigkeiten wie dem Rathaus, dem äußeren und inneren Fürther Tor, dem Haus Baur de Betaz und dem Bismarckturm vorbei.

Besondere Attraktionen beherbergt das Lindenfelser Museum (April–Okt. So, Fei, 14.30–17 Uhr, Burgstr. 39,

Auf der Schiene durchs Weschnitztal

Wer den Vorderen Odenwald erkunden möchte, ist nicht aufs Auto angewiesen. Zwischen Fürth und Weinheim verläuft die Trasse der nach dem Flusstal benannten Weschnitztalbahn. Die Strecke führt von Weinheim über Birkenau, Reisen, Mörlenbach, Zotzenbach, Rimbach und Lörzenbach nach Fürth im Odenwald. Die Regionalbahn RB 68 verkehrt tagsüber halbstündlich, die Fahrzeit zwischen Fürth und Weinheim beträgt 30 Minuten. Fahrpläne über www.vrn.de.

www.lindenfels.de). Dort, in der Zehntscheuer, aber auch im Rathaushof und im Kurgarten, spielen sich während der Brauchtumstage Anfang Oktober spannende Dinge ab. In der historischen Kelteranlage werden die Äpfel per Mahlrad zerkleinert und aus der Buntsandsteinpresse fließt frischer Süßer aus Odenwälder Äpfeln. Beim zeitgleichen Herbstmarkt werden die funktionstüchtigen Werkstätten im Lindenfelser Museum lebendig. Schuhmacher, Wagner und Schmied, aber auch Filzner und Strohseiler zeigen, wie der Arbeitsalltag eines Handwerkers aussah.

Ganz in der Nähe wartet eine weitere Besonderheit, die man keinesfalls versäumen sollte. Der B 47 Richtung Bensheim folgend, lässt sich in **Lautertal-Reichenbach** Bekanntschaft mit dem **Felsenmeer** machen (Gemeindeverwaltung Lautertal, Nibelungenstr. 280, Tel. 062 54/30 70, www.informat ions-zentrum-felsenmeer.de). Wie von Riesenhänden hingeschmettert liegen zunächst einzelne, dann ganze Felder großer Granit-Felsbrocken im Buchenwald verstreut. Wer etwas Action mag, klettert das Felsenmeer hinauf und genießt nach der Anstrengung den Blick von der Holzbrücke zurück in die Tiefe. Bequemer geht es auf den seitlich entlangführenden Pfaden nach oben. Die Römer nutzten die gewaltige Ansammlung von Granitbrocken auf dem Felsberg vom 2.–4. Jh. als natürlich zugänglichen Steinbruch. Unfertige oder misslungene Arbeiten ließen die römischen Steinmetze einfach im Wald liegen. Eine über 25 Tonnen schwere und über neun Meter lange Riesensäule wurde wahrscheinlich beim Rückzug der Römer zurückgelassen. Informationstafeln an berühmten Granitblöcken wie dem ›Schiff‹ oder ›Altarstein‹ erläutern die damalige Art der Steinbearbeitung.

Buchen: Verkehrsamt, Platz am Bild 1, Tel. 062 81/27 80, www.buchen.de, Mo–Fr 8–12, 14–16 Uhr, April–Okt. auch Sa 10–12 Uhr. **Walldürn:** Tourist-Information Walldürn, Hauptstr. 27, Tel. 062 82/6 71 06, www.wallduern.de, Mo–Fr 8–12, 14–16 Uhr, April–Sept. auch Sa 10–12 Uhr. **Birkenau:** Verkehrsamt, Hauptstr. 119, Tel. 062 01/3 97 47, Mo–Fr 9–12, 14–16 Uhr. **Fürth:** Verkehrsamt, Hauptstr. 19, Tel. 062 53/20 01 16, Mo–Fr 9–12, 14–16 Uhr. **Lindenfels:** Kur- und Touristikservice, Burgstr. 37, Tel. 062 55/3 06 44, www.lindenfels.de. April – Ende Okt. Mo–Fr 8.30–12, 14–17, Sa 10–12 Uhr, Nov.–März Mo–Fr 8.30–12, 13–16 Uhr.

Tel. 030/390 40 00
info@ber.rep.admin.ch

Feiertage

Die drei Bundesländer der Metropolregion Rhein-Neckar haben folgende Feiertage gemeinsam: Karfreitag und Ostermontag, Tag der Arbeit (1. Mai), Christi Himmelfahrt, Pfingstmontag, Fronleichnam sowie den Tag der deutschen Einheit (3. Oktober). Dagegen ist Hl. Drei Könige (6. Januar) nur in Baden-Württemberg ein Feiertag und Allerheiligen (1. Nov.) nur in Baden-Württemberg und Rheinland-Pfalz.

Fotografieren

In Museen und in einigen Kirchen ist das Fotografieren verboten. In der Regel machen entsprechende Hinweisschilder darauf aufmerksam.

Geld

Siehe Umschlaginnenseite vorn.

Gesundheitsvorsorge

Wer im Sommer wandert, sollte sich informieren, ob eine FSME-Schutzimpfung gegen die von Zecken übertragene Hirnhautentzündung zu empfehlen ist. In Baden-Württemberg und insbesondere im Odenwald sind Zecken sehr verbreitet.

Informationen im Internet

Eine auf Reisende in der Region zugeschnittene Internetseite gibt es noch nicht. Bis sich diese Lücke schließt, sind folgende Seiten hilfreich:

www.metropolregion-rhein-neckar.com – Die Seite der jungen Metropolregion ist sehr umfassend angelegt. Unter dem Stichwort ›Lebensqualität‹ finden sich eine Adressliste aller Touristeninformationsämter der Region sowie Infos zur Kultur- und Museumslandschaft.

www.pfalz-wochenende.de – ein auf Urlauber zugeschnittenes Portal zur Pfalz mit vielen Infos zu Ausflugszielen, Gastronomie und Übernachtungsmöglichkeiten.

www.deutsche-weinstrasse.de und **www.suedlicheweinstrasse.de** – ausführliche und gut gegliederte Seite zu den Sehenswürdigkeiten und Veranstaltungen entlang der Weinstraße.

www.geo-naturpark.de – eine ausführliche Einstimmung auf naturnahes Reisen an der Bergstraße und im Odenwald.

www.schloesser-magazin.de – ausführliche Informationen zu den Schlössern in Heidelberg, Mannheim und Schwetzingen.

www.godelta.de – Freizeit- und Veranstaltungsinformation für die Metropolregion; an ein eher jüngeres Publikum gerichtet.

Literaturtipps

Romane/Belletristik

Bauer, Michael: De klääne Pälzer, Kaiserslautern 2002. Bauer hat mit dem ›kläänen Pälzer‹ eine tiefsinnig-humorvolle Kultfigur kreiert, zu der es inzwischen einige Fortsetzungstitel gibt (auch als Hörbuch).

Anreise

... mit dem Flugzeug
Internationales Drehkreuz ist der Großflughafen Frankfurt/Rhein-Main (Tel. 069/69 00), mit dem ICE nur 31 Minuten vom Mannheimer Hauptbahnhof entfernt. Die Flughäfen Stuttgart (Tel. auch von der Schweiz und Österreich 018 05/94 84 44), Baden-Airpark bei Baden-Baden (Tel. 072 29/66-20 00), Frankfurt-Hahn (Tel. 065 43/5 09-2 00) sind gut zu erreichen. Der City-Airport Mannheim (Tel. auch von der Schweiz und Österreich 018 04/44 48 88) bietet Linienflüge nach und von Berlin, Hamburg und Saarbrücken an.

... mit der Bahn
Die Region ist optimal an das europäische Fernverkehrsnetz angebunden, allein 180 Fernverkehrsabfahrten pro Tag vom Mannheimer Hauptbahnhof belegen dies. Innerhalb der Region und auch über deren Grenzen hinweg sorgt der Verkehrsverbund Rhein-Neckar mit der S-Bahn für beste Verbindungen (Tel. 06 21/107 70-0).

... mit dem Bus
Zahlreiche Buslinien verkehren in der Region. Informationen zu Fahrplänen erteilt die Verkehrsverbund Rhein-Neckar GmbH unter Tel. 06 21/107 70-0 und im Internet unter www.vrn.de.

... mit dem Auto
Die Autobahnen A5/A67 und A61/A65 als Nord-Süd-Achsen und die A6 als Ost-West-Achse erschließen mit entsprechenden Abfahrten und Anschluss-Bundesstraßen große Teile der Region.

Apotheken

Die Notdienstzeiten der Apotheken sind den Tageszeitungen oder den Aushängen der Apotheken zu entnehmen.

Ärztliche Versorgung

Siehe Umschlaginnenklappe vorn.

Autofahren

ADAC-Pannenhilfe: Tel. für das gesamte Bundesgebiet und somit auch für die gesamte Metropolregion: aus dem Festnetz 01 80/222 22 22; mobil: 22 22 22.

Behinderte auf Reisen

Die Websites und Tourist-Informationen der Städte und Zielgebiete sind mit entsprechenden Informationen behilflich. Einen guten und aktuellen Überblick gibt folgendes Buch: Handi-capped Reisen – Urlaub in Deutschland für Rollstuhlfahrer & Menschen mit Behinderung, 2006, Verlag: Fremdenverkehrs Marketing, 14,90 €.

Diplomatische Vertretungen

Österreichische Botschaft
Stauffenbergstraße 1
D-10785 Berlin
Tel. 030/20 28 70
berlin-ob@bmaa.gv.at

Schweizer Botschaft
Otto-von-Bismarck-Allee 4a
D-10557 Berlin

REISEINFOS VON A BIS Z

Walldürn: Landhotel-Restaurant Frankenbrunnen, Am Kaltenbrunn 3, Tel. 062 86/9 20 20. Gutbürgerliche gehobene Küche, fangfrische Forellen, Hauptgerichte ab 10 €.

Birkenau: Restaurant Drei Birken, Hauptstr. 170, Tel. 062 01/3 23 68, Mo, Di Ruhetag. Am Ortsrand von Birkenau, gehobene kreative Küche, regionale Gerichte nach Marktangebot. Hauptgerichte ab 16 €.

Fürth-Erlenbach: Restaurant und Café Schorsch, Steinbruchstr. 3, Tel. 062 53/93 23 63, Di Ruhetag. Große Uhrensammlung als Blickfang, Wildspezialitäten, Gerichte aus eigener Schlachtung. Hauptgerichte ab 12 €.

Buchen: Feb. **Buchener Fastnacht.** Walldürn: nach Pfingsten **Wallfahrt ›Zum Heiligen Blut‹**, Höhepunkt Fronleichnam; Mitte Juli **Museumsfest** im Freilandmuseum.

Das Lautertaler Felsenmeer

Noll, Ingrid: Viele der intelligent und hintergründig humorvoll geschriebenen Bestseller-Krimis dieser Autorin spielen in der Rhein-Neckar-Region.
Saalfeld, Martha: Gesammelte Werke, hrsg. von Berthold Roland, Blieskastel 1998. Martha Saalfeld hat ein junges Stück Literaturgeschichte der Pfalz geschrieben (s. S. 39).
Schlink, Bernhard: Selbs Betrug, Zürich 1987, Der Vorleser, Zürich 1995. Zwei Titel der jüngeren deutschen Krimi- und Literaturgeschichte, die in Heidelberg spielen.

Sachbücher
Kohnle, Armin: Kleine Geschichte der Kurpfalz, Karlsruhe 2005. Das Buch vermittelt einen guten Überblick und ist liebevoll gestaltet.
Gassen, Richard W.: Romanik zwischen Speyer, Mainz und Heidelberg, Petersberg 2006. Römische Schätze in der Region.
Pohlit, Peter et al.: »... wie eine gebannte, unnahbare Zauberburg«, Burgen in der Pfalz, Regensburg 2005. Ein preiswerter Burgenführer, dem auch ein Vergleichsbuch zur Nordpfalz zur Seite steht.
Werner, Ferdinand: Die Kurfürstliche Residenz zu Mannheim, Worms 2006. Für alle, die sich mit der großen Zeit der Kurpfalz etwas ausführlicher beschäftigen möchten.
Oestergaard, Jessen: Schwetzingen, der Schlossgarten, Stuttgart 2006. Ein zauberhafter Fotoband zu einem Highlight der Region.
Kiesel, Helmuth (Hrsg.): Briefe der Liselotte von der Pfalz, Frankfurt/Main 2006. Für die deutsche Prinzessin am Hofe des Sonnenkönigs war »Madame sein ein ellendes Handwerck«.
Kolb, Klaus: Wandern im Rhein-Neckar-Dreieck, Schwetzingen 1999. Nach wie vor zuverlässiger Wanderführer.
Hudalla, Marcellino M.: Marcellino's Restaurant Report Rhein-Neckar 2006/2007. Aktuelle Informationen zu schön gedeckten Tischen.

Notruf

Siehe Notrufnummern in der Umschlaginnenklappe vorn.

Öffnungszeiten

Kernöffnungszeiten sind in der vorderen Umschlaginnenseite angegeben. Dabei ist zu beachten, dass die Ladenöffnungszeiten in Hessen und Rheinland-Pfalz großzügiger geregelt sind als in Baden-Württemberg. So dürfen die Läden in Rheinland-Pfalz werktags bis 22 Uhr geöffnet haben, während Hessen eine durchgehende Öffnung erlaubt. Es ist damit zu rechnen, dass Baden-Württemberg im Jahr 2007 ähnliche Liberalisierungen einführt.

Post

Siehe Umschlaginnenseite vorn.

Preise und Ermäßigungen

Die Preise beim Essengehen weisen nicht unbedingt ein Stadt-Land-Gefälle auf, da es auch in kleineren Orten sehr gute Feinschmeckerlokale gibt. Allgemein gelten der Odenwald und die Pfalz als preisgünstig hinsichtlich Essen und Trinken. Ermäßigungen für den Besuch kultureller Einrichtungen erhalten in der Regel Schüler, Studenten, Rentner und Behinderte bei Vorlage eines entsprechenden Ausweises.

Radio und Fernsehen

Neben der Senderfamilie des Südwestrundfunks (SWR), der seine Programme in Baden-Württemberg und Rheinland-Pfalz ausstrahlt, gibt es Privatsender mit unterschiedlichen Reichweiten. Der größte heißt Radio Regenbogen. SWR 1 bringt Popmusik und Oldies mit Infos und Unterhaltung, SWR 2 Kultur, SWR 3 ist die junge Welle, SWR 4 das lokal ausgerichtete Programm. Gleiches findet der Hörer beim Hessischen Rundfunk. Fernsehen: Von Zuschauernähe und Informationen aus dem Nahbereich ist das Rhein-Neckar-Fernsehen als seit 1986 bestehendes Regionalprogramm geprägt.

Souvenirs

Mitbringsel aus der Metropolregion Rhein-Neckar gibt es viele und in unterschiedlichster Art. Allen voran steht in der Pfalz der Wein, ob ausgereift, in noch gärender Form als Federweißer oder als Weingelee. Eine süße Erinnerung aus Heidelberg ist die Großpraline ›Heidelberger Studentenkuss‹.
Auch andere Städte bieten lokaltypisches Naschwerk als Souvenirs an. Schöne Mitbringsel von bleibendem Wert sind Landschafts- oder Städtebilder, die als Stiche, Zeichnungen oder kleine Gemälde zu haben sind.

Telefonieren

Siehe Umschlaginnenseite vorn.

Unterkunft

Tourismusverbände, Verkehrsvereine oder Informationsbüros gibt es in jeder größeren Stadt. Sie verfügen über Unterkunftsverzeichnisse der jeweiligen touristischen Region. Darin findet sich für jeden Anspruch und jedes Budget etwas, vom Hotel bis zur Pension, von der Ferienwohnung bis zur Jugendherberge.

Hotels
In den Städten gibt es selbstverständlich eine Vielzahl von Hotels jedweder Kategorie. Der einfachste Standard wird mit zwei, Luxus mit fünf Sternen bewertet. In beliebten Ferienregionen wie beispielsweise in der Pfalz oder im Odenwald wird oftmals mit Pauschalangeboten um den Gast geworben. In vielen Häusern gibt es die Möglichkeit, sich in einem hoteleigenen Wellnessbereich verwöhnen zu lassen.

Pensionen
Pensionen sind meist sehr persönlich geführte Gästehäuser und die preiswerte, auch individuellere Alternative zum Hotel. Oftmals handelt es sich um kleinere Häuser mit wenigen Zimmern und Frühstücksangebot. Der Übergang zum Privatvermieter von Gästezimmern ist fließend.

Ferien auf dem Bauernhof
Eine Alternative, die zunehmend nachgefragt wird, zumal sich von den länd-

lichen Urlaubsstandorten die Städte der Region meist gut erreichen lassen. Der Führer ›Urlaub auf dem Bauernhof 2007‹ vom DLG-Verlag stellt auch die Adressen im Odenwald und in der Pfalz vor. Weitere Informationen zu Ferien auf dem Bauernhof und Ferienwohnungen im Odenwald gibt es unter www.tg-od enwald.de.

Ferienwohnungen
In fast jeder Ferienregion und selbst in sehr kleinen Ortschaften werden Ferienwohnungen der unterschiedlichsten Standards angeboten. Über das Angebot informieren die jeweiligen Tourist-Informationen. Es ist unbedingt ratsam, für die Hochsaison rechtzeitig zu reservieren.

Jugendherbergen
Nicht nur junge Leute mit schmalem Geldbeutel, sondern zunehmend auch ältere Reisende mit Jugendherbergsausweis nehmen das attraktive Angebot dieser weltweit vertretenen Einrichtungen gerne an.
Heidelberg: Tel. 062 21/41 20 66
Mannheim: Tel. 06 21/82 27 18
Ludwigshafen: Tel. 06 21/685 09 99
Weinheim: Tel. 062 01/684 84
Dilsberg: Tel. 062 23/21 33

Camping
Gut ausgestattete Zeltplätze sind in allen Feriengebieten der Metropolregion Rhein-Neckar vorhanden. In Flussnähe sind nach einem Hochwasser einige nicht nutzbar. In Campingführern (z. B. vom ADAC) werden die Plätze sehr ausführlich beschrieben und auch bewertet.

Verkehrsmittel

Bahn
Die Bahnverbindungen zwischen größeren Städten und kleineren Orten sind sehr gut. Preisgünstig wird es für Gruppenreisende, die mit eigens für sie angebotenen Tickets (›24-Stunden-Ticket‹) in der gesamten Region herumreisen können. Die Bahnauskunft informiert über Verbindungen unter Tel. 118 61, im Internet unter www.bahn.de. Die S-Bahn verbindet große Gebiete der Region, teilweise im Halbstundentakt. Außerdem verkehren die Regionalbahnen OEG und RHB sowie Straßenbahnen in Mannheim, Ludwigshafen und Heidelberg.

Bus
Es verkehren Überlandbuslinien des Busverkehrs Rhein-Neckar (BRN). Innerhalb des Verkehrsverbundes Rhein-Neckar (VRN) können sie zu einheitlichen Preisen genutzt werden. Informationen unter www.vrn.de.

Auto
Das Straßennetz ist gut ausgebaut und die Autobahnen knüpfen enge Verbindungen zwischen den Städten in der gesamten Region (s. Anreise mit dem Auto).

Mietfahrzeuge
Alle internationalen Mietwagenvertretungen sind in den größeren Städten der Region vertreten.

Fahrrad
Es gibt mehrere gut ausgeschilderte Fahrradwege, auf denen man entwe-

der ganz sportlich oder ganz gemächlich die Region erkunden kann. Ausführliche Informationen und Tipps geben die Publikationen ›Neckar-Radweg‹ und ›Rhein-Radweg‹ aus der Serie ›Bikeline‹ vom Verlag Esterbauer (www.esterbauer.com).

Schiffe

Auf Neckar und Rhein lädt vom Frühjahr bis Herbst die Weiße Flotte mit ihren insgesamt sieben Schiffen ein – zu Fahrten bis St. Goar oder Worms, zu ›Rhein in Flammen‹, Feuerwerksfahrten, Riverboat und Themenveranstaltungen. Termine unter www.rnf-schifffahrt.de

Zeitungen und Zeitschriften

Die Tageszeitungen ›Rheinpfalz‹ und ›Wormser Zeitung‹ (linksrheinisch), ›Mannheimer Morgen‹ (Mannheim, Bergstraße, Odenwald) und ›Rhein-Neckar-Zeitung‹ (Heidelberg, Neckartal, Kraichgau, Odenwald) decken mit ihren Verbreitungsgebieten die Region an Rhein und Neckar ab. Eine die Region übergreifende Tageszeitung gibt es nicht. Regional verbreitete Zeitschriften wie ›meier‹, ›scala‹ oder ›espresso‹ beschäftigen sich mit Kultur, Unterhaltung und Gastronomie. Die beiden erstgenannten liefern auch Veranstaltungstipps.

REGISTER

REISEATLAS

LEGENDE

1 : 275.000

0 — 10 km

Autobahn mit Nummer	Flugplatz
Schnellstraße	Sehenswürdigkeit
Wichtige Hauptstraße mit Nr.	Museum
Hauptstraße	Theater
Nebenstraße	Denkmal
Fahrweg	Kirche
Eisenbahn	Burg; -ruine
Naturparkgrenze	Schloss
Campingplatz	bedeutendes Stadion
Aussichtspunkt	Turm; Sendeturm
Tierpark	Golfplatz
Freibad	Flussfähre
Jugendherberge	Berggipfel; Höhenpunkt

A
B
C
1
2
3
4
ALZEY
Erbes-Büdesheim
Dautenheim
Kloppberg
292 m
Dittelsheim-Heßloch
Mettenheim
Sandhofen
Bechenheim
Offenheim
Freimersheim
Kettenheim
Hochborn
Bechtheim
Mauchenheim
Wahlheim
Monzernheim
Mückenhäuser Hof
Freimersheim
Hangen-Weisheim
Morschheim
Dintesheim
Eppelsheim
Gundersheim
Neumühle
Osthofen
Orbis
Hügelland
Flomborn
Gundersheim
Westhofen
Mühlheim
Rheindürkheim
Ilbesheim
Ober-Flörsheim
Bermersheim
Heilige Dreifaltigkeit
Bischheim
Haide
Abenheim
Nordheim
Rittersheim
Stetten
Gundheim
Kirchheim-Bolanden
Kirchheimbolanden
-Dalsheim
Mörstadt
Worms/Mörstadt
Herrnsheim
Gauersheim
Einselthum
Zellertal
Albisheim
Mölsheim
Flörsheim
Bolanden
Harxheim
Niefernheim
Pfeddersheim
Leiselheim
Neuhausen
Marnheim
Immesheim
Pfrimm
Wachenheim
Monsheim
Kriegsheim
WORMS
Hochheim
Bennhausen
Ottersheim
Bubenheim
Pfiffligheim
Dom
Weitersweiler
Rüssingen
Worms
Nibelungenbrücke
Göllheim
Elbisheimerhof
Kindenheim
Bockenheim an der Weinstraße
Hohen-Sülzen
Haus der Deutschen Weinstraße
Horchheim
Nibelungenmuseum
Dreisen
Offstein
Neuoffstein
Heppenheim
Biedesheim
Wies-Oppenheim
Weinsheim
Göllheim
Lautersheim
Obrigheim
Klein-niedernheim
Bobenheim-
Auf der Füllenweide
Quirnheim
Mühlheim
Colgenstein Heidesheim
Kerzenheim
Asselheim
Groß-niedernheim
Rosenthalerhof
Rodenbach
Wasserschloss
-Roxheim
Ebertsheim
Dirmstein
St. Remigius
Eisenberg
Mertesheim
Obersülzen
Beindersheim
Eisbach
Grünstadt
Laumersheim
Steinborn
Stauf
Grünstadt
Kreuz Frankenthal
Frankenthal
Neuleiningen
Sausenheim
Kirchheim an der Weinstraße
Tiefenthal
Gerolsheim
Ramsen
Neuleiningen
Klein-karbach
Hettenleidelheim
Battenberg
Großkarbach
FRANKENTHAL
Wattenheim
Battenberg
Bissersheim
Bobenheim am Berg
Dackenheim
Lauberhof
Nackterhof
Weisenheim am Sand
Lambsheim
Flomersheim
Wattenheim
Weisenheim am Berg
Eiswoog
Altleiningen
Stadtbefestigung
Carlsberg
Freinsheim
Lambsheim
Studernheim
Altleiningen
Herxheim am Berg
Isenach
Eppstein
Höningen
Leistadt
Erpolzheim
Hertlingshausen
Kallstadt
Römisches Weingut Weilberg
Maxdorf
LU-Ruchheim
Oggersheim
Bismarckturm
LU-Oggersheim
Kieskautberg
Weilach
Ungstein
Birkenheide
461 m
Leininger Land
Friedelsheim
Maxdorf
Oggersheimer Kreuz
Ringmauer
Dürkheimer Fass
Kreuz Ludwigshafen
Ruchheim
Isenach
Hardenburg
Limburg
Hardenburg
Bad Dürkheim
Fußgönheim
Dreieck LU-Süd
Isenach
Mutterstadt
Galgental
Kehrdichannichts
Wachenheim an der Weinstraße
Gönnheim
Kreuz Mutterstadt
Mutterstadt
Frankenstein
Saupferch
Wachtenburg
Villa Rustica
Schauernheim
-Gronau
Weidenthal
Drachenfels
Schau-dich-nicht-um
Pferchtal
Rödersheim
Dannstadt-Schauernheim
572 m
Forst an der Weinstraße
Assenheim
Eckkopf
Dannstadt-
Limburgerhof
Lambertskreuz
Kurpfalz-Park Wachenheim
516 m
Heidenlöcher
Nieder-kirchen
Hochdorf-
Hinterer Stoppelkopf
Deidesheim
Lichtenstein
Meckenheim
Kohlhof
567 m
Stabenberg
Neidenfels
496 m
Ruppertsberg
Schifferstadt
Neidenfels
Sankt Cyriacus
Lindenberg
Königsbach
Haßloch
Frankeneck
Gimmeldingen
Böhl-
Schifferstadt
Lambrecht
Deidesheim
Burg Winzingen
Haardt
Wolfsburg
Mußbach
-Iggelheim
Iptestal
Haßloch
Spangenberg
NEUSTADT an der Weinstraße
Neustadt/W.-Nord
Kropfsberg
517 m
Hambach
-Speyerdorf
Hambacher Schloss

S. 238

D
E
F
1
2
3
4
Eich
Hamm
Rhein
Klein-rohrheim
Maria Einsiedel
Gernsheim
Winkelbach
-Hähnlein
Sandwiese
-Jugenheim
Staffel
Hoxhohl
Allertshofen
Meßbach
Alsbach-
Wurzelbach
Feldberg
Beedenkirchen
Brandau
Lützelbach
Rodenstein
Zwingenberg
Zwingenberg
544 m
Lautern
Neunkirchen
Laudenau
Groß-rohrheim
Lang-waden
Rodau
Felsenmeer
Reichenbach
Gadern-heim
Kaiserturm
Kernkraftwerk
Hochstätten
Auerbacher Schloss
Kolmbach
Winter-kasten
Unesco
Fehlheim
Raidelbach
Lautertal
Breitenwiesen
Jägersburger
Schwanheim
Staatspark Fürstenlager
Wilmshausen
Schönberg
Biblis
Wald
Schönberg
Gronau
Knoden
Winkel
Wattenheim
Lindenfels
Weschnitz
Schlierbach
Lindenfels
Bensheim
Bensheim
Scheuerberg
Seidenbach
Einhausen
Bismarckturm
Ellenbach
Bobstadt
Oberhambach
Mitters-hausen
Erlenbach
Krumbach
Lorsch
Kloster Altenmünster
Hambach
Kellersberg
Lauten-Weschnitz
Linnenbach
Kröckelbach
Hofheim
Mühlgraben
Königshalle
Lorsch
Unter-hambach
Starkenburg
Fürth
Bürstadt
Wald
Heppenheim
Heppenheim
Kurmainzer Amtshof
Mitlechtern
Steinbach
Stadtschloss
Fahrenbach
Rosengarten
Sonderbach
Lörzenbach
Geopark
Albersbach
Rimbach
Juhöhe
Lützel-Rimbach
Lampertheimer
Wald
Hasselhaag
Bons-weiher
Groß-breitenbach
Münschbach
Laudenbach
Neuschloss
Neuschloss
Schloss Rennhof
Ober-liebersbach
Zotzenbach
Lampertheim
Hüttenfeld
Hemsbach
Waldners Turm
Mörlenbach
Kirschgarts-hausen
Hemsbach
Nieder-liebersbach
Nieder-mumbach
Weiher
Gadern
Viernheimer
Neue Weschnitz
Sulzbach
Reisen
Ober-mumbach
Petersau
Sandtorf
Schimbach
Birkenau
Viernheimer Dreieck
Rohrbach
Wald-
Mannheim-Sandhofen
Heide
Birkenau
Abt-steinach
Ludwigshafen-Nord
Kreuz Weinheim
Weinheim
Kallstadt
Schönau
Wachenburg
Viernheim
Windeck
Löhrbach
S. 236
Sandhofen
Weinheim
Gorxheim
Gorxheimer-tal
Unter-Abtsteinach
Lützel-sachsen
Viernheim-Ost
Unter-flockenbach
Gartenstadt
Viernheimer Kreuz
Mücken-sturm
Waldhof
Käfertal
Viernheim
Hohen-sachsen
Ritschweier
Trösel
Straßenheim
Ober-flockenbach
Hilsenhain
Neckarstadt
Wallstadt
Hirschberg
Gross-sachsen
Rippenweier
National-theater
Feudenheim
Wiser
Hirschberg an der Bergstraße
Eichelberg
Bärsbach
Wasserturm
MANNHEIM
Heddesheim
526 m
W.-Hack-Museum
Luisenpark
Ladenburg
Hirschburg
Altenbach
Heiligkreuz-steinach
Ladenburg
Ilvesheim
Schriesheim
Wilhelms-feld
LUDWIGS-HAFEN am Rhein
Mannheim-Neckarau
Seckenheim
Bischofshof
Strahlenburg
Neckarau
Seckenheim
-Neckarhausen
Schriesheimer-hof
SAP-Arena
Schauenburg
Mitteldorf.
Suebenheim
Heidelberg/Dossenheim
Kronenburg
Weißer Stein 550 m
Mundenheim
Pfingstberg
Kreuz Mannheim
Seckenheim
Dossenheim
Edingen-
Peterstal
Neckar
Handschuhsheim
Ehem. Zisterzienserkloster
Neuhofen
Altrip
Friedrichs-feld
Tiefburg
Michaelsbasilika
Schönau
Rheinau
Wieblingen
Grenzhof
Ziegelhausen
Neuenheim
Lindenhof
Vorder- und Hinter-
Mannheim/Schwetzingen
Kreuz Heidelberg
Heidelberger Schloss
Schlierbach
Ruine Schadeck „Schwalbennest"
Brühl
Altstadt
Kurpfalz-museum
Eppelheim
Kleingemünd
Waldsee
HEIDELBERG
Neckar-gemünd
Pfaffen-grund
Patrick-Henry-Siedlung
Kirchheim
Kohlhof
Reichenstein
Otterstadt
Schwetzingen
Rhein
Rohrbach
Boxberg
Rinken-bergerhof
Emmerts-grund
Waldhilsbach
Wiesen-bach
Oftersheim
Heidelberg/Schwetzingen
Ketsch
Bruchhausen
Gaiberg
Speyer
Schwetzingen/Hockenheim
Leimbach
Ketschau
Leimen
S. 239
Speyer-Nord
Dreieck Hockenheim
Gauangelloch
Railsheim

A
B
C
1
2
3
4
S. 235
S. 235
S. 239
Inset S. 239
Ober-liebersbach
Waldners Turm
Nieder-liebersbach
Mörlenbach
Nieder-mumbach
Weiher
Zotzenbach
Münschbach
Unter-scharbach
Kocherbach
Gadern
Hartenrod
Affolterbach
Olfener Hof
Olfen
Güttersbach
Airlenbach
Staubecken Marbach
Hetzbach
Etzean
Dicke Eiche
Krähberg
Bullau
Sulzbach
Reisen
Ober-mumbach
Schimbach
Birkenau
Rohrbach
Abtsteinach
Aschbach
Hammerschlösschen
Wald-Michelbach
Raubach
Falken-gesäss
Beerfelden
Schöllenbach
Weinheim
Birkenau
Wachenburg
Windeck
Kallstadt
Löhrbach
Siedelsbrunn
Straßburg
Hinterbach
Obersensbach
Weinheim
Lützel-sachsen
Hohen-sachsen
Gorxheim
Gorxheimertal
Unter-flockenbach
Ritschweier
Ober-flockenbach
Unter-Abtsteinach
Bergstraße
Ober-Schönmattenwag
Finkenbach
Leonhardshof
Freienstein
Gammelsbach
Falkenberg 546 m
Kailbach
Untersensbach
Oberdielbach
Trösel
Schönbrunn
Unter-Schönmattenwag
Ludwigsdorf
Hilsenhain
Rippenweier
Hebstahl
Friedrichsdorf
Sensberg 480 m
Eichelberg 526 m
Bärsbach
Flockenbusch
Ober-Hainbrunn
Rothenberg
Hohe Warte 548 m
Gaimühle
Antons-lust
Hirschburg
Altenbach
Heiligkreuz-steinach
Brombach
Unter-Hainbrunn
Kortelshütte
Steige
Itter
Katzenbuckel 626 m
Schriesheim
Strahlenburg
Wilhelms-feld
Heddesbach
Langenthal
Hirschhorner Höhe
Sensbacher Höhe
Eberbach
Eberbach
Schriesheimer-hof
Schauenburg
Mitteldorf
Altneudorf
Ulfenbach
Hirschhorn
Igelsbach
Wald-katzenbach
Kronenburg
Weißer Stein 550 m
Dossenheim
Peterstal
Hirschhorn
Ersheim
Pleutersbach
Neckar-wimmersbach
Waldbrunn
Rockenau
Unter-dielbach
Handschuhsheim
Tiefburg
Michaelsbasilika
Ehem. Zisterzienserkloster
Schönau
Grein
Neckar
Schollbrunn
Neuenheim
Heidelberger Schloss
Ziegelhausen
Lindenhof
Darsberg
Neckar-hausen
Moosbrunn
Allemühl
Stolzeneck
Zwingenberg
Lindach
Zwingenberg
Kurpfalz-museum
Altstadt
Schlierbach
Vorder-, Mittel- und Hinterburg
Neckarhäuserhof
Ruine Schadeck „Schwalbennest"
Neckarsteinach
Schönbrunn
Schwanheim
Neckargerach
Minneburg
Guttenbach
HEIDELBERG
Kleingemünd
Neckar-gemünd
Dilsberg
Dilsberg
Haag
Kirchheim
Kohlhof
Reichenstein
Mückenloch
Neunkirchen
Oberschwarzach
Rohrbach
Boxberg
Neuhof
Römischer Gutshof
Emmerts-grund
Waldhilsbach
Wiesen-bach
Wald-wimmersbach
Michelbach
Schwarzach
Unterschwarzach
Binau
Dauchstein
Breitenbronn
Kernl.
Gaiberg
Langenzell
Lobbach
Reicharts-hausen
Aglaster-hausen
Leimen
Bammental
Klosterkirche
Lobenfeld
Mörtelstein
Spechbach
Gauangelloch
Hirschberg 319 m
Railsheim
Mauer
Naturgeschichtliches Museum
Epfenbach
Daudenzen
Asbach
Kirstetterhof
„Sorgenfrei"
Mönchzell
Sankt Ilgen
Maisbach
Schatthausen
Schatthausen
Eschelbronn
Keltenhofe
Helmstadt
Ingelheimerhof
Nußloch
Meckesheim
Neidenstein
Kälberts-hausen
Flinsbach
Baiertal
Hohenhardt
Oberhof
Zuzenhausen
Bargen
Altwiesloch
Wiesloch
Unterhof
Zuzen-hausen
Daisbach
Daisbach
Waibstadt
Stadtkirche
Neckar-bischoffsheim
Alexander-, Altes und Neues Schloss
Wieslocher Freihof
Dielheim
Seehälde
Wollenberg
Hüffenhardt
Balzfeld
Hoffenheim
Helmhof
Wiesloch/Rauenberg
Rauenberg
Tairnsbach
Untergimpern
Rotenberg
Tairnsbach
Adersbach
Hasselbach
Malschenberg
Rotenberg
Sinsheim
Eulenbergerhof
Eschelbach
Rohrbach
Obergimpern
Mühlhausen
Dühren
Sinsheim
Ehrstädt
Babstadt
Rettigheim
Eichtersheim
Angelbachtal
Auto- und Technikmuseum
Steinsfurt
Eulenhof
Neuhaus
Eichtersheim
Michelfeld
Grombach
Treschklingen
Michelfeld
Steinsberg 333 m
Sinsheim-Steinsfurt
Karlshof
Bad Rappenau
Bad Schönborn
Östringen
Wald-angelloch
Reihen
Steinsberg
Buchenauerhof
Kirchardt
Fürfeld
Ulrichskirche
Waldangelloch
Weiler
Bockschaft
Hilsbach
Kraichgau
Odenwald
38
3
37
45
45
37
292
32
45
33
39
292
34
6
39
35

D
E
F
1
2
3
4
Römische Wachhäuser
Dörnbach
Wildenburg
Ottorfszell
Beuchen
Zittenfelden
Beuchertsmühle
Römischer Wachturm
Höpfingen
Hardheim
Hornbach
Tierpark
Wallfahrtskirche zum heiligen Blut
Walldürn
Römisches Bad und Kastell
Bretzingen
Römisches Kastell
Breitenbach
Hesselbach
Waldleiningen
Mörschenhardt
Hettigenbeuern
Ernsttal
Donebach
Römische Wachtürme
Naturpark
Waldstetten
Erfeld
Stürzenhaus
Steinbach
Üngleert
Kinzert
553 m
Schloßau
Mudau
Rumpfen
Hainstadt
Römisches Kastell
Römische Wachtürme
Gerichtstetten
Waldauerbach
Unter-neudorf
Buchen
„Platz am Bild"
Hettingen
Götzenturm
Altheim
Oberlangenelz
Mittellangenelz
Oberschneidental
Unterlangenelz
Hollerbach
Rinschheim
Reisenbach
Ober-neudorf
Wildgehege
Unterschneidental
Götzingen
Hohenstadt
Jagdschloss Wilhelmshöhe
Römische Wachtürme
Eberstadter Tropfsteinhöhle
Eberstadt
Laudenberg
Roßhof
Sindolsheim
Wagen-schwend
Einbach
Bödigheim
Bödigstein
Bofsheim
Hirschlanden
Strümpfelbrunn
Balsbach
Römische Siedlung
Scheringen
Waldhausen
WÜRTTEMBERG
Mülben
Limbach
Faustenhof
Schlierstadt
Rosenberg
Robern
Krumbach
Großeicholzheim
Römische Siedlung
Römische Wachtürme
Weisbach
Heidersbach
Großeicholzheim
Seckach
Seligental
Trienz
Fahrenbach
Zimmern
Osterburken
Klein-eicholzheim
Römisches Kastell
Römische Wachtürme
Sattelbach
Muckental
Rittersbach
Dammberger Hof
Römischer Wachturm
Odenwald
Elztal
Oberschefflenz
Jakobskirche
Osterburken
Waidachshof
Schlösschen
Marienhöhe
Lohrbach
Wasserburg
Schefflenz
Adelsheim
Merchingen
Reichenbuch
Auerbach
Dallau
Dallau
Hergenstadt
Hühnerberg
330 m
Unterschefflenz
Römisches Kastell
Neckarburken
Sennfeld
Hopfengarten
Nüstenbach
Waldstadt
Mühlbacher Höfe
Katzental
Leibenstadt
Oberkessach
Schreckhof
Diedesheim
Pfalz-grafenresidenz
Poigheim
Weigental
Obrig-heim
Waldmühlbach
Hagenbach
Korb
Volkshausen
Sulzbach
Mosbach
Bergfeld
Neckartal
Bergfeld
Billigbrunn
Bittelbronn
Unter-kessach
Römischer Wachturm
Maria Himmelfahrt
Hardhof
Schmelzenhof
Hoch-hausen
Assulzerhof
Allfeld
Möckmühl
Berlichingen
Hornberg
Selbacherhof
Widdern
Götzenburg
Reichertshausen
Seehof
Dachsberg
304 m
Schopfenhof
Römisches Kastell
Jagsthausen
Neckar
Nolburgahöhle
Siglingen
Haßmersheim
Bernbrunn
Tiefenbach
Neudenau
Züttlingen
Sankt Lorenz
Seehaus
Böttingen
Höchstberg
Harthauser Wald
Neuzweiflingen
Gundelsheim
Kreßbach
Ernstein
Sindringen
Neckar-mühlbach
Möckmühl
Herbolzheim
Guttenberg
Bachenau
Odenwald
Siegelsbach
Ehrenberg
Ober-griesheim
Unter-griesheim
Eichach
Buchhof
Stein
Lampoldshausen
Heinsheim
Jagst
Kocher
Hösselinshof
Duttenberg
Hardthausen am Kocher
Pfahlbach
Offenau
Heuchlingen
Degmann
Kochertürn
Möglingen
Ohrnsberg
Hohenstadt
Willenbach
Oedheim
Gochsen
Bad Rappenau
Römisches Kastell
Kocher-steinsfeld
Jagstfeld
Neuenstadt am Kocher
Neuenstadt am Kocher
Baum-erlenbach
Kaiserpfalz
Bad Friedrichstal
Langenbrettach
Bad Wimpfen
Salzbergwerk
Lautenbach
Büttelbronn
Bonfeld
Langen-beutingen
Untereisesheim
Amorbach
Dahenfeld
Clever-sulzbach
Schwöllbronn
Ober-eisesheim
Neckarsulm
Weißlensburg
Öhringen
Buchhorn

A
B
C
1
2
3
4
S. 234
Schwabenbach
Gleisberg
471 m
Lambrecht
Gimmeldingen
Deidesheim
Mückenwiese
Elmstein
Harzofen
Erfenstein
Iptestal
Wolfsburg
Mußbach
Haßloch
Speyerbrunn
Elmstein
Appenthal
Breitenstein
Spangenberg
NEUSTADT
an der Weinstraße
Neustadt/W.-Nord
Röderthal
Iggelbach
Kropfsberg
517 m
Hambach
Hambacher Schloss
Speyerdorf
Hornesselwiese
Helmbach
Kanzelkopf
489 m
Totenkopfstraße
Kalmit
673 m
Neustadt/W.-Süd
Lachen-
Speyerbach
609 m
Birkenkopf
456 m
Diedesfeld
Schafkopf
617 m
Alsterweiler
Pfälzerwald
Schänzelturm
Forsthaus Heldenstein
Maikammer
Kirrweiler
Duttweiler
Geinsheim
Taubensuhl
Erlenkopf
563 m
Pfaffenkopf
566 m
Sankt Martin
Kropsburg
Kesselberg
633 m
Schlösschen
Edenkoben
Hofstätten
Eiterberg
561 m
Dörenenck
514 m
Frankenfelsen
Rietburg
Villa Ludwigshöhe
Edenkoben
Venningen
Altdorf
Böbingen
Großer Fischberg
530 m
Ramburg
Modeneck
Ludwigsturm
Rhodt unter Rietburg
Groß-fischlingen
Freimers-heim
Wellbach
Ramberg
Roßberg
637 m
Weyher in der Pfalz
Edesheim
Edesheim
Almersberg
564 m
Heilige Dreifaltigkeitskirche
Neu-scharfeneck
Hainfeld
St.-Anna-Kapelle
Kleinfischlingen
Hainbach
Eußertal
Burrweiler
Flemlingen
Roschbach
Sankt Bernhard
Dernbach
Gleisweiler
Walsheim
Essingen
Hochstadt
Lustadt
Queich
Gräfenhausen
Frankweiler
Böchingen
Landau-Nord
Zeiskam
Rinnthal
Albersweiler
Geilweilerhof
Nußdorf
Bornheim
Sarnstall
Queich-hambach
Siebeldingen
Godramstein
Festung Landau
Dreihof
Spirkelbach
Annweiler am Trifels
Trifels
Hauenstein
Ranschbach
Birkweiler
LANDAU
Landau-Zentrum
Offenbach an der Queich
Neukastel
Arzheim
Festhalle
Wernersberg
Anebos
Scharfenberg
Lug
Mörlheim
Ottersheim bei Landau
Knittelsheim
Schafstall
Leinsweiler
Ilbesheim bei Landau
Wollmesheim
Völkersweiler
Waldrohrbach
Landau-Süd
Dimbach
Madenburg
Eschbach
Mörzheim
Gossersweiler-Stein
Impflingen
Alzheimer Berg
162 m
Darstein
Waldhambach
Fleehburg Heidenburg
Göcklingen
Insheim
Insheim
Ober-schlettenbach
Münchweiler am Klingbach
Silz
Waldschlössl
Heuchelheim
Sankt-Paulus-Stift
Lindelbrunn
Klingenmünster
Landeck
Villa Wieser
Herxheim bei Landau
Wildpark Südliche Weinstraße
Rohrbach
Vorder-weidenthal
Gleiszellen-Gleishorbach
Klosterkirche
-Ingenheim
Billigheim-
Rohrbach
Klingbach
Blankenborn
Niederhorbach
Mühlhofen
St.-Gertraut-Kapelle
Birkenhördt
Pleisweiler-Oberhofen
Roter Berg
176 m
Steinweiler
Hayna
Rheinzabern
Berwartstein
Schloss
Kapellen-Drusweiler
Erlenbach bei Kandel
Kleinfrankreich
Kahlenberg
406 m
Bad Bergzabern
Barbelroth
Kandel-Nord
Hatzenbühl
Reisdorf
Oberhausen
Hergersweiler
Winden
Höfen
Minderslachen
St.-Anna-Kapelle
Dörrenbach
Jockgrim
Wehrkirche
Deutschhof
Kaplaneihof
Dierbach
Kandel
Guttenberg
Zuckerberg
197 m
Kandel-Mitte
Hoher Kopf
497 m
Vollmersweiler
Hochhaus
Minfeld
Oberotterbach
Kandel-Süd
Rechtenbach
Niederotterbach
Freckenfeld
Wörth am Rhein
Lauter
Weintor
Schaidt
Château de Saint Paul
Château de Vogelsberg
Schweigen-
Kapsweyer
Steinfeld
Wörth-Dorschberg
Schweighofen
Wissembourg
RHEINLAND-PFALZ
Wörther Kreuz
Maxi
Rott
Bienwald
Hagenbach
Steinseltz
Château de Geisberg
Büchelberg
Cleebourg
Bienwaldmühle
Drachenbronn-
Geitershof
Schleithal
Riedseltz
Neuburg am Rhein
Berg (Pfalz)
Ingolsheim
Scheibenhardt
Neulauterburg
Salmbach
Niederlauterbach
Scheibenhard
Lauterbourg
Lauterburg
Seebach
Neuwiller-
Hunspach